最后的金莲

THE LAST "GOLDEN LOTUSES"
—— Woman's Bound Feet in Feudal Age

奶奶的小脚

孙杰 著

人民日报出版社

图书在版编目（CIP）数据

最后的金莲/ 孙杰著. -- 北京：人民日报出版社，
2013.12
ISBN 978-7-5115-2285-6

Ⅰ.①最… Ⅱ.①孙… Ⅲ.①缠足－风俗习惯
－中国－摄影集 Ⅳ.① K892.29-64

中国版本图书馆CIP数据核字（2013）第295977号

书　　　名：最后的金莲
作　　　者：孙　杰

出 版 人：董　伟
责任编辑：袁兆英
封面设计：谷仓图片

出版发行：人民日报出版社
地　　　址：北京市金台西路2号
邮政编码：100733
发行热线：（010）65369515　65369846　65369509　65369510
邮购热线：（010）65369530　65363527
编辑热线：（010）65363105
网　　　址：www.peopledailypress.com
经　　　销：新华书店
印　　　刷：北京雅昌彩色印刷有限公司

开　　　本：787mm×1092mm　1/16
字　　　数：640千字
印　　　张：32.75
印　　　次：2014年1月第1版　2014年1月第1次印刷

书　　　号：ISBN 978-7-5115-2285-6
定　　　价：198.00元

目 录

1　序　扯掉头脑里的裹脚布
3　序　为一段呻吟的历史留影
5　序　小脚一双 眼泪一缸

1　献　词　铭记
2　二　婆：勿以善小而不为
8　石兰花：此生唯愿着花衣
14　王会员：半世无名"马帮"妻
22　陶桂英：生子当生英雄汉
25　唐金莲：家有金莲初长成
28　梁生芳：天生一个"猪司令"
31　王正秀：收听广播四十载
34　金正芳："背锅"心内如汤煮
38　仝俊秀：纸货铺里爱"小脚"
41　孟凡珍：百岁犹记"升考足"
44　邹月娥：三十八载夜绣鞋
49　杨秀兰：薄雾浓云愁永昼
51　郭兰英：琴瑟友之两相悦
53　曾秀英：此情可待成追忆
57　蔡桂兰：手足互残似有因
65　郭巧能：花随玉指添春色
69　张青凤：老亦好学作烛明
71　郝学英：乐天知命了无忧
74　刘家云：蹉跎岁月今非昨
76　王淑月：斜阳孤影叹伶仃
78　关　芳：长嫂如母恩如山

82	张兰英：	李生井旁代桃僵
84	金香梅：	"织女"重男不重女
88	王珠金：	百年老宅独守望
91	张玉兰：	光阴似水水如月
93	张　氏：	已是黄昏独自愁
97	普张氏：	风光不再"五冷泉"
105	韩爱琴：	故道八旬牧羊人
107	孟兰兰：	常着新衣为人妆
109	杨文梅：	古来明月自照人
112	谢金妹：	三十八年盼夫归
117	朱　氏：	舐犊情深忆半生
119	戴玉花：	敬事爱人好公义
122	徐玉丰：	祖父裹脚为一诺
124	蒋储氏：	心囚樊笼难自然
134	朱彩娥：	离乱难阻手足情
137	段彦芳：	灾年荒山初嫁人
139	徐耳秀：	茕茕孑立影随身
142	江莲兄：	转益多师是汝师
146	陆秀英：	华服绣鞋魂归去
150	雷玉珍：	白鹿原上女如璋
154	杜国兰：	天才在左"疯"在右
157	李英兰：	大脚嫁人难遂愿
159	姚世莲：	半生荣耀尖尖脚
161	魏义英：	身居古宅勤布道
165	狄生明：	残年两送黑发人
167	刘秀华：	古井无波坐忘机
170	丁友兰：	耄耋侍奉百岁母
172	姚乃凤：	平生未有奇石缘
174	刘桂香：	兄终弟及三嫁人
178		"金莲"一词的由来

179	吕秀英：千磨万击还坚劲
183	刘玉花：千心千籽千年春
185	刘秀珍：秤砣砸出小"金莲"
188	陈妹娟：心远地偏乐今生
192	魏至秀：少小离家做"压子"
196	马金枝：神树缠足二百年
199	张发成：循诵习传难为生
203	为什么要缠足
205	贺得喜：举步维艰何得喜
209	张万兰：闲谈不论他人非
211	石秀英：心有敬畏修今生
213	金莲是怎样裹成的
214	杨梅秀：梅花香自苦寒来
217	褚玉莲：教子问学无遗力
220	史惠香：半世起落旧军属
226	于改生：心锁难开哀声穷
228	王存香：泪血溶入儿女身
230	李银胡：新婚旧事心有霾
233	张秀珍：陕北妮子关中婆
236	张　氏：指腹为婚定终身
238	肖袁氏：半世"围城"半世乐
240	张玉兰：不舍佛前供莲花
244	韩芳英：真假难辨蝴蝶梦
246	王德英：一年痛失六儿郎
248	水永合：陋室祖孙两相依
251	王李氏：旧林七十八年前
255	刘　氏：身轻步健百岁媪
258	李列列：讷言敏行心如水
262	何改变：华都因循守旧人
264	陈淑珍：一夕残照对空巢

266　杨金环：马嵬坡下"杨贵妃"
268　薛　氏：夜阑卧听河东去
270　杨菊娥："铁莲"嫁与"笨木匠"
272　樊玉莲：半世流离听福音
274　何菊莲：五十四岁始有名
276　郭学英："银莲"女子上战场
280　曾秀珍：心明喜开新教化
282　谁是史上第一个裹脚的女子
284　段明慧：切切在心慈母训
287　焦翠英、田茹珍：一对亲家两"金莲"
293　金桂芳：八旬难觅旧家园
295　潘月珍：闭门濯足八十年
299　王玉兰：老骥伏枥九旬妪
301　郭本善：细雨流光春未老
304　裹脚的偏方
305　赵兰淑：因孝灵堂定终身
309　侯转转：被迫裹脚在学堂
311　张仲芳：古佛青灯伴余生
314　朱生花：一身疤痕半生难
317　丁月英：诗书继世传佳话
319　曾桂香："金莲"不成侍青丝
321　左志花：孤苦无依举步艰
324　韩金英：宁死裹脚九龄童
334　郝淑云：八旬老妪始放足
336　李梅宗：鸿飞那复计东西
338　李存梅：恪尽本分悦平生
340　周巧梅：夫因兵死守蓬茅
343　莲鞋的式样
345　林珍妹：点点金莲步步危
350　王仕珍：脚踩木板伺稼穑

352	赵淑珍：老在荒宅无人问
355	王玉秀：心底无私天地宽
357	刘玉兰：云开雾散见月明
360	彭秀英：逃亡千里膝代足
362	陈佃枝：无趾之足痛终生
367	钟兰香：最是黄昏不了情
370	李月华：夕阳斜照满院红
372	庞贾氏：相依为命风雨情
374	王姜氏：朱集有女称"妲己"
376	田桂娥：不辞羸痛卧残阳
380	诗词中的金莲
382	刘万英：标准"金莲"因庶出
384	刘郭氏：贞节牌下守德女
386	杨树荣：驴槽裹脚拒鬼神
388	周凤英：春色满园关不住
392	刘　英：心轻万事皆鸿毛
394	赵玉英：霜打华发与泪干
396	杨珍梅：新嫁身有腹遗子
400	金桂花：藜藿充肠苎作衣
408	金莲种种
409	聂兰英：放足始知我是我
411	肖秀香：小脚竟跳的士高
420	王志英：归来笑拈梅花嗅
422	王秀莲：柳暗花明又一村
426	南秀英："小脚姨太"遭陪斗
429	金莲与性
431	李泉芳：花椒入药裹小脚
434	路月菊：一女一世一布衾
437	刘宝兰：双兔傍地不知名
442	朱秀英：一生不知药滋味

444　邱秀兰：苦乐年华千金女
446　徐秀兰：小脚"自出机杼间"
448　刘玉花：举债度难难更难
450　刘生梅：聪明睿智夫祸少
452　魏月香：独望青山话深幽
455　李金秀：私塾走出"李文书"
458　靳生瑞："名脚"出嫁过闹市
461　魏兰花：百年老厨千年心
463　田翠娥：黄四娘家花满蹊
465　周王氏：渡人渡己船家女
467　戴云玉：修善积福度苍生
471　被历史遗漏了的小脚群落
473　高占梅：几度风雨几度秋
475　贾登梅：佛国世间两家园
482　杨香莲：南山种玉选青黄
484　白茹花：春风南岸留晖远
486　张继秀：勤劳门第春常在
488　王富兰：何事能妨笑口开
490　石秀兰：花落鸟啼人不在

506　后　记　影像和文字的诉说

序

扯掉头脑里的裹脚布

尽管早就知道孙杰一直在利用业余时间创作"金莲"的专题，也零星看过其中一些作品，但当《最后的金莲》厚重的样稿摆在我眼前的时候，我还是感到格外惊喜。

孙杰入伍30多年，从基层走上领导岗位。多年来，他不离不弃，始终钟情于摄影和文学，在繁忙的工作之余，先后出版了《一边站岗 一边歌唱》、《100个卓玛》两部作品集，其美学价值和艺术造诣得到了广泛认可。《最后的金莲》是他的第三部摄影文集，相比较前两部作品，承载的历史文化元素更加厚重，触角更加深刻，摄影理念和技巧也更加纯熟。他做了一件很有意义的事。

历史是文化的积淀，由文化的传承而发展。中国这部厚重的历史文化长卷，是由一个个文化现象和文化元素构成的。孙杰镜头和笔下的"金莲"便是封建历史文化一个独特现象。为追求"女子以脚小为美"的审美标准，封建社会的女性自少年就开始以布帛缠裹双足，将除拇指之外其他四指折断弯向掌心，形成尖角弯月状的小脚，被称为"三寸金莲"，其实已造成女子足部的终身残疾。这裹挟无数妇女缠足几近病态的审美起源何时？何以成为天下同风？史学界莫衷一是。比较普遍的说法是源于南唐后主李煜的嫔妃，因俏丽善舞，李后主为其用珠宝绸带筑六尺莲花台，命宫中嫔妃以帛缠足，使脚纤小屈上作新月状，尔后在莲花台上翩然起舞，让李后主欲罢不能，称有凌仙欲飞之态。皇上的恩宠，惹引后宫佳丽纷纷效仿，之后由宫帷传到民间，到北宋年间已成为一种风尚，并使无数女性无论尊卑贵贱都趋之若鹜，以至于形成了以缠足为美、为娇、为雅、为贵的价值取向。这一文化现象成因的根源，仍是"三从四德"使然。封建社会女性的社会地位，从父、从夫、从子的悲剧属性，让她们只能是男权社会的附庸。裹出的小脚不仅取悦男性，而且因脚残丧失劳作能力、经济上不能独立、出行不便难以红杏出墙，客观上成了禁锢女子走向社会的压迫手段。裹脚的习俗从来没有律令强制推行，却流弊日盛，倒是清代统治者明令禁止裹脚，却难抵缠足风行，甚至满清格格们也身陷其中。是什么样的力量使人们置刑律不顾乐此不疲，而情愿被摧残？当一种病态的审美成为价值理念，成为思想锢习，支配的行为以丑为美、反耻为荣就不足为怪了。

《最后的金莲》用图片记录真相，以文字剖析成因，孙杰采访对象那一双双"金莲"背后，都有一段凄惨哀怨的故事。她们讲述的身世复杂而纠结，揭示的历史沉重而残暴。这个持续了1000多年、20亿妇女被缠足而形成的历史文化现象告诉我们，扯掉思想中的裹脚布，远比抚慰肢体上残痛任重道远。孙杰用他的镜头，立此存照，引为镜鉴，让我们认识到思想痼疾比肉体残疾更可怕，这就是这部作品的意义所在。

如今，我们正在努力实现强国富民的"中国梦"，这凝结寄托了整个中华民族的夙愿和期盼，是我们共同的担当和责任。透过"金莲"现象让我们反思历史，以史为鉴，不再让头脑里的裹脚布缠住思维、禁锢思想，这正是孙杰创作这部作品的初衷和愿望。

2013 年 12 月

序

为一段呻吟的历史留影

在这片古老的大地上，曾经有20亿妇女痛苦地呻吟过一千多年，而且，与她们呻吟相伴的，是男人们狭私的浪笑。尽管在人类社会发展的进程中，我们的呻吟声从未中断，但那种呻吟是人类寻求文明进程中的必然，就像分娩前的阵痛一样，与这20亿妇女的呻吟是决然不同的。

这1000多年，中国有近20亿妇女的肢体上曾经生长了一双怪异的"三寸金莲"，这种违背自然的怪异行径，是整个社会病态呻吟的根源。这当然是一个必须去关注的问题，但千百年来人们给予它的关注，多是消遣调侃，甚至是以极其龌龊的心理对它不断翻新，不断将之拽向人性的暗影，而很少思考它从哪里来、为什么来。如今，曾经在中华大地上摇曳了一千多年的"三寸金莲"留在人们眼前的，是一群渐行渐远的背影，也许仅仅一眨眼的功夫，就消失殆尽了，但关于"三寸金莲"的诸多问题，当前以及后来的人们还需要去关注，去审视，去理性地判断。而这一切都不能没有"三寸金莲"的样子和诸家的思考。几年前，摄影文学家孙杰先生意识到了给这段呻吟的历史留影的意义，于是正如他所说的一样，他拿起了相机，背起了沉重的光影，给这段历史留了一个影像。

在"三寸金莲"即将消失的关头，孙杰先生的足迹踏遍了大江南北，将尚存活于世的小脚老人几乎全部囊括进了他的镜头，并且以十分恭敬悲悯的心，一点一点地靠近这些老人，将她们的故事和精神也留了下来，形成了真正意义上的"最后的金莲"。这里的"最后"，我的理解是，孙杰先生拍摄采访的老人，是这个世界上金莲群落里的"最后"，至此以后，将不会再有这么一群人在大地上被罪恶地舞蹈了。再一个是，这些他采访过的老人们的故事，也是金莲群落留在这个世界上最后的表白。这也是孙杰先生摄影文学集定名《最后的金莲》的意义所在。

伴随着这些缠足妇女一一走向生命的尽头，这种诡异的缠足文化已经走进了博物馆，但这个最隐匿、最封闭、最暧昧、最黑暗的"文化黑箱"是不可以被尘封的，其中依稀可见的血色和它的文化奥秘，正如孙杰先生所言，有着我们这个民族性格的重要元素。我以为，这种性格元素导致了中华文明在某个时期的文化变异，形成了一种十足的文化怪胎。

这需要整个人类以文化的仰角去正视，去记录，去分析，去研究。但遗憾的是，我们常常采取虚无和回避的态度，要么嗤之以鼻，不屑一顾；要么视而不见，听而不闻。让它继续充满"荒诞"，充满"奇趣"，继续隐晦和误读。让未来的年轻人把它想象成"天方夜谭"，让这段带血的本该对人类的精神文明具有警醒作用的历史轻易溜掉。

把活生生的事物定格在一瞬之间，照片立即成为一种永恒的不容置疑的记忆，或者说，那些事物已通过镜头、胶卷、相纸的作用，已成为一种实实在在的历史证据。孙杰先生留下了这些照片，就是留下了有关这段历史的实物，当"三寸金莲"完全在地球上销声匿迹之后，这些"证据"的价值就无可估量。所以孙杰一直在与时间赛跑，抢在这种文化落幕之前，为人生舞台上最后一群小脚老太太匆匆按下了快门。他曾经讲过，在2012年3月到云南省通海县，找到本土作家杨杨，想让杨杨把他带进那个被称之为中国最后的缠足部落的六一村，然后好好大拍一场。没想到杨杨说，六一村只有少数几个小脚老太太了，上次他带人去寻访该村时，仍有30多个，但几个月下来就只剩下三四个，其余的大多生病或瘫痪在家，不可见人了。从这个意义上讲，《最后的金莲》不仅仅是这段诡异文化的挽歌，更应该是一个民族性格"变脸"瞬间的定格。

所以拍摄、解读、靠近"最后的金莲"，这是一件对中国文化而言，意义十分重大的壮举。

这些意义，其实就是孙杰的世界观、历史观和审美观，他拍的是现实，反映的是历史，观照的则是未来。

他的图片因此具有了历史的深度和艺术的厚度。我们常说，美是苦难升华而成的。对待苦难的姿态，考量着一个艺术家的悲悯情怀。在这方面，孙杰的胸怀是博大的，是柔软的，我们在他凝重的画面中，常常看到阳光和微笑，看到穿越历史沧桑的一线希望。从这部"曝光式"的作品中，也展露出孙杰善良、朴素的本质，也看到了一个关注人类生存的摄影文学家的悲悯情怀。佛说，悲悯是因为大善，正是基于这样的大善，他影像中的人物，都渗析着一股苦苦的沉重，这种沉重是被摧残的灵魂背负着养育整个人类的高尚使命依然艰难爬行的沉重，它甚至让人萌生了无法释怀的绝望感。当然，这种绝望是类似于对地藏王菩萨一样的绝对崇敬。

所以完成这样的作品，不仅仅是依靠勇气，不仅仅是依靠责任，不仅仅是依靠艺术的修炼，更多的是一种人性善的修为。古人以为，百里挑一是俊才，千人之首是英才，万里挑一才可以叫作"杰"。我忽然想，孙杰之杰，一定是那个万里挑一的"杰"。

冯骥才

2013年12月

序

小脚一双 眼泪一缸

  大约从宋代初期开始，华夏大地上悄然流行起了给女子裹脚的陋习。上至达官显贵，下至黎民百姓，通常在女童五至九岁时，扭断她们的脚骨，硌破双脚皮肉，再用几尺粗布把这双筋断骨折、血肉淋漓的小脚缠裹起来，限制生长，以期女童长大成人之后，有一双"尖而巧的小脚"。后来，随着这种陋习的广泛流行，女子裹脚慢慢演化成了一种文化风尚，而且还有了一个尊贵圣洁的称谓——"三寸金莲"。

  中国妇女为什么要裹脚？正史羞于记载，野史语焉不详，流传最广的只有两个古老的传说。相传夏禹的妻子涂山氏女是狐精变的，但她的狐狸爪子没有变成人脚，就用裹脚的办法来掩饰。后来又有传说，商纣王的妃子、狐精妲己也因为没有幻化成一双女子的双脚，也要裹足来掩饰狐精爪子。从这两个妇孺皆知的传说中，不难发现一个问题，最早的传说攀附的尚是先贤大禹的妻子，让裹足的妇女在圣贤的诱惑下自然趋附，而后来，传说的主人公却成了十恶不赦的恶女妲己，由此可见，这个流传千年的恶习，老百姓是深恶痛绝的。

  将最先裹脚的女性斥责为"狐精"，这是对"三寸金莲"的诅咒，到后来，随着"三寸金莲"不断走向繁荣，这些诅咒就慢慢被赞美的声音淹没了。"裹小脚，嫁秀才，大白馒头就肉菜，裹大脚，嫁瞎子，糟糠窝窝就辣子。"不知道从什么时候起，这首古老的童谣被传唱到了大江南北，而歌者，正是幼小得可以忽略了性别的童男童女。稚童不懂得脚骨断裂的疼痛，也不懂得那几尺裹脚布，让她们失去了如风的舞蹈和做人的尊严，她们在这样的歌谣声中被潜移默化，甚至成了这双如同枯木一样小脚的忠实捍卫者，以至于在太平天国倡导解放双足的运动中，因为要她们褪去浸透血泪的裹脚布，露出天然的双足时，竟然有数百人因羞愤而投河自尽。

  裹脚的疼痛和步履的禁锢，使她们从心底发出了反抗的呼声，憎恶的诅咒，但世俗的力量却使她们如飞蛾扑火，在无意识中将一双小脚顶上神圣的祭坛，使这种陋习延续了上千年，使20亿妇女自残双脚，成了天地间一摇三晃的另类。这是一个将人性的复杂淋漓上演的人类悲剧，也是一桩无法厘清的文化谜案。

  可以肯定，一种畸形文化的形成，有其深厚的文化背景和生息不灭的温床。在"三寸金莲"由皇宫而民间、由北方而南方一路走来的年月，不仅寻常巷陌到处传唱它的美丽和高贵，就连一些文化大家、诗词典籍也纷纷拜倒在它的面前，彼时的酸腐文人以无尽的想象把一双双畸形小脚描绘成"软弓"、"新月"、"小钩"，在这些极尽赞美的声音中，"三寸金莲"逐渐由"犹抱琵琶半遮面"演化成了"我花开来百花杀"的状态。"愿在丝而为履，附素足以周旋。"从晋代开始，五柳先生陶渊明就发出了文人痴爱小脚的第一声，也正是这一声，为素来以端庄自重为准则的中国文人找到了公然把玩"金莲"的籍口。唐宋八大家之一的苏轼就曾经为"三寸金莲"书写了一首诗文，公然表达喜爱之情，"纤妙说应难，需从掌上看"。大文豪苏轼面对一双"三寸金莲"，惊叹得词穷了，只能把它放在手掌里去意会。宋以后，人们对"金莲"的品评，已完全上升到了理论的高度，一双"金莲"，必须具备"瘦、小、尖、弯、软、香、正"七字标准，其中每一字所包含的"妙论"，可谓汗牛充栋！

文人秃笔推波助澜，整个社会对"三寸金莲"的嗜好被下意识地挖掘出来，以至于无论达官显贵，还是平民百姓，为"金莲"痴狂轻佻不仅不受谴责，还被看作是高雅事。在"三寸金莲"一路摇曳而来的身影中，皇权趋附的影子清晰可见，秦始皇以小脚为选美标准；患了阳痿的汉成帝见到妻妹赵合德的小脚，隐疾迅速治愈，甚至到了"不能持"的地步；1928年，在乾隆皇帝被盗的陵墓中，发现了两个殉葬的小脚女子；明太祖朱元璋登基之初，为惩处敌人张士诚，把张士诚家乡的父老沦为"丐户"，而惩罚"丐户"的手段之一，就是不准男子读书，不准女子裹脚。同样还是朱元璋，曾经为"三寸金莲"的一个玩笑而血染金陵。明朝初年一个元宵夜的灯谜上，南京城有人画了一个怀抱西瓜的大脚妇女，意指"淮（怀）西（西瓜）妇女好大脚"，而朱元璋的妻子马皇后正是淮西人，而且是天足。盛怒的朱元璋在一个夜晚，将这一条街道的四百余人全部屠杀了。因为嘲笑一个女人的大脚，四百余人被尽数屠戮，可见嘲笑女子的大脚，在当时如掘坟鞭尸一样让人不可忍受。

"楚王好细腰，宫中多饿死。"因为皇室贵胄的倾心，"三寸金莲"迅速为普通百姓争相仿效，成了竭力攀附的一种身份象征。在缠足时代，一个诗礼之家娶一个大脚女子，是一件不可思议的事情，即使没有隔夜之粮的穷人，如果为娶一个小脚女子，就算拆房子卖地也不会有人耻笑。李荣楣的《溟南莲话》说，有一位新郎在新婚之夜因为新娘的脚臃肿肥大，感到十分委屈，就离家出走，到了晚上，家人在一个寺庙找到他时，这个萌生了出家念头的新郎已经哭得双眼红肿，嗓子暗哑。更有一个老翁为儿子娶妻，在新媳妇下轿的时候露出了一双大脚，老翁在亲友面前觉得丢了脸面，一时羞愤交加，当时就气得昏死过去！

一种脱纲离谱的恶行一旦被社会认同，必将像山魈一样被人们在惴惴不安中供奉于庙堂之上。"至以足之纤巨，重于德之美凉。"清人福格所著的《听雨丛谈》记述，只要一个女子拥有一双小脚，就可以超越一切美德，至于廉耻美丑都可以忽略不计，礼仪道德，真性善行，都可以被一双"三寸金莲"踩踏在下面，一切美的标准在这个时代被统一、被简化，"三寸金莲"逐渐成了一个时代趋之若鹜的"最美"。泥丸宫记者的《纤趾丛谈》和许啸天的《金园杂纂评》里称，无论是乡野村夫还是达官显贵，都认为"古来美人，其足无不纤纤者"，继而发展到了"爱纤足者，大多为雅人韵士；爱银钱者，则为村子俗物。"《香莲品藻》曾经罗列了"香莲屈辱十一事"，其中之一就是小脚女子服侍大脚妇人，如果一旦出现这种情况，在所有人看来，这个世道一定乱套了！既然"金莲"标志的是尊贵与美丽，那么将这种能带给女子无上荣光的小脚适时向公众展示，以美示人，悦人悦己，也就理顺章成了。在明朝正德年间，一个供女子展示小脚的"赛脚会"悄然在民间流传了开来。每年六月六，精心打扮的女子们端坐在自家门口，头顶纱巾，将一双双小脚荣耀地展示在大路边，任凭云集的男子揣摩评论。荣耀与尊贵在男子们的评论中产生，最美者被评为"王"，依次为"霸"为"后"。家族的尊严与自豪在这个时候也沸腾了，父兄们奔走相告，杀猪宰羊以示庆贺。一直到民国，为禁止这种颠覆了道德的畸形尊贵，每到赛脚会的时节，荷枪实弹的军人就要驱赶赛脚的女子和评足的男子，但向往"美丽"和"荣耀"的女子，总能以各种办法展示自己的小脚。夜晚，她们在自家的大门上悬挂一张布帘一个灯笼，在帘子下面伸出自己的小脚，让人在昏暗的灯光下评说。

"三寸金莲"成了一个时代的精神灯塔，在人性的暗夜里，向往美丽与尊贵的女子们奋力划动追求尊严的小舟，迎合整个社会的畸形情趣。既然一双"莲足"是至高无上的美的标准，谁愿意让尊贵和美丽掩藏起来？为了让被缠裹的双足绵软，以便裹脚如同包粽子一样方便，人们曾经乞求于药物，不知经历过多少次艰难探索，一副副让双足变得绵软的"秘方"问世了。从南宋初年开始，一直到明代，有记载的裹脚药方多达16种。而一些用不起秘方的寻常百姓也有自己的"偏方"，她们将初缠的小脚塞进才宰杀过的牛羊腹腔中，让滚烫的血将小脚烫烂，使其血肉淋漓，然后再迅速把这双烂脚缠裹起来，正应了《妈妈经》所谓的"不烂不好，越烂越小"。为制造一双"妙莲"，人们殚精竭虑不择手段。

"三寸金莲"在狂热中攀上了审美与道德的制高点，在这种无序的力量下，它像浪尖的泡沫一样无法自我控制，最终，只能被抛向命运的低谷，沦为祭坛上的牺牲和男人掌中的玩物。清乾隆进士、四川人彭遵泗所撰的《蜀碧》，曾经记载了一个让人毛骨悚然的史实——"大西王"张献忠身患疟疾，病中他向上天祷告，倘若自己病愈，"当贡朝天烛二盘"。不幸的是，这个屠夫果真病愈了，于是他挥动还愿的利刃，砍下了数万妇女的"三寸金莲"，堆积成两座小山作为祭祀品，来祭奠保佑了自己的"上天"。一双小脚，文人以诗词来追捧，帝王以权杖来指点，狎客则以其为游戏的筹码，变着法子取乐。元代书法家杨铁崖就曾经开创了用妓女的小鞋装上酒杯，来猜拳行令的先河，由此演绎出了十多种与小脚有关的行酒令，及至后来，还有人制作了景泰蓝和银质的小脚鞋酒具，置于口上天天行乐。方询的《响屐谱》曾经记载过这么一个故事：达官显贵们郊游互宴的时候，常常以穿高底鞋小脚女子为棋子，在特制的棋盘上接受下棋者的指示，摇摇晃晃地奔走于棋盘之间，下棋的人则对着这些"棋子"们尽情调笑，恣意评品。相传红顶商人胡雪岩每次吸食鸦片的时候，都要让姬妾脱光了鞋袜，在她们脚底搓揉烟丸。在京津，还曾经流行过一种小脚女子用脚趾夹着香烟，给客人点烟的恶俗。

一个丑陋的时代霉生出的丑恶事，摧残了女人的躯体，也使男人变得颓废狭隘，一个民族的雄性与壮阔找不到了，"三寸金莲"也成了各有归属、非礼勿视的"禁脔"。清人袁枚在他所著的《子不语》中，惋惜而沉重地讲述了他一个故交的儿子因为一只绣花鞋自杀的故事。故交的儿子为人十分端庄，袁枚称其"每每见到长辈，礼节十分周到"，后来，这位公子因为家贫，就到一个都统的家中当了私塾先生，谦卑自律的他和主人关系处理得非常好。然而有一天，私塾先生起床后，发现卧室的案几上莫名其妙地多了一只女人的绣花鞋。先生看见随即哭骂道，我在这里做先生，你们在这里放一只鞋，叫主人怎么看我？都统听到骂声后走了进来，先生随即钻进床下喊道："羞死了，羞死了，我见不得大人了。"都统正要给他讲明道理，先生从床下抓起一根木槌，一边自我咒骂，一边对准自己的脑袋不停地砸，直至脑浆迸裂而死。

一个寄人篱下的谦谦君子因为一只绣花鞋惨烈而死，这在今日，是一件不可理喻的事情。但那时，一双女人的绣花鞋到了一个单身男人的房间，这只鞋的主人和这个单身男人之间，必然有为人不齿的私情。一个自重的文人，为了表明清白，不惜以死来证明。一只小脚鞋，竟然制造出这么一个荒唐惨案。

不管"三寸金莲"如何被重视，如何私密，其折磨人摧残人的本质，人人心知肚明，于是就有人假借裹脚之名，行残害他人之实。李荣楣的《溟南夜话》记载，有个姓董的妇女，幼时遭继母虐待，继母为她裹脚时，"以帛逼四趾，折巾足背，足心反折，行缠逆转"。这个继母给孩子裹脚，不是将脚趾压到脚掌下，而是扳到脚背上，其目的就是害死这个孩子却不用承担罪责。然而这还算是幸运的，至少这个姓董的孩子活了下来。清末宋恕在《六宅卑议·救惨篇》中说，各地因缠足而"致死者十之一二，致伤者十之七八"。

畸形的尊贵和美丽的谎言终究减轻不了缠足筋断骨折的疼痛，掩盖不住妇女举步维艰的苦痛，压制不住人性向往自由、崇尚自然的渴求。在礼教即将崩溃的晚清，觉悟的人们发现，这个曾经顶礼膜拜、孜孜苦求的"三寸金莲"，原来只是"戕贼儿女手足以取妍媚"的罪恶。

"五龄女子吞声哭，哭向床前问慈母。母亲爱儿自孩提，如何缚儿如缚鸡。儿足骨折儿心碎，昼不能行夜不寐。"人们一旦觉醒，反抗的浪潮也汹涌而来，这首童谣在反对缠足的声音响起后，迅速在民间传唱了开来。1903年，孙淑仪、顾啸梅、胡畹畦这三个勇敢的女子率先向缠足发起挑战，她们在西湖边上演说了三个多小时，谴责"三寸金莲"留给女子们的"千载毒"。"最是两般堪恨事，文人八股女双翘"，紧接着，文人也参加到了反对缠足的运动中，至此，裹脚的丑恶习俗，已如强弩之末了。1950年，新中国成立之后，获得解放的中国妇女们彻底抛弃了这一陋习，至此，"三寸金莲"才彻底淡出历史的舞台。

当我踏上拍摄"最后的金莲"之路时，距离那个罪恶时代的终结，又过去了半个多世纪。如今健在的"金莲"们，如风中残烛，即将燃尽最后的亮光，但中国妇女们所承载的苦难和上演的人间悲剧，在这片古老的大地上，将永远难以抹去……

孙杰

2013年12月

铭记

谁要裹住那个阴暗的秘密
却积郁了万丈千年的恐惧
谁用美丽的名义玷污美丽
却给历史留下带血的记忆

一条条叫裹脚布的镣铐
缚住了一个民族的步履
一双双叫三寸金莲的荣耀
盛载着亿万母亲的悲泣

我可以盖上悲怆的镜头
却无法掩去这血的印迹
我可以折断饱蘸泪水的笔
却无法抹平内心的颤栗

弹指千年,梦魇已去
中国,母亲
昨天你骨头里深埋的疼痛
是我今天一纸悲愤的铭记

二婆：勿以善小而不为

拍摄时间：2002年2月6日，2008年7月18日。

二婆，甘肃省秦安县王窑乡杨何村人，1917年出生，属蛇，2008年去世，享年91岁，8岁裹脚，18岁出嫁，一生未育，丈夫1999年去世，寡居9年。

二婆是我岳父的二婶子，一辈子为人十分和善，就连爬上锅台的蚂蚁，也从没打死过一只，还常常用学来的话对我们说，世间大善，都是一点一点的小善积累起来的，所以只要人人心存一丝善念，就会风调雨顺。人人都做一点善事，就有太平世界。

二婆是第一个走进我镜头的小脚老人。2002年春节，我陪岳父回家看望老人，二婆和邻居的一位奶奶在黄土墙的大门口一边拉家常一边挂灯笼，我举起相机，把她们挂灯笼的场景拍摄了下来，取名《春到老屋》。这张照片在一些杂志报刊上发表后，我专门收集起来拿给二婆看，二婆看了很开心，说她这辈子还能上报纸，没想到。后来一次偶然的机会，我开始思索二婆她们的小脚，思索她们为什么要裹足，由此萌生了采访全国的小脚老人的念头，但因为种种原因，动不起身。直至2008年二婆忽然病重，我意识到，小脚老人们即将谢幕了！我得抓紧去拍摄。后来我告诉二婆想拍摄小脚老人的念头，二婆很支持，说这是积德行善的事，并配合我拍摄了很多照片。

二婆去了，无子无女，无身外长物，但是整个村庄的人都无比怀念她。二婆的一生是善良的一生，和那些生活在广袤农村的大部分妇女一样，勤劳朴实，待人处事，强调心存善良；与人交往，讲究与人为善、乐善好施；对己要求，主张独善其身、善心常驻。

有人说过，对众人而言，唯一的权力是法律；对个人而言，唯一的权力是善良。同善良人接触，往往智慧得到开启，情操变得高尚，灵魂变得纯洁，胸怀更加宽阔。二婆逝矣，良善之德，郁郁苍苍；良善之风，山高水长！

3　最后的金莲

最后的金莲 4

5 最后的金莲

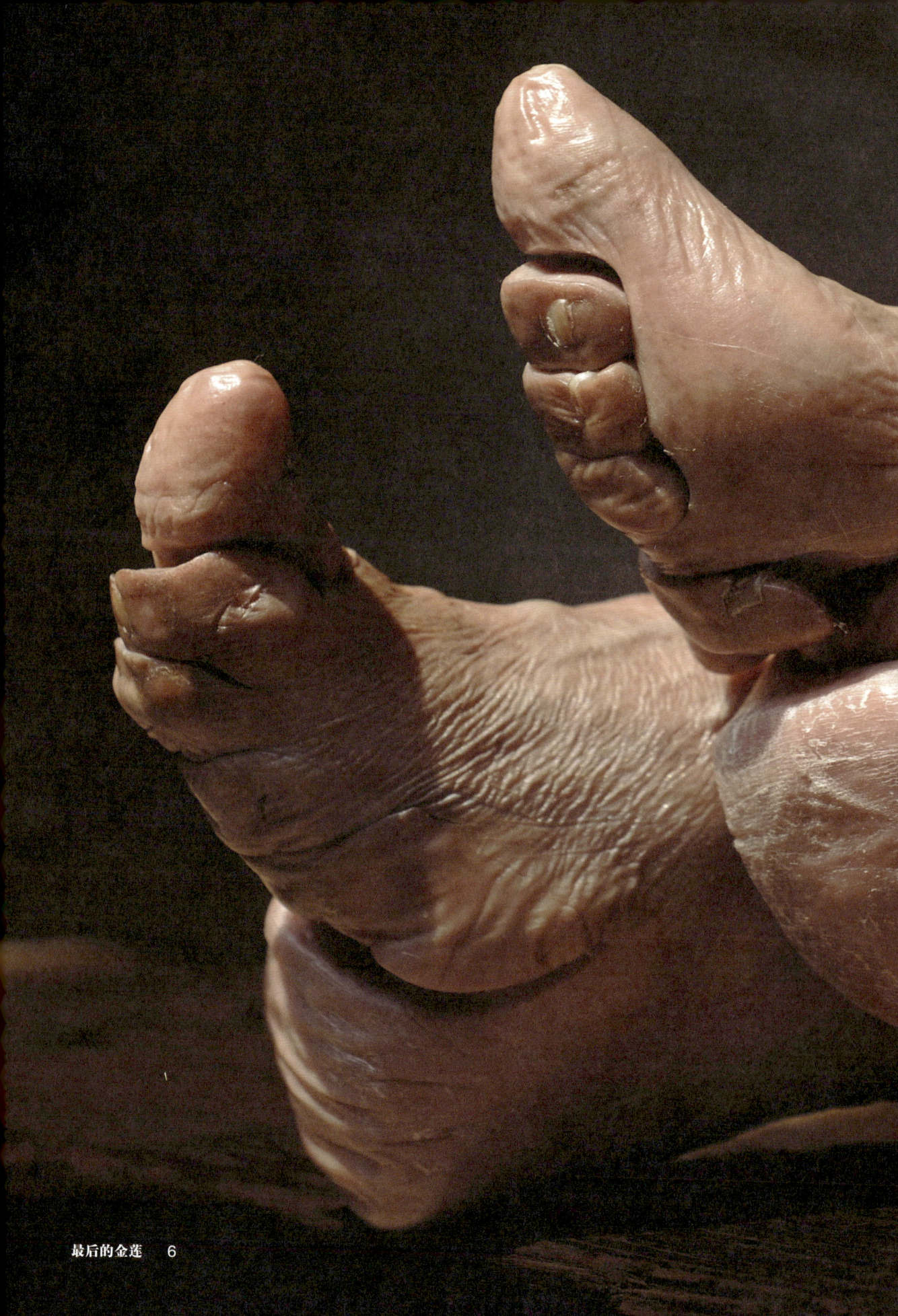

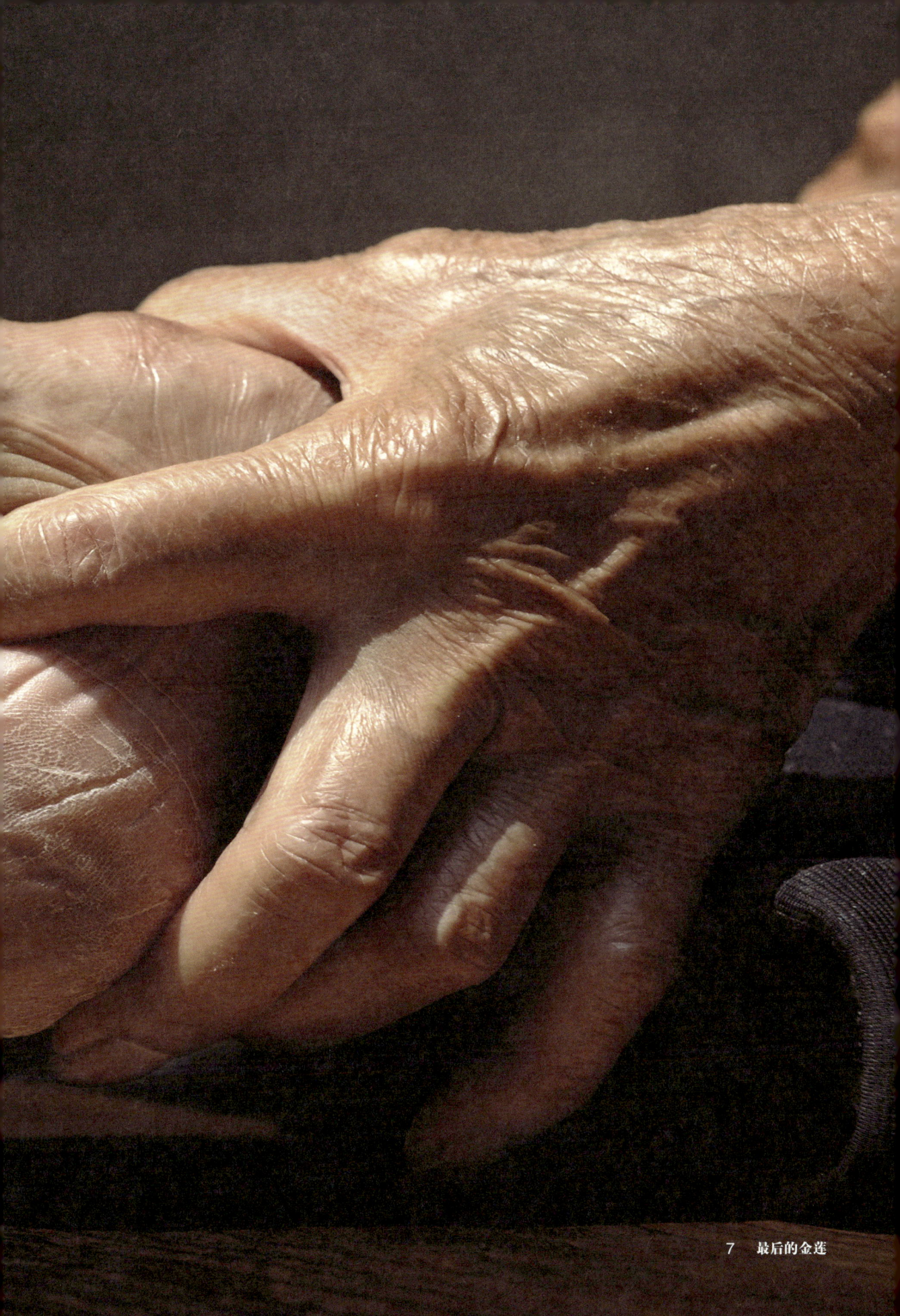

石兰花：此生唯愿着花衣

拍摄时间：2011年5月1日，2012年6月2日，2013年7月7日。

石兰花，甘肃省榆中县连搭乡薛家营村人，1925年出生，属牛，时年86岁，9岁裹脚，21岁出嫁，育有1子1女，儿子未婚，3个外孙，丈夫2000年去世，寡居11年。

石兰花老人4岁那年，父亲去世。远在陕西省一家杂货铺子给人帮工的叔叔回家奔丧时，见她聪明伶俐，就用东家一个女儿的名字给她取名，从此石兰花有了姓名。7岁那年，她母亲想给她裹脚，但有个亲戚认为，女子解放是大势所趋，给孩子裹脚，是倒行逆施。在亲戚的劝说下，她母亲再没有坚持。9岁那年，她母亲发现村里的女孩大都裹了小脚，深为石兰花是大脚感到不安，于是不顾亲戚反对、女儿哭闹，坚持给她裹了小脚。因为裹脚稍迟，石兰花的小脚并没有如她母亲所愿，长成一双标准金莲。21岁时，石兰花嫁给了邻村的金家。结婚当日，石兰花头顶一块半新的盖头，穿着婆家用几尺花布做成的新衣和一条打满补丁的裤子，被丈夫牵着手迎娶进了家门。婚后第四天，石兰花就换下了结婚时的"新衣"，穿上破旧的衣服和丈夫一起给人家种地喂牲口。

有了孩子后，原本贫穷的家里更是入不敷出，尽管她和丈夫已经拼尽全力，但日子还是一天不如一天，炕上没有一张完整的席子，身上没有一件蔽体的衣服，锅里没有一口隔夜的饭食，最困难的时候，因为没有一件像样的裤子，她只能藏在屋里，不敢出门见人。解放后，家里情况稍有好转，石兰花老人才有了一身可以蔽体的衣服，及至改革开放后，家家户户都过上了好日子，但老人女儿早就出嫁，儿子又为人十分木讷老实，并不会经营生计，日子依旧艰难，虽说能吃饱穿暖，但老人穿的衣服，大都是村里人送的旧衣服。70岁生日时，根据当地习俗，女儿为她缝制了绸缎的寿衣，这让老人很开心，过段时间就要把寿衣拿出来晾晒，还常常笑着说，她这辈子从来没有穿过一件像样的衣服，不料快要死了，却有了这么好看的衣服。

2012年6月，老人留遗照时，第一次穿上了崭新的寿衣，这让她有些激动，直至照片拍完了，还舍不得脱下。

《傅玄·衣铭》云："衣服从其仪，君子德也。衣以饰外，德以饰内。"基督教又以为，人类穿衣是因为羞恶之心。俗话也常说，人生在世，吃穿二事。足见穿衣在人类生活中并不是"蔽体、保暖"这么简单的事情。然而石兰花老人一生穿过最好的衣服，竟然是她的寿衣，这如何不让人感慨唏嘘！

9　最后的金莲

最后的金莲　10

11　最后的金莲

13 最后的金莲

王会员：半世无名"马帮"妻

拍摄时间：2012年3月25日，2013年3月2日。
王会员，云南省通海县三义街道办六一村人，1923年出生，属猪，
时年89岁，6岁裹脚，17岁出嫁，育有1子，3个孙子，1个重孙。

王会员老人从来没有名字，婚后一直被称为"普王氏"。20世纪90年代初，老人加入了六一村的老年协会，协会因其无名，就在发给她的会员证上随便写了个"王会员"，老人以为这是帮她起的名字，十分开心。此后，只要和别人说起自己的姓名，就说政府给自己起名叫"王会员"。

当地作家杨杨告诉我，"王会员"虽说没有名字，但她的家庭地位一辈子却在丈夫之上，这是因为她是个极具智慧的人，谋划事情，长远成熟。

王会员出嫁后半年，为了改变家里的经济状况，经过深思熟虑后，她就去找娘家的堂兄、通海有名的马帮头领王绍义，希望堂兄能在茶马古道上帮助丈夫谋份差事。她堂兄一口答应，于是她丈夫牵着家里唯一的骡子加入了马帮。但在丈夫第一次赶帮的时候，就遭遇劫道，赶帮的人血本无归，只好各自回家。王会员的丈夫担惊受怕，灰心丧气，表示这辈子再也不想出门了，王会员却对他再三宽慰，并无责怪。一个月后，在她的动员下，丈夫牵着骡子又出门了，没想到这一次他输得更惨，出门才十多天，马帮没找到，就连骡子都被土匪抢了去，丈夫失魂落魄地回到家里。王会员依旧没有责怪他，还说破财免灾。

两个月后的一个夜晚，王会员听到门外有牲口"呼哧呼哧"地喘气，出门一看，自家的骡子不知道什么时候回来了，还驮了两个不小的筐子。她伸手在筐子里一摸，顿时就惊呆了：筐子里全是银元。王会员判断这一定是土匪走失了骡子，于是抓了几把银元后就把骡子赶上了山道，等骡子看不见了，她才回家。后来没过几日，就传来消息说，邻村一户人家收养了一匹骡子，被土匪灭了门。从此，丈夫对她心悦诚服，言听计从。在她的鼓励下，丈夫常年行走在茶马古道上，成为了马帮出色的一员，也让全家过上了宽裕的日子。

王会员老人虽目不识丁，却有出色的筹划能力，受挫折而不气馁，见财物而不贪心，颇有阿里巴巴的智慧和性情。其实想一想，有许多我们仰望的智者，并不是因为博学多才，而是能以清静之心眺望远处。

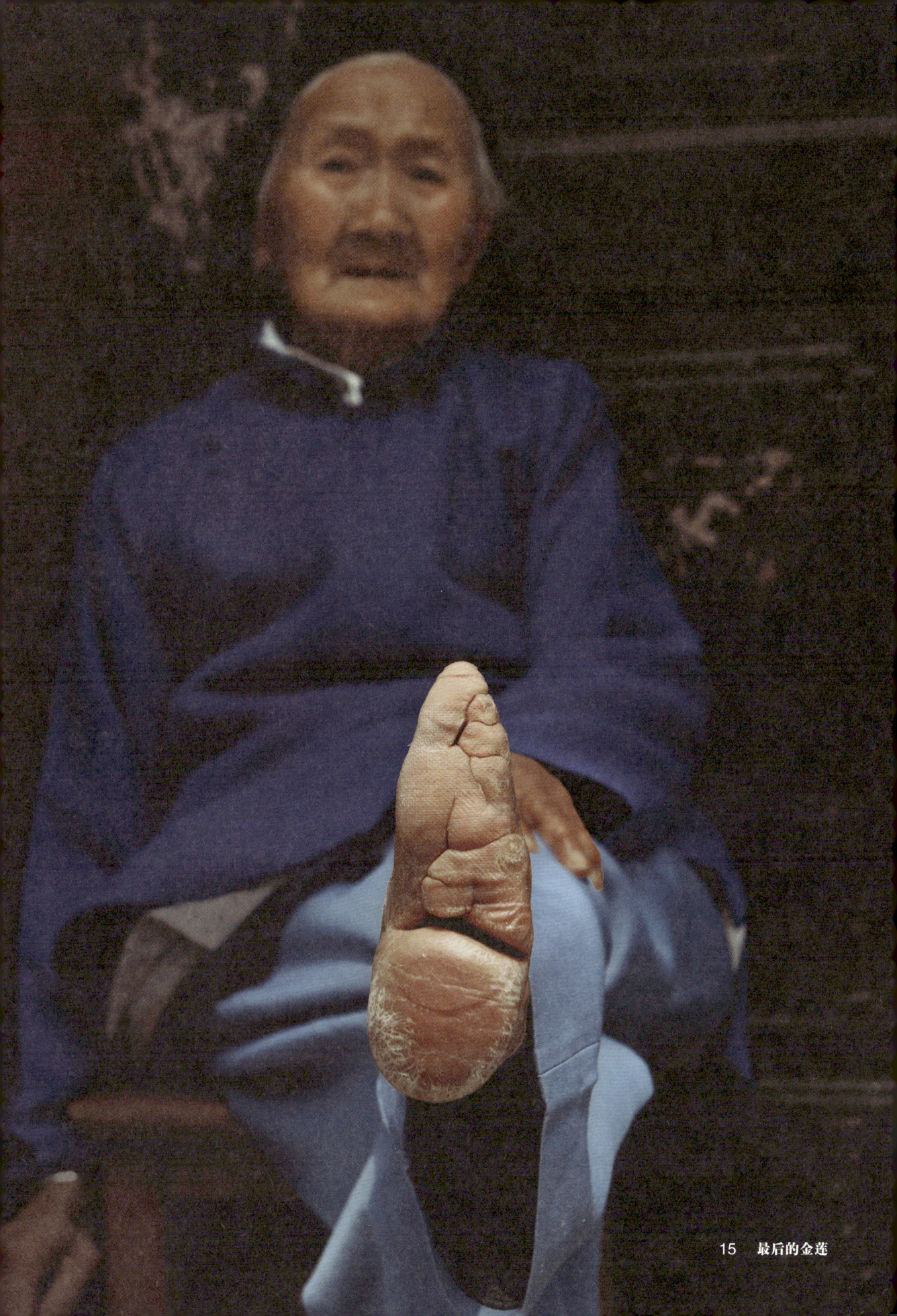

15　最后的金莲

最后的金莲 16

最后的金莲　18

19 最后的金莲

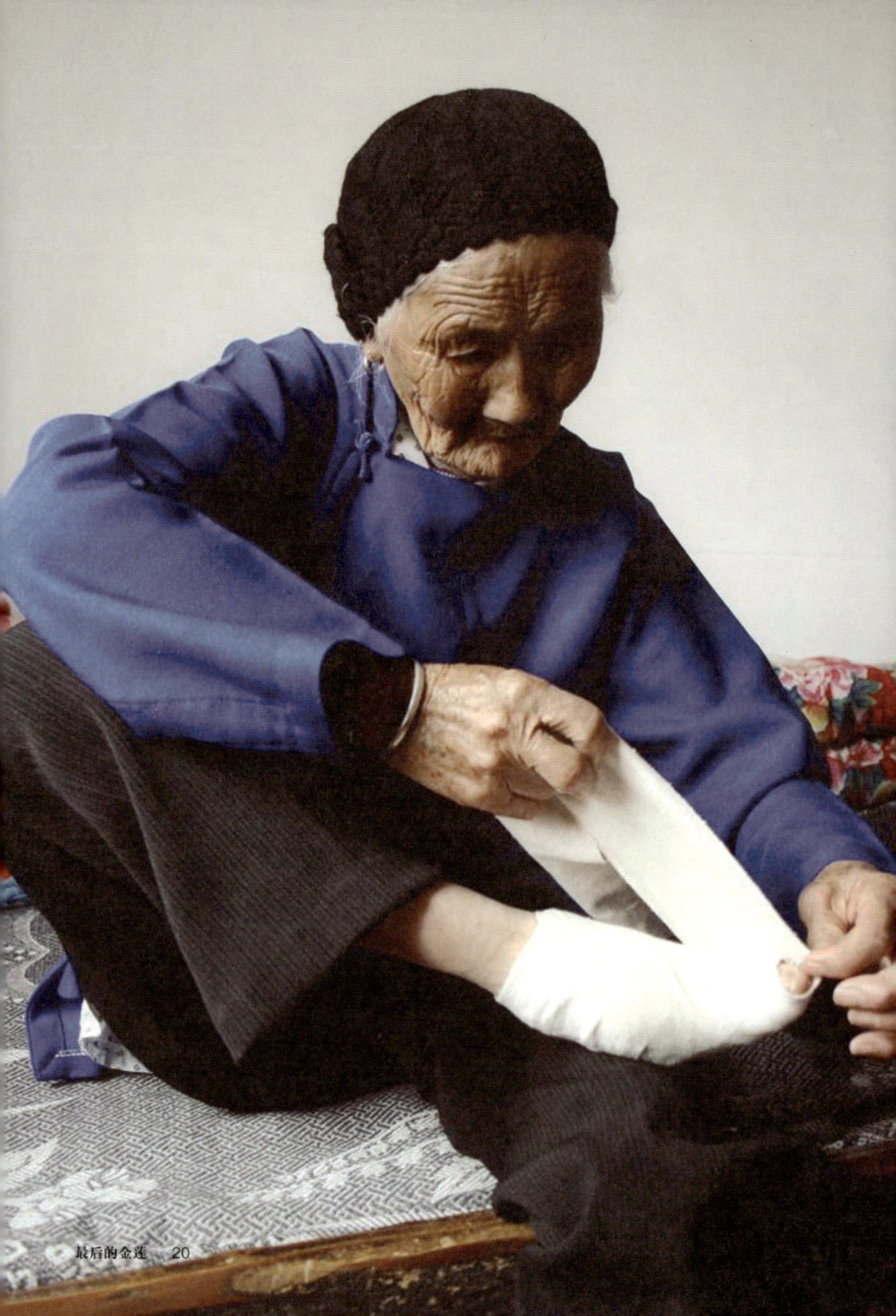
最后的金莲　20

21　最后的金莲

陶桂英：生子当生英雄汉

拍摄时间：2012 年 10 月 7 日。

陶桂英，甘肃省榆中县连搭乡牛家庄村人，1924 年 7 月出生，属牛，时年 88 岁，6 岁裹脚，18 岁出嫁，育有 2 子 3 女，12 个孙子，丈夫 2000 年去世，寡居 12 年。

20 世纪 20 年代，陶桂英出生在甘肃榆中一个农民家里，时值军阀混战，村里常有青壮年被抓丁。老人 3 岁那年，叔叔也被马家军抓了壮丁，这一去，就再也没有回来。后来她才知道，叔叔被抓的第二年，就脱离马家军参加了共产党领导的游击队，后来在一次战斗中不幸牺牲了。

解放后，叔叔被评为烈士，政府组织人员到各村镇宣传他的事迹，已经生了一儿一女的陶桂英为此十分自豪，私下对丈夫讲："儿子长大了，一定要当兵，像叔叔一样做一个人人敬佩的英雄汉。"老人有此心，丈夫也有意。1968 年，长子应征入伍，在某工程兵部队给首长当了警卫员，"文革"开始后，长子来信说有人让他检举老领导。老人托人代笔写给儿子的回信只有短短两句话："活人要有骨气，做个英雄汉。"收到回信后，长子断然拒绝检举老首长。1971 年，长子因为"政治立场不坚定"复原回家，老人一家全无悔意。1979 年，老人又动员第二个儿子上了中越战场，二儿子在战场上勇敢作战，后来提了干，转业后安排到了兰州市政府。如今，老人和长子生活在一起，子孝孙贤，春种秋收，日子安泰舒适，只要有人提及两个儿子幸福的生活，老人都淡淡一笑："生儿子，就要生成英雄汉。"

英雄汉，就是坚守做人的信条，威武不能使之屈服；英雄汉，就是拥有无畏的精神，牺牲不能使之退缩。一个目不识丁的农村老人，不习孔孟之道，不习马列思想，在平淡如水的岁月中却能发出"生子当生英雄汉"的壮声，岂非我中华民族千年的脊梁？

最后的金莲

最后的金莲　24

唐金莲：家有金莲初长成

拍摄时间：2013年3月9日。

唐金莲，甘肃省临夏县莲花镇鲁家村人，1925年出生，属牛，时年88岁，7岁裹脚，15岁出嫁，育有1子4女，14个孙子，1个重孙，丈夫1997年去世，寡居16年。

唐金莲老人出生在黄河边上有名的渡口"莲花渡"一户普通农民家里。莲花渡位于永靖县莲花寨炳灵寺附近，又名黄河下渡。唐代被称为"凤林渡"，北宋时易名为"安乡关渡"。明初，此处曾设置千户一名常年驻守，明嘉靖年间，更名"莲花渡"。因为莲花渡千百年来地处要冲，往来商客众多，故而此地百姓生活安逸，劳作之余，多以读书重礼为乐事。

唐金莲老人幼时，父母重男轻女，几个哥哥弟弟都有好听的名字，她自己却一直被称为"尕女子"。20世纪20年代的中国尽管抵抗缠足之风已经吹遍神州大地，但老人的家乡却依旧我行我素，但凡女孩，尽悉缠足。

唐金莲7岁时，她母亲用一张羊皮的代价为她请了脚婆，尽管十分疼痛，但她还是咬紧牙关坚持了过来，并没有哭喊一声。后来母亲为她多次"紧足"，她依然咬牙忍受。大半年之后，双脚不再疼痛，不仅能下地行走，还常常在乡邻伙伴间炫耀自己的尖尖小脚。因为标准的金莲，"尕女子"被人称之为"小金莲"，从此，她的名字也就变成了唐金莲。15岁时，老人嫁给了相邻十多里的莲花镇一富户。婚后的日子虽说不缺吃少穿，但婆家家规严苛，老人每日必须要和几个妯娌一起做好全家四十余口人的饭和衣服鞋袜，并未有一丝嫁入豪门的优越，后来有了子女，老人不仅要拉扯孩子，每日还得照样干活。

解放后，家产被政府分给了穷人，唐金莲也变成了普通的社员，除了喂牛割草，还常常要被揪斗。20多年间，因为"成份"高，一直在村子里抬不起头。在随行的当地向导的回忆里，老人一生都很悲苦。现在老人和儿孙们生活在一起，生活富裕了，无人歧视了，身体却越来越差，大多数时候只能坐在炕上闭目养神。

唐金莲老人就像一株被遗落在田野里的庄稼，明明也是饱满的，可是农人就这样从身边走过了，带着它们，把她留在旷野里。她也曾有过美丽的春天，春天里也曾有过无数的梦和憧憬；也曾有过美丽的容颜；也曾有过与风雨相搏的夏天，夏天里有过生命拔节的记忆。但是，在老人的生命历程里，田野广阔无边，大多数的记忆却是孤独无依的，不知道风雨何时来临，内心多年彷徨无助。在社会的田野，唐金莲的缠足，一如土地提供给庄稼的肥料，庄稼是无从选择的；庄稼长高了，她们同样无法预知和抗拒电闪雷鸣、风雨交加。千百年来的草根一族，孰能例外？

最后的金莲　26

27　最后的金莲

梁生芳：天生一个"猪司令"

拍摄时间：2012 年 8 月 27 日。

梁生芳，甘肃省白银市武川乡饮马沟村人，1921 年出生，属鸡，时年 91 岁，8 岁裹脚，17 岁出嫁，育有 2 子，4 个孙子，2 个重孙，丈夫 2000 年去世，寡居 12 年。

梁生芳儿时，和那个时代大多数农村女孩子一样，没有受过什么教育，每天起早贪黑，帮着家人做一些力所能及的粗活。因为裹脚行动不便，家人给她找了份差事：养猪。时间久了，她还积累了一些养猪的土办法。后来，这个差事竟然伴随了她的一生。17 岁嫁为人妇，在烽火连天的战乱年代，她用一双勤劳的双手依靠养猪维持了全家人的生计。解放后，又在生产队负责养猪。包产到户后，靠养猪率先脱贫，全家人过上了衣食无忧的生活。2006 年，85 岁高龄之际，又说服小儿子办了当地第一家养猪场，每年都有数十万元的收益。

现在，90 多岁高龄的梁生芳老人依然不辍劳作，平时在市区的家里给孙女洗衣做饭，照顾她读书，孙女放假的时候，又回到武川乡饮马沟的养猪场里照看那一百多头猪。"养猪娃和教育娃娃一样，不能惯毛病。"老人挪动着小脚，一边喂猪一边说，语调自信而坚定。

清朝中兴名臣曾国藩持家的观点为世人乐道：一是和以治家，二是勤俭持家。如何持家，他又提出"书、蔬、鱼、猪、早、扫、考、宝"八字诀，其中一诀即为养猪。后记铭文，世人方知其心："昔日创业，源远流长；服畴食德，寝炽而昌；蓁芃郁积，有耀其光；千秋宰树，终焉允臧。"梁生芳老人虽不明这其中要旨，却拖着一双行动十分不便的小脚用一生在实践。

29　最后的金莲

王正秀：收听广播四十载

拍摄时间：2011年6月27日。

王正秀，湖北省枝江市白洋镇裴家岗村人，1915年出生，属兔，时年96岁，6岁裹脚，15岁出嫁，育有4子，9个孙子，7个重孙，丈夫2009年去世，寡居2年。

大概是在1970年前后，人民公社给家家户户安装了有线广播，每天早晨广播一响，王正秀都要仔细听听广播里讲什么。起初，因为听不懂普通话，广播里的内容都只能了解个大概，后来时间长了，就慢慢地听明白了，有时候还能学着播音员的语气说几句。

因为听得懂广播，老人常常给村民们讲一些他们从未听说过的事。大约在30多年前，一次集体劳动时，王正秀告诉村里人说"邓小平要复出了"，大家都很吃惊，过了几天，全村就开会讲了邓小平复出之事，村里人才知道这个消息是王正秀从广播里听到的。1980年，老人买了一台收音机，每天都要拧来拧去收听最新消息，从不间断。1998年，老人从广播上听说，橘子要便宜了，鹅蛋要贵了，就让家里人多养了许多鹅，结果后来赚了不少钱。但遗憾的是，2010年搬家时，陪伴老人30多年的收音机遗失了。

当人一味追求快速成功，渴求拥有大智慧时，往往忽略了良好的习惯才是步向成功的钥匙。美国著名心理学家威廉·詹姆士说："播下一个行动，收获一种习惯；播下一种习惯，收获一种性格；播下一种性格，收获一种命运。"王正秀老人热爱生活的态度，让我们看到了习惯的力量。

33　最后的金莲

金正芳："背锅"心内如汤煮

拍摄时间：2011年6月4日。

金正芳，甘肃省榆中麻家寺乡麻家寺村人，1924年出生，属鼠，时年87岁，5岁裹脚，18岁出嫁，育有1子2女，3个孙子，2个重孙，丈夫2003年去世，寡居8年。

金正芳出生时，身体畸形，后背有一个肉包，当地人管这种人叫背锅，意思是后背隆起，就像背了一口锅一样，有些地方称之为"罗锅"。当时接生婆建议放弃，说背锅一生命苦，但金正芳的母亲生性善良，说好歹也算是一条命，于是坚持留了下来。5岁时，金正芳被生母裹成了标准的"三寸金莲"。18岁时，嫁给山里一个姓陈的人家，但婆家是大伯子当家，丈夫常常被大伯子训斥，嫂子对他们也是白眼不断。后来两人干脆被大伯子和嫂子撵出了家门，在村里一间没人要的破房子里安顿下来，夏天是成群的蚊虫，冬天就是抵挡不住的寒风和飞雪。丈夫每日带她上山砍柴，回来就烧制成木炭，再挑到几十里开外的兰州城去卖，这样的日子一直过到了解放后。

成立人民公社的时候，丈夫因为常年烧制木炭落下了咳嗽的毛病，动不动就气喘吁吁，面色发紫，生产队里的重活根本干不了，没办法，金正芳只好加入了"壮劳力"的行列，春种秋收，拔豌豆，起牛粪，苦活累活啥都干，男人能干的，她照样干。在她的努力下，生产队每年"按劳分配"的粮食足够全家吃。

20世纪80年代，农村实行包产到户，金正芳家里分了几亩薄地，等好不容易把薄田养肥能多打几石粮食的时候，儿媳干活不小心摔下房顶瘫痪了，金正芳不得不继续给家里做饭，伺候儿媳，这一干就到了现在。

上天生人，赐以安泰，赐以惶恐，赐以体貌舒展，也赐以肢残体衰。面对漫漫人生中诸多艰难困苦，金正芳老人始终坚若磐石，及至耄耋，还要照顾残疾儿媳，人生之艰难险阻，当于老人至矣！

37 最后的金莲

仝俊秀：纸货铺里爱"小脚"

拍摄时间：2012年8月5日。

仝俊秀，陕西省周至县终南镇北迁村人，1916年出生，属龙，时年96岁，5岁裹脚，16岁出嫁，育有3子4女，7个孙子，9个重孙，2002年丈夫去世，寡居10年。

仝俊秀从16岁结婚后，就开起了纸货铺，扎纸人供殡葬用。她扎纸人，只扎童男童女，而且童女必须是"小脚尖尖、朱唇杏目"，这些纸人的衣着打扮，都十分讲究，纸人的小鞋，也必须是紫色、红色等富贵的颜色。这还不算，她扎的纸人，鞋子衣服和真人的都一样，还能脱下来。有一次，有人和她开玩笑说，小脚丫鬟在阴曹地府干活不利索，不如大脚片子实用时，她顿时生气起来，斥责人家"没教养"，还说养大脚丫鬟的人都是没品味的人家。

仝俊秀扎的纸人漂亮好看，做工精细，但也因为这个原因，扎一个纸人常常需要很长时间，所以尽管她扎的纸人好，但数量却有限，常常供不应求。慢慢地，她扎纸人的名气越来越大，十里八乡谁家要死了人，都要找到她买"小脚丫鬟"，以至于谁家要给去世的老人能一次买来她的"八个小脚童女和八个童男"，这家人就一定是乡邻心中的大孝子。

后来年纪大了，纸货铺就很少开门，但她经常还做一些纸人，并不卖钱，只是为了开心。再到后来丈夫去世后，她不再扎纸人，只是用纸糊一些小脚鞋，各种颜色各种款式的都有，家里人也不能管她，就任由她怎么开心怎么来。

仝俊秀老人所从事的职业凡人看来有些"阴气太重"，她却做得津津有味，不但养活了一家人，而且远近乡邻皆闻其名。职业变成了爱好，身在职场的人们又有几人能做到？

39　最后的金莲

最后的金莲　40

孟凡珍：百岁犹记"升考足"

拍摄时间：2011年6月27日。

孟凡珍，湖北省枝江市白洋镇裴家岗村人，1912年出生，属鼠，2012年去世，享年100岁，6岁裹脚，16岁出嫁，育有3子1女，9个孙子，6个重孙，丈夫1997年去世，寡居15年。

见到百岁老人孟凡珍时，她正在屋后的菜地摘菜。当知道我在采访小脚故事时，老人抿了抿嘴巴说："裹脚是害人的东西，毛主席让女人把脚放开了，要不然现在的女人个个都是瘸腿鸭！"边上的年轻人听了轰然大笑，老人却一脸严肃，穿着一双童鞋，试探着踩稳田埂上松软的泥土，给我讲述起了这个地方曾经发生过的裹脚故事。

曾几何时，缠足成了全村人的大事。每年秋后农闲，村里的长者都要在宗祠前面的空地上摆放一个量米的容器——升。升是一种口阔底方的木质容器，四方的升底边长不过三寸，全村人都云集于此，等待长者以升来考评小脚女子的双足，看她们的双足是否合乎"三寸金莲"的标准。这时候，那些缠裹了双足的女子一个个惶惶地站成一排，等着长者点名。被点到名的女子在众目睽睽之下，在升的前面脱掉鞋子，将一只脚踩进升底，以脚心为圆心，用脚在升底画圆，如果双脚在升底转动自如，宗祠前就是一片叫好声，整个家族的人也感到无比荣光，回家杀猪宰羊，以示庆祝。如果哪个女子的脚太大踩不到升底，或者踩进去却无法转动，就有人喝倒彩，甚至会公然羞辱奚落，负责考足的老者也要数落女子和她父母几句。这时候，整个家族都会感到无地自容，这个女子从此也被村里人瞧不起。

孟凡珍老人也曾被考足，她的双脚勉强算是过关了，但村里有一个姑娘没有通过考评，在全村人的压力下投江自尽了。讲完这个故事后，老人招呼我们进屋坐下，又赤脚换上拖鞋开始张罗午饭，这时候我才看清楚，老人脱下的那童鞋，早就被变形的双足撑得走了型。2012年春节刚过，老人的外孙打电话告诉我，老人在正月初三晚上去世了，等大家发现时已经走了，就像睡着了一样，十分安详。

这位跨越世纪的百岁老人已离我们而去，20世纪30年代和40年代，她历尽人间沧桑，在乱世中坚强地撑起全家一片天，含辛茹苦地将四个子女抚养成人！20世纪50年代和60年代又变身为贤惠慈祥的奶奶！20世纪90年代丈夫去世后的晚年生活中，能知足常乐，心理健康，与人为善且能积德行善。一生处世，逆境时泰然处之，顺境时淡然处之。虽历尽风霜，终能顽强地迈过。百岁高寿而终，留后世怀念无数。

43　最后的金莲

邹月娥：三十八载夜绣鞋

拍摄时间：2012 年 1 月 25 日。

邹月娥，福建省连江县苔菉镇北茭村人，1929 年出生，属蛇，时年 83 岁，7 岁裹脚，19 岁出嫁，育有 1 女，3 个外孙子，2 个重孙，丈夫新婚离别，三十多年后重聚，一起生活 14 年后，丈夫去世，寡居 10 年。

在北茭村洋溢着浓郁春节气氛的巷道里，邹月娥老人努力地爬上巷道边大约五六层的麻石台阶，进入了自家的屋子，讲起了自己的故事。

几十年前，邹月娥因为有一双令人羡慕的小脚，被村里一个长得十分帅气的小伙子娶进了门，然而就在新婚的第七个月里，丈夫打渔时被国民党抓去了台湾。1955 年，丈夫从台湾辗转寄来一封短信，信上只有"月娥，我还活着，家里一切都好吗"短短 13 个字，信里还夹着一张丈夫的照片，照片里的丈夫穿着西式的服装，还戴着手表。

知道丈夫还活着，三十多年的岁月里，邹月娥已经记不清多少次小脚伶仃地爬上山巅遥望大海，也记不清多少次许愿祈求夫君平安。从青春到白发，白天，她帮别人织渔网换钱糊口，抚养女儿；夜晚，在油灯下做小脚鞋打发时间。人生苦短，但是对于这个老人来说，每一个日夜都是漫长的。

1988 年一天下午，村干部带着一位老者出现在邹月娥面前，四目相对，二人几乎同时都认出了对方。"少年子弟江湖老，红粉佳人两鬓斑。"三十年的等待，三十年的相思，三十年的苦累，在那一刻，泪飞顿作倾盆雨。2002 年，和老人团聚了 14 年的丈夫撒手人寰，邹月娥烧掉了三十年间夜晚打发时间时做的 72 双小脚鞋。不知道该祭奠的是青春，还是离别？是阻隔，还是重逢？

相传当年王宝钏苦守寒窑十八载，等待丈夫薛平贵归来的故事，有人概括为一联："十八年古井无波，为从来烈妇贞媛，别开生面；千余岁寒窑向日，看此处曲江流水，想见冰心。"不知道这个老人的故事，在寻常巷陌，几多演绎，几多唏嘘！

最后的金莲　46

47　最后的金莲

最后的金莲　48

杨秀兰：薄雾浓云愁永昼

拍摄时间：2011年5月12日。

杨秀兰，甘肃省古浪县民权乡人，1925年出生，属牛，时年86岁，9岁裹脚，19岁出嫁，育有2子2女，5个孙子，丈夫1985年去世，寡居26年。

    杨秀兰和古浪县大多数老人一样，都经历过生死洗礼，在艰苦的自然环境下与贫穷饥饿赛跑了大半个世纪。开荒种田、植树造林、治理沙漠一样都没少过她的身影。

    老人说家里祖辈没有出过干公事的人，大儿子快50了，一年到头还在外打工，挣不了几个钱，还总被拖欠，至今都没有娶上媳妇。小儿在家打理庄稼，照顾一家老幼，日子过得很拮据，一直是村里的扶贫对象。

    这些年来，老人的身体状况也不是很好，除了常见的老年疾病，三年前还患上了带状疱疹，至今不见好转，疼得整夜睡不着，又舍不得花钱医治，实在疼得没办法，就在乡卫生所要一些紫药水擦一擦。

    当问起老人有什么心愿时，老人说："我苦了大半辈子，什么苦没见过？要说心愿，就是几个孙子以后不要受我受过的苦，能成为公家人。"

    20世纪美国政治家亨利·乔治曾经说过："如果经济增长只是使富裕之家和贫困之家的差距更加悬殊，进步就不是真正的进步，它也难以持久。"在人类文明高度发达的今天，所有人的命运都是联系在一起的：今天他遭遇了不公，明天可能就是你遭遇不公；今天他在贫穷中挣扎，明天可能就是你在贫穷中挣扎。

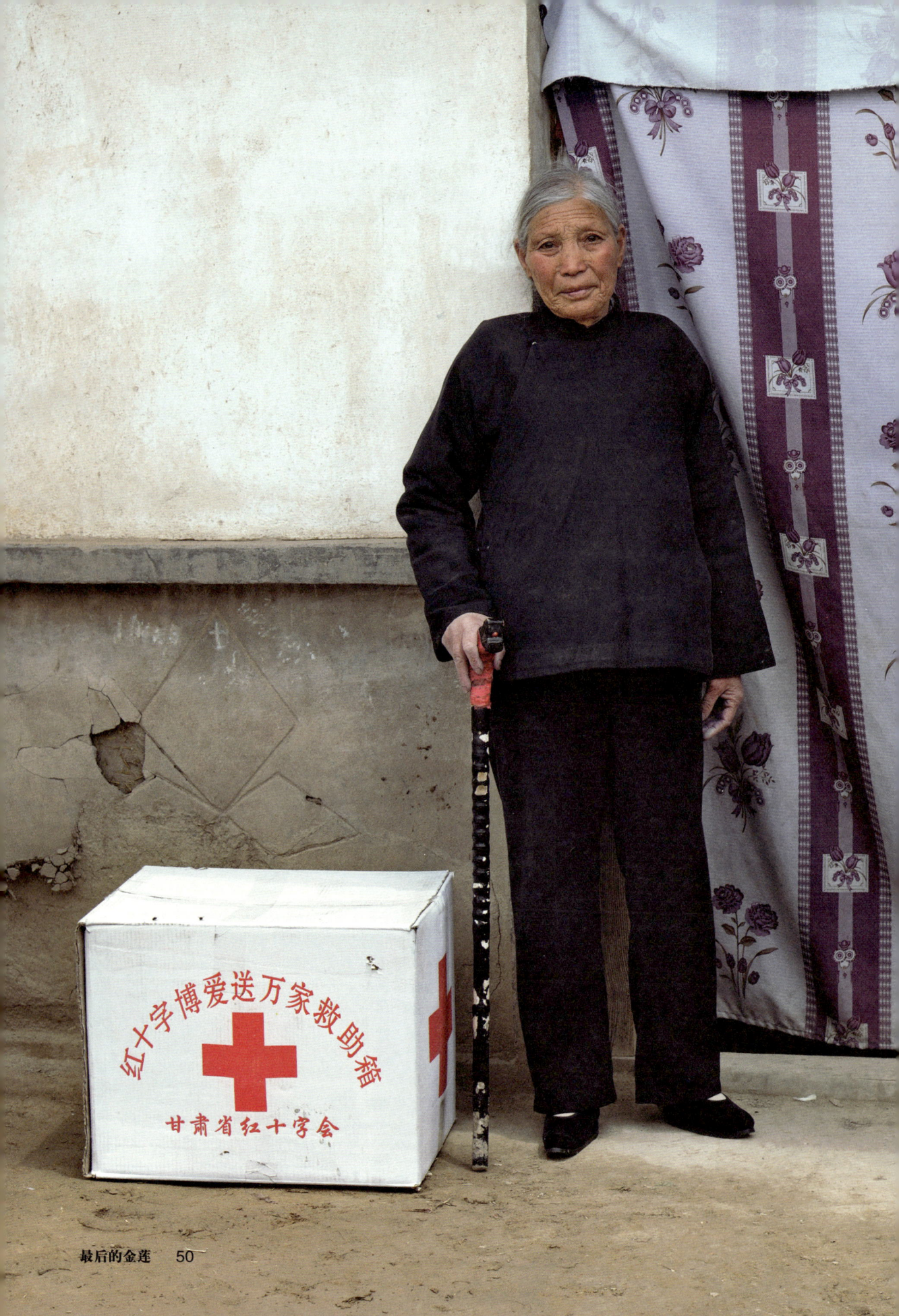

郭兰英：琴瑟友之两相悦

拍摄时间：2008年12月11日。

郭兰英，甘肃省武威市民勤县蔡旗乡人，1921年出生，属鸡，时年87岁，6岁裹脚，17岁出嫁，育有2男2女，8个孙子，4个重孙。

郭兰英小时，家里弟妹众多，父母整日帮人扛活养家，照顾弟妹的事就落到了她头上。尽管当时郭兰英年幼，但照顾弟妹却十分尽心。6岁那年，婶子为其裹脚，面对裹脚用的剪刀、梭子、裹脚布，郭兰英本能地感到恐惧，止不住哭了。父母就哄劝说："你要哭闹你弟弟妹妹就吓坏了。"为了不让弟妹感到害怕，郭兰英强忍着疼，直至裹脚结束，愣是没有哭出声。这一幕被婶子记住了，之后到处说，兰英是个了不起的孩子，谁家的娃娃以后要娶了她，就享福了。

17岁郭兰英出嫁，丈夫金发荣小她4岁，身高矮了一头。婚后，公婆言辞恳切地说，你是十里八乡出了名的乖女子，我们足足花了13块银洋娶你进门，就是指望你待你男人好一些。丈夫尚是个娃娃，郭兰英只能把他当着弟弟看，每晚都要叫他起床撒尿，有时候尿湿了炕，她还得把干处腾出来，自己睡在潮湿处。不过好在小丈夫为人懂事听话，事事问她，处处护她，小两口处得十分要好。

后来生了孩子，负担重了，公婆想打发金发荣出门做点小生意，郭兰英担心丈夫一人外出不方便，就劝公婆让丈夫跟着自己织布养猪，补贴家用。再后来解放成立高级社，每次上工，也都是郭兰英带着丈夫，出工一齐出，回家一起回，村里人看得多了，就取笑金发荣娶了个"媳妇姐"。金发荣听见了也不恼，笑着说，媳妇姐有啥不好，自己一辈子在媳妇的照顾下，就没受过啥罪。

如今两位老人身体康泰，无忧无虑安享晚年，常常牵手漫步黄昏，感情甚笃，村里人也十分羡慕，每每提及，个个都夸赞不已。

元代著名书法家赵孟頫曾给妻子管道升写过一阕词《你侬我侬》。词云："你侬我侬，忒煞情多；情多处，热如火；把一块泥，捻一个你，塑一个我，将咱两个一齐打碎，用水调和；再捻一个你，再塑一个我。我泥中有你，你泥中有我；我与你生同一个衾，死同一椁。"郭兰英老人当然不会有这么浪漫的情怀，然而她却用一生的时间和行动，为这阕词做了最好的注脚。

曾秀英：此情可待成追忆

拍摄时间：2012年8月28日。

曾秀英，甘肃省白银市武川乡崖渠村人，1921年出生，属鸡，时年91岁，5岁裹脚，15岁出嫁，育有3子1女，12个孙子，7个重孙，丈夫2000年去世，寡居12年。

曾秀英15岁那年，嫁给本村关姓人家，时值乱世，婚后的日子一贫如洗，但丈夫对她却恩爱有加，从不让她下地干活。90多岁的老人依然清晰记得半个多世纪前那些刻骨铭心的往事。1941年，白银大旱，颗粒无收，丈夫带着她外出逃荒长达两年。逃荒的岁月里，曾秀英因为脚小走不快，丈夫就用一个大筐子背着她走街串巷。每到一个村庄，丈夫都尽心安置好她后，才去乞讨。遇到刮风下雨，就用仅有的一块破油布给她盖在身上，丈夫却被淋得浑身湿透。冬雪连绵、北风呼啸，丈夫穿着单衣，自己却坐在铺着棉被的筐里。从白银到庆阳，从庆阳到陕西，最后又一路乞讨回来，曾秀英在丈夫的背上穿越了西部无数个山村和集市。

"那时候要饭难得很，半天才能要一两个黑面馍馍。他只要讨到吃的，都要拿回来和我一起吃，自己从来没有先吃过一口。"说话时，老人枯井一样的眼睛里，溢出了浑浊的泪水。

1950年，时局稳定，有了田地和房舍，老人和丈夫勤劳耕作、养儿育女。流年似水，五十年的幸福岁月弹指一挥，丈夫因病离世，曾秀英老人几乎哭干了眼泪。今天满堂儿孙个个气宇轩昂，老人说："我的心也算尽完了，该去找她爹了，女人不跟着自己的男人，还能再干啥？"谈及生死，一脸安详。

六世达赖有一首诗广为流传："那一刻，我升起风马，不为乞福，只为守候你的到来；那一天，闭目在经殿的香雾中，蓦然听见你颂经的真言；那一月，我转动所有的经筒，不为超度，只为触摸你的指尖；那一年，我磕长头匍匐在山路，不为觐见，只为贴着你的温暖；那一世，我转山转水转佛塔呀，不为修来世，只为途中与你相见。"曾秀英老人用她的故事为之作了注解。何为死生契阔，何为相濡以沫，何为患难与共，她的故事给信息时代带来一串远古的音符。

55　最后的金莲

蔡桂兰：手足互残似有因

拍摄时间：2012年6月26日，2013年1月2日。

蔡桂兰，甘肃省榆中县连搭乡麻家寺村人，1925年出生，属牛，时年87岁，9岁裹脚，21岁出嫁，育有3子1女，7个孙子，丈夫2001年去世，寡居11年。

蔡桂兰老人7岁裹脚时，因为双脚溃烂，裹脚布被脓血粘连在脚上，解开裹脚布洗脚或者上药时，她就在裹脚布被粘连的地方涂抹一些口水，等伤口上的裹脚布湿润一点，就双眼一闭，一把扯掉。那时候，脚上的皮肉就会被生生地扯下一块，脓血瞬时间会弥漫出来。为此，她母亲不止一次地责骂她心狠，并说她那双手简直就是作孽。

后来双脚不再溃烂，基本定型后，和村子里所有的小脚女孩一样，她每天早早起床，帮家里从几里之外的沟里往回抬水，然后就是下地劳作、做饭、纳鞋底，一直等到日落西山，全家人都休息后，她才能稍歇口气。出嫁后，夫家一贫如洗，好在她早就过惯了艰难困苦的日子，除了每日劳作，拖着一双小脚不便之外，并没有觉得日子有多苦，这样的日子一直持续到了解放后。

20世纪50年代，蔡桂兰随着浩浩荡荡的队伍开赴到甘肃临洮参加大炼钢铁运动，到了工地之后，她和另外一些小脚女人的主要任务就是给牲口铡草，蔡桂兰主要是给铡刀喂草。给铡刀喂草，必须一只脚垫在屁股下，这样才能保持身体平衡，为此她铡上几个小时的草之后，因为腿被压得时间太长血脉不通，以至于感觉"一条腿都找不见了"。

一天下午，喂草半天的蔡桂兰想挪动一下身子，然而麻木的双脚让她抱着一捆草扑到了铡刀下面，这时候，负责压铡刀的小脚女人习惯性地压下了铡刀，蔡桂兰右手从中指之后的三根指头，当时就被铡刀齐刷刷地铡断了。

手指被切断的恐惧让她忘记了疼痛，当她跟跟跄跄地朝工地上的卫生所跑去的时候，她的眼前忽然浮现出了母亲当年怪她糟践双脚的情景。那阵子，蔡桂兰老人忽然间觉得头皮发麻，尽管在大炼钢铁的火热工地上，无神论者每天都在讲述"人定胜天"的故事，但她的心里还是泛起了一丝寒意，那双脓血交流的双脚被她撕扯掉裹脚布的样子清晰可见。

"我小的时候，拿手扯裹脚布，把脚整得流了好多脓血，后来脚就整手，铡草的时候把我晃到铡刀底下，把我的三根指头就铡掉了，这是不是报应啊？"2012年6月的一天，说起自己当年的故事，老人有些迷茫地问。

在蔡桂兰老人的认识中，总以为当年手指被铡刀切断，是因为双手曾经不顾双脚的疼痛撕扯裹脚布使然。毫无疑问，就手指被切断这件事而言，老人的担忧疑惑是虚妄的。然而一千多年来缠裹小脚的历史，对中国社会造成的看见的、或看不见的摧残与伤痛，岂非因果报应？

最后的金莲　58

59　最后的金莲

最后的金莲　60

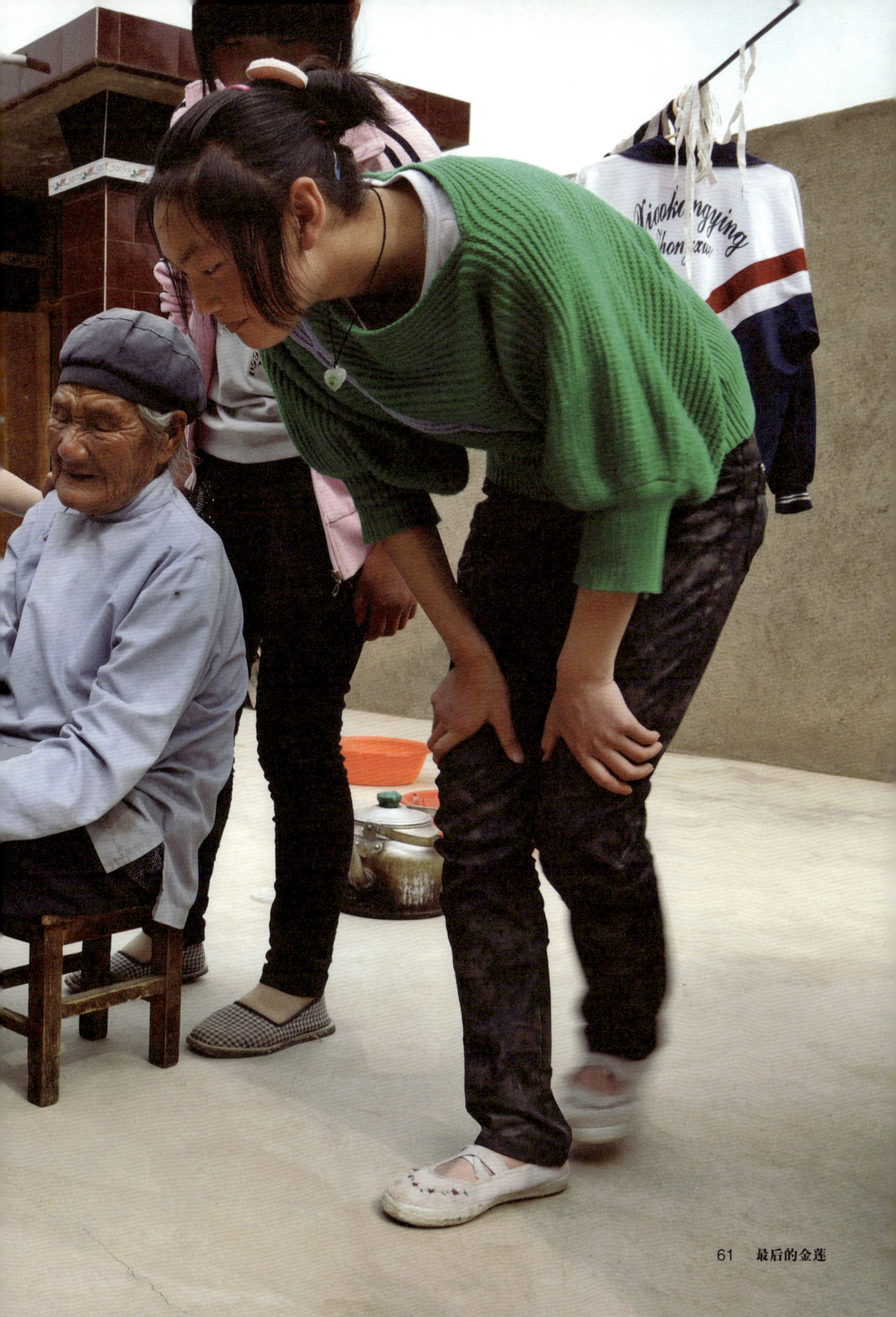

61　最后的金莲

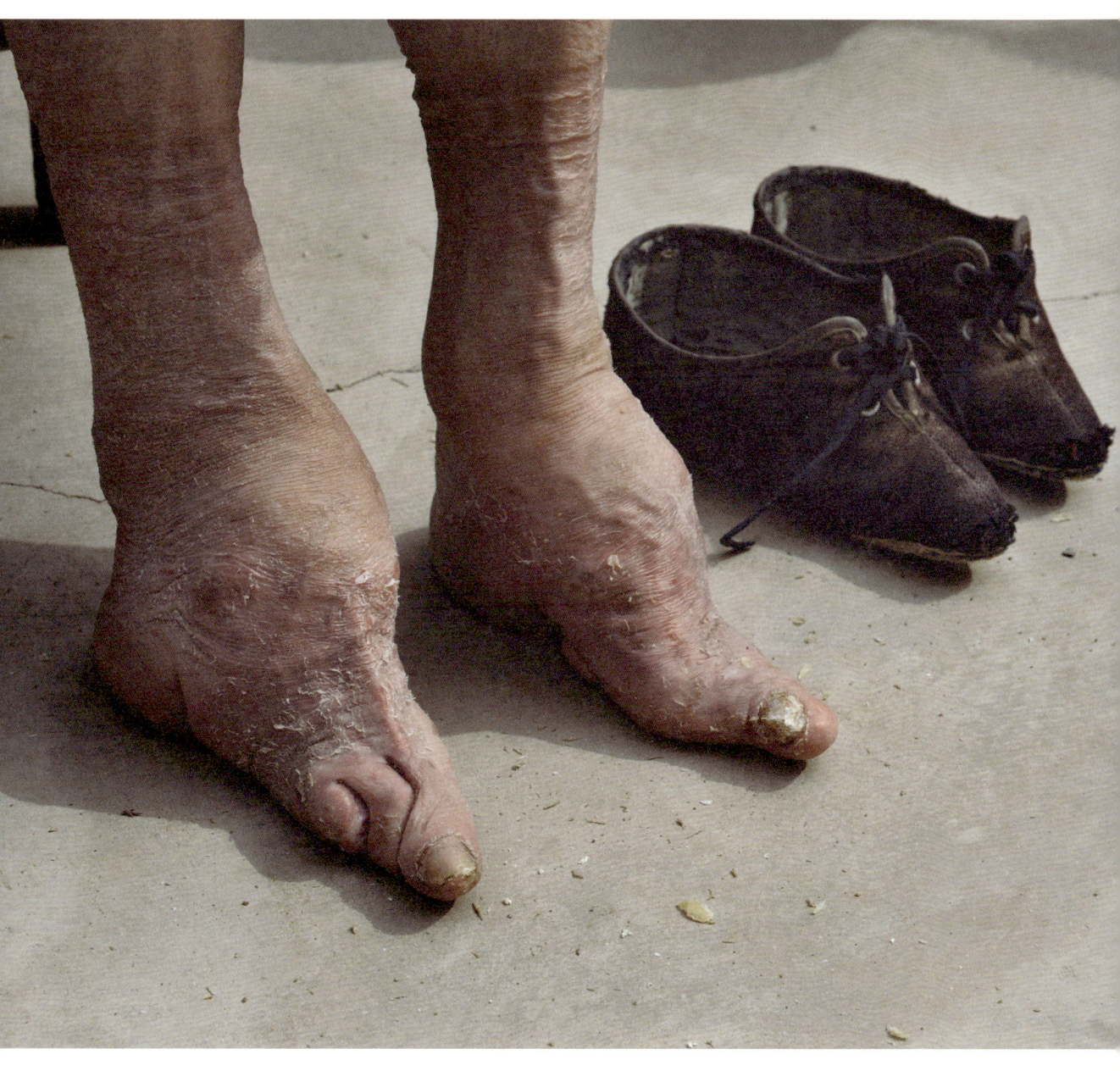

63　最后的金莲

郭巧能：花随玉指添春色

拍摄时间：2011年6月22。

郭巧能，甘肃省灵台县什字镇庙头村东头社，1924年出生，属鼠，时年87岁，5岁裹脚，16岁出嫁，育有2子1女，6个孙子，2个重孙，丈夫1997年去世，寡居14年。

郭巧能出生在素以"知礼"闻名的古灵台，自幼受家庭环境熏陶，4岁即学女红。8岁时，就常常拿着自己绣的肚兜、鞋垫等，不问远近，寻找有名的巧妇请教。因为虚心好学，巧妇都喜欢给她传授一些心得，短短两三年，她的刺绣技艺就有了很大提高。12岁那年，曾在2天内帮一位新娘绣了一双小脚绣花鞋而广为人知。村里一名老秀才知情后，主动为原本没有名字的她取名"巧能"，意思是"心巧人能"。

16岁那年，因为出名的女红和出众的小脚，郭巧能嫁给了一位乡绅的儿子，过门第四天，按照风俗当众刺绣展示技艺，仅用半天时间就绣出了一个五毒肚兜，被一大户人家以5块大洋的价钱买走，县长闻名后还给她题写了"女巧有德"的牌匾。有了子女后，老人悉心教子，子女长大后，儿子心有稼穑、精于农事，女儿贤于女德、精于女红。

2004年，时年80岁的老人参加全县刺绣大赛时，得了三等奖。村干部说，要不是老人眼睛有些花，得一等奖也是稀松平常的事。

郭巧能老人16岁时，县长赠匾，80岁时，全县折桂。其实天下之事，如同老人刺绣，大事必作于勤，难事必作于细，唯有如此，方能成功。

最后的金莲

最后的金莲　68

张青凤：老亦好学作烛明

拍摄时间：2011年12月10日。

张青凤，甘肃省秦安县五营乡人，1925年出生，属牛，时年86岁，8岁裹脚，17岁出嫁，育有4子1女，14个孙子，3个重孙，丈夫1993年去世，寡居18年。

张青凤出生时，新文化运动方兴未艾，提倡女子读书，她得以和少年玩伴一起上私塾，知道了经史子集、了解了白话文章，后来战乱寥落，无学可上，也依然保持了旺盛的求知欲，不是照着家谱识文，就是缠着父亲断字。

因为知书达理，再加上相貌标致，她被当地望族看中。丈夫温文尔雅、仪表堂堂，两人结合如金童玉女，在当地传为佳话。

解放后，张青凤的丈夫因为有文化而参加了工作，经常带些报纸杂志回家，慢慢地，她养成了读书读报的习惯。

1980年，儿子接她去省城兰州安享晚年，这让她见识更广，视野更开阔了。家里买了新电视，不几天就能把功能搞清楚，孙子的电脑，她也学会了浏览网页看新闻，孙女给她买了触摸屏的手机，没一星期，她居然学会了发短信。

如今，家里订报刊杂志的时候，她每年都少不了订阅《健康报》、《环球人物》等，就连年轻人喜欢看的一些时尚杂志，照样也看。

《韩非子·难一》曾记载师旷与晋平公的问答："少而好学，如日出之阳；壮而好学，如日中之光；老而好学，如炳烛之明。炳烛之明，孰与昧行乎？"活到老学到老的张青凤老人即使暮年，也能炳烛而行，那些在黑暗中行走的人们，即使找不到自己的太阳，也应该找到照耀自己人生的蜡烛。

最后的金莲　70

郝学英：乐天知命了无忧

拍摄时间：2011 年 8 月 28 日。

郝学英，甘肃省白银市白银区武川小区人，1928 年出生，属龙，时年 83 岁，10 岁裹脚，15 岁结婚，育有 4 男 3 女，11 个孙子，丈夫 2008 年去世，寡居 3 年。

因为新农村改造，郝学英从偏远的山区搬迁到繁华的市区。住在城区的老人保留了农村时的生活习惯，没事的时候喜欢去人多热闹处。离武川小区不远的广场是她常去的地方，熟悉她的人都说，这个小脚奶奶很搞笑。

她看见穿短裙的姑娘追赶公共汽车，看年轻的情侣搂搂抱抱，就会讲："现在的年轻人咋这么不害羞，这要搁在过去，腿都让爹妈打断了。"有年轻人过来要和她合影时，老人就开玩笑说："照相给钱，看耍猴还得扔个馍馍哩！"广场上有年轻人用手机聊QQ，老人凑过去看上半天后就问人家在干啥，等别人告诉她是聊天之后，老人就笑人家是"牲口歇着人拉犁，出的都是傻力气"，还问想聊天为什么不直接打电话。老人常常因为十分古老的土话、丰富的表情、对信息时代奇怪的看法逗得大家开心不已。时间久了，老人和广场散步的人成了熟人，几天不见，大家就觉得少点了什么。

城市化正在神州大地如火如荼地展开，许多老人从农村来到了他们陌生的城市，郝学英老人能迅速融入新的生活圈子，这得益于她有一颗豁达的心和一份智者的情怀。《论语·子罕》曰："智者不惑，仁者不忧，勇者不惧。"这一份情怀和心境，正是千千万万背井离乡的人们所需要的。

73　最后的金莲

刘家云：蹉跎岁月今非昨

拍摄时间：2013年3月2日。

刘家云，重庆市江津区嘉平镇月沱村二社公租房人，1915年出生，时年98岁，属兔，6岁裹脚，18岁结婚，育有5子1女，2个孙子，1个重孙，丈夫1970年去世，寡居43年。

重庆市江津区，是一个历史文化悠久的城市，以地处长江要津而得名。大江西来，在江津城区受阻、环鼎山绕了一个几字形的大弯，故江津又名几江，是共和国元帅聂荣臻的诞生地。嘉平镇月沱村位于江津中部偏东，距城区约40余公里，该地境内多山，几乎没有一块平整的土地，在20世纪70年代之前，连接村、县的是传统山间小道，交通十分不便，生活条件极端艰苦。当地祖辈以采茶、种植花椒、柑橘为生，在长期的农耕时代，可以想见当地居民的生活之艰难。辛亥革命后，熊克武、刘湘、刘文辉主政四川，穷兵黩武，民不聊生。月沱村本非产粮之地，战乱阻断了交通，当地百姓日子更是雪上加霜。刘家云老人生逢其时，饱经离乱之苦。

老人生于当地大家，族中长者多有饱学之士，抱残守缺，因此其同龄女童全部缠足，无一例外。但是在艰苦的环境下也缔造了一批走出山村寻找光明的勇士，诸如积极传播陈天华《警世钟》、邹容《革命军》的卞小吾，创办国民党四川左派省党部机关刊物《四川国民》的冉钧（化名浩然），赴法国勤工俭学的聂荣臻，他们接受了新思想、新思维，提倡妇女解放，反对缠足。在新旧观念的交锋中，大多数人接受了新思想，加上当地严酷的自然环境，缠足这一千年盛事逐渐被人们遗忘，而那些缠了足的妇女，也慢慢地丢弃了裹脚布。因此，镜头下的百岁老人刘家云，并没有一双标准金莲。

婚后的刘家云和丈夫依旧生活在偏僻的山村，虽衣食无着，但是丈夫非常勤劳，开荒种粮、上山狩猎。自己则缝补衣衫，还经常采集些野菜。"贫贱夫妻百事哀"，她们却相敬如宾，在苦难岁月，居然养育了六个孩子。

70年代，丈夫因病离世，勤劳的刘家云老人担负起了全家的生活重担，和生产队的村民们一起从事着繁重的体力劳动，劳作之余，还要为孩子们洗衣做饭。在这个风光无限、但却生存困难的村庄，老人书写了平凡朴实、但却感人肺腑的生命篇章。

老人的孩子们都很孝顺，除过两个在外地生活外，本地的三个儿子王达胜、王达会、王达志都抢着要照顾母亲的生活，后来经过大家协商，决定每年每家轮流生活4个月。老人的大女儿王达群今年已经80岁，也生活在月沱村，据说身体不大好，她的儿女们每逢节日都会来探望老人。附近乡亲最大的感受就是，老人性格好、随和，从不乱发脾气，啥事都想得开，从来都遇事不怒，始终保持心情的平和。更难得的是，老人还乐于帮助别人，与邻里关系非常和睦，喜欢和人们聊天，说说笑笑。

如今的嘉平镇月沱村，已大非从前可比，老人曾经要花几天时间才可以抵达的城区，现在只需要个把小时的车程；老人曾经数天才可以采摘一筐的野菜，已经在大面积的人工种植；就连那曾经十分贫瘠的土壤，也结出了经济价值十分可观的花椒、猫山西瓜、富硒绿茶；那些小脚曾经趟过的山路两旁，布满了各种绿色养殖场。

刘家云老人见证了百年中国的翻天覆地，见证了百年农村的沧桑巨变。她的双脚也包含了无数况味，有旧势力的禁锢，有新思想的破茧；有艰难忧患中的生存需要，有人性自由的内在张力。这样的一张小小图片，解读懂了，也就读懂了祖国的大西南。

75　最后的金莲

王淑月：斜阳孤影叹伶仃

拍摄时间：2011 年 5 月 13 日。

王淑月，甘肃省古浪县民权乡杜庄村人，1928 年出生，属龙，时年 83 岁，5 岁裹脚，17 岁出嫁，育有 1 子，已经去世，1 个孙子，3 个重孙，丈夫 1976 年去世，寡居 35 年。

1928 年 7 月 21 日，武威北城门楼被军阀马廷襄下令烧毁，城上守军约 500 余人死于战火。当日就有谣传，说城楼上被烧死的兵勇投胎到了武威各地，长大了要找马廷襄报仇，7 月 22 日，王淑月老人在谣传中降生了。

因为老一辈人说这一时段降生的孩子都苦命，因此那几日出生的孩子，无论男女，都不被父母看好。但王淑月的父亲并不大相信坊间传言，不仅对王淑月的出生十分开心，还花钱请人给她取了名字。王淑月 5 岁的时候，疼爱他的父亲不顾政府禁缠足令，我行我素为女儿裹了脚，还学着给王淑月取名先生的口气说："淑女如月，怎么能长一双大脚呢？"

17 岁，传说是由兵勇投胎转世的王淑月嫁给了当地一农家子弟。很多年河西干旱无雨，古浪一带更是土地沙化严重，地里能够长起来的庄稼产量很低，丈夫虽然极度辛劳，一家人生活却不见丝毫改观。夜半无人，王淑月常常悲苦地想，莫非自己真是哪个被烧死的兵勇投胎而来。

老人的话语中没有一丝对父亲逼迫自己裹脚的怪罪，认为世道如此，怨不得父亲。但是小脚给她带来的不便，却是真真切切：因为土地产量低下、广种薄收，丈夫常常要去很远的地方开荒种田，最远的荒地离家有几十里，自己却因为一双小脚，干着急走不远，帮不了什么忙。

丈夫于 20 世纪 70 年代去世后，唯一的儿子挑起了生活的重担，继续着父亲的开荒种田，以便养家糊口。不幸的是，50 岁不到也因劳累过度而病逝。

现在老人依旧生活在过去的院子，陪伴她的是两个上小学的重孙，老人每天负责给两个孩子做饭，孩子上了学，老人就在院子周围拾些柴火、在家里喂鸡、养猪。每逢春节，在外地打工的孙子和孙媳才会带着儿媳连同最小的重孙子回家过年。而那些开出来的荒地不是送人了，就是任其荒芜、直至变成沙漠。这个沙漠边的村庄里，人口也越来越稀少。

"斜阳孤影叹伶仃，横案乌藤坐草亭。"以陆游的《幽居遣怀》来形容王淑月老人今天的心境，最为恰当了。尽管小脚绝对不是老人不幸的根由，但以伶仃小脚，行走于茫茫尘世之中，如负重登山，如何能摆脱伶仃之苦呢！

77　最后的金莲

关芳：长嫂如母恩如山

拍摄时间：2012 年 8 月 27 日。

关芳，甘肃省白银市武川乡狄家庄村人，1925 年出生，属牛，时年 87 岁，9 岁裹脚，16 岁出嫁，育有 2 子，5 个孙子，丈夫 2006 年去世，寡居 6 年。

　　关芳嫁给狄家老大狄金宝时只有 16 岁，婆家还有三个小叔子，最大的只有 12 岁，最小的狄玉宝才 2 岁。20 岁时，婆婆去世，在这个男主外、女主内的村庄，关芳独自承担了这个大家庭的一切内务。那时候，所有的衣服鞋袜全靠手工一针一线缝制，关芳一人做全家人的衣服。农家杂活多，衣服鞋子磨损也快，她几乎每天都有针线活要做。

　　数十年如一日，在关芳的照料下，小叔子们从没有吃过一顿冷饭，穿过一件破衣。他们读私塾时，关芳每天早早起床烧好热水，叫他们起床洗脸，整理书本上学。中午他们回家，她又把硬邦邦的墨块放在笼里蒸软，监督他们研墨习字。在她精心照顾下，两个弟弟学有所成，成为公职人员，小弟狄玉宝则留在了他们身边。

　　采访关芳的当日，得知我们要给长嫂照相，73 岁的狄玉宝飞奔出去，迅速找来一把椅子，在驴圈前向阳的地方放好，扶关芳坐上去后就垂手而立，样子十分恭敬。

　　费孝通先生的《乡土中国》给我们打开了认识中国农村的一扇大门。在这片广袤无垠的大地上，数千年流传着一种不同于现代法治秩序的秩序——礼治。在这样的秩序下，长幼有序，尊卑有别，男人主外，女人主内。小脚女人关芳在即将消失的农村再现了一座礼治秩序下的道德高山，很难讲这是伟大的人文主义情怀，因为对她来说，这一切都是应该的。

79　最后的金莲

张兰英：李生井旁代桃僵

拍摄时间：2008 年 12 月 1 日。

张兰英，甘肃省武威凉州区金羊镇五一村人，1921 年出生，属鸡，时年 87 岁，8 岁裹脚，16 岁嫁给保长的智障儿子，17 岁改嫁，育有 2 子 1 女，7 个孙子，3 个重孙，丈夫 1990 年去世，寡居 18 年。

张兰英 16 岁那年，家里被摊派了一个壮丁名额，但家里只有哥哥一个男孩，一旦当兵走了，不仅没了劳力，万一在战场上有个三长两短，张家就"绝后"了。为此父亲十分着急，到处托人给保长说家里只有一个独苗，请保长关照。但保长不相信父亲的话，就带人到家里去调查，结果这一去，保长相中了张兰英，要让她给自己的智障儿子当媳妇。保长仗势欺人、步步紧逼，张兰英的父亲矛盾了，不嫁姑娘，儿子就得当兵，将来生死难料，嫁了姑娘，保长的儿子又是个傻子，姑娘就得受一辈子罪。

经过一个夜晚的煎熬，父亲把保长的意思告诉了张兰英，父亲本以为她会拒绝，不料年仅 16 岁的张兰英却十分通情达理，情愿嫁给智障汉，也要保全兄长。

当保长知道张兰英愿意嫁给儿子时，十分高兴，年底，张兰英就被迎娶了过去。结果结婚刚一年，家乡来了共产党，作恶的保长和儿子逃跑了，张兰英又嫁到了一个农民家里。尽管张兰英为了哥哥遭遇了一场不幸的婚姻，但老人却不后悔。采访老人的当日，她对我讲，能帮哥哥躲了壮丁，她这一辈子心里都很安慰。

世间骨肉至亲，历来广为传唱。宋朝郭茂倩有诗曰："桃生露井上，李生桃树旁，虫来啮桃根，李树代桃僵。"真可谓感人至深，泪从心来。张兰英老人为顾亲情，宁嫁痴呆之夫，也要保全其家血脉，手足情深，如李生井旁，代桃而僵。

金香梅："织女"重男不重女

拍摄时间：2011年5月1日。

金香梅，甘肃省榆中县连搭乡人，1925年出生，属牛，时年86岁，8岁裹脚，18岁出嫁，育有5子3女，21个孙子，1个重孙，丈夫1981年去世，寡居30年。

金香梅8岁裹脚，受尽苦楚，气恨身为女儿身，羡慕周遭男孩子不用遭受这裹脚之痛，这种想法一直伴随了她的一生。18岁出嫁，木匠丈夫大她三岁，老实本分，农闲时常常走家串户揽些活计，因此金香梅家里倒也殷实。

早在娘家时，老人就学会了织布，过门后，整日坐在织布机上，忙于穿梭。所织布匹，除了给全家人做衣服鞋袜外，也让丈夫捎出去卖些零花钱贴补家用。因为她织布的手艺精湛，慢慢地有人到家里来买布，或用粮食蔬菜置换，老人见织布也能换钱换粮，愈发用心，慢慢地竟然成了一桩生意。时间久了，村里人就称她为"织女"。听到这个称呼，老人却并不开心，说织女也不过是个受罪的"死女子"，整日只能待在家里织布，哪里像男子一样，气昂昂地走四方。

后来老人陆续生了5个儿子，这让她十分高兴，逢人就说人丁兴旺，后来还给每个儿子拜了干亲，又到处求神拜佛，祈求神灵保佑。第六个孩子出生时，是个女孩，初得千金，丈夫十分欢欣，老人却高兴不起来，说生下女子终究要嫁给人家，还要吃苦受罪。后来第七第八个孩子全是女孩，老人虽然也疼爱女儿，却终究没有对儿子那般亲近。

再后来，老人陆续有了孙子，她不顾年高体衰，整日乐颠颠地跑前跑后，不是给孙子洗尿布，就是给做鱼做鸡，却对几个孙女不甚重视，甚至连名字都懒得去问。

古人重男轻女，"生男弄璋、生女弄瓦"，既有传宗接代的因果，也有战争、劳作等方面的成因，更有家族财产流转的考量。随着妇女解放运动的风起云涌，妇女的从属地位已蔚为改观。生男者固为乐事，生女者亦不必沮丧，试看今日中华，"白骨精"中几多巾帼！

85　最后的金莲

王珠金：百年老宅独守望

拍摄时间：2012年1月25日。

王珠金，福建省连江县苔箓镇筱南村人，1926年出生，属虎，时年86岁，5岁裹脚，17岁出嫁，育有2子4女，5个孙子，丈夫2006年去世，寡居6年。

王珠金老人自7岁当了童养媳后，就没有走出过筱南村，即便在20世纪50年代大陆炮击金门时，生活在战争最前沿的老人和一家人也是守在老宅里足不出户。很多年后，隆隆的炮声再也听不到了，两岸渔歌互答，当地经济也逐渐繁荣起来，老人在老宅里继续守候，白天帮着照看孩子，夜晚帮着缝补渔网。儿孙们除了继承祖业，有时候也会和隔海相望的台商做生意，因为勤快，加上又讲诚信，日子很快过得红红火火，在县城和苔箓镇都买了楼房。

全家搬迁至县城的时候，儿子极力要求母亲同去，但老人坚持要住在与她相伴80年的老宅子里。老宅里每一棵树哪年栽的，每一块石头的纹路，屋顶每一块瓦片的薄厚，从窗前到门口有几尺，她都了若指掌，对她来说，老宅方寸天地就是她的全部世界、她最重要的人生，生命里最重要的人和事都与这座老宅有关，至于外面的世界有多大多么精彩，都与她无关。

这座百年老宅古朴厚重，苔痕上阶绿，草色入帘青。周围都是老人熟悉的邻居，每天站在院子里就可以和邻居聊天。老人现在每天必做的功课，就是将海风吹来的叶子收拢起来，将院里的花木喷洒的娇艳欲滴、四季常青。

从屋子的正门望出去，是错落有致的民居。一座屋子，就是一座海上的古堡；一片屋子，就形成了一个海岛上的街市；家家户户门对着门，窗邻着窗，古朴、壮观、敦实的屋子，构成了这个处处洋溢着生活气息的渔村。黄昏时分，户户炊烟，远处眺望，如一幅浓郁的水墨画。

年届九旬的老人不愿去城市安度晚年，是因为她有许多舍不得，她舍不得陪伴她大半个世纪的一草一木，舍不得淳朴善良的左邻右舍，舍不得惊涛拍岸的日日夜夜。这些构成了她生命的重要元素，一旦舍弃，她还是她吗？

89　最后的金莲

张玉兰：光阴似水水如月

拍摄时间：2012 年 1 月 5 日。

张玉兰，甘肃省兰州市城关区，1926 年出生，属虎，时年 86 岁，6 岁裹脚，18 岁出嫁，育有 4 子，7 个孙子，2 个重孙，丈夫 1999 年去世，寡居 13 年。

张玉兰老人出生在兵荒马乱的 20 世纪 20 年代，已经记不清有多少次在父母的怀抱里躲进地道，也记不清多少次藏进深山。年幼裹脚的她，在人潮人海中跌跌撞撞地奔跑了很多年。斗转星移，兰州解放，从此不用再东躲西藏。嫁人生子，慢慢过上了安稳日子。

张玉兰老人富有同情心。20 世纪 50 年代和 60 年代，政治运动频繁，看着那些被游街示众的人们老人经常会产生疑问，甚至于同情，常被批评为"没有觉悟"。1966 年夏天，老人看到一个 50 岁左右年纪的人被捆在杏树上，大队一群人对他进行着批斗，中午时分，批斗的人要去吃饭，就让张玉兰和她的丈夫把犯人看管好。老人觉得这个"犯人"十分可怜，等大队的人一走，她就和老伴解开绳子，并给饿得一点力气都没有的"犯人"拿来饭菜，饭后，看着满脸是血的可怜犯人，出于巨大的同情心，她又动员他逃跑，"犯人"却不愿牵连他们。等到批斗的人回来，她跑去给素不相识的"犯人"求情，结果又挨了一顿臭骂，才知道给饭吃的是一位"资产阶级大走狗"。

文革结束，那个曾经被批斗的老干部也被平反，还上门感谢过他们的馈饭之恩。

老人最喜欢的是每天清晨在黄河边散步，有时候站在河边，看滚滚东流，觉得时间过得真快，少女时代的离乱犹在眼前，怎么突然就老了呢？

子在川上，曰："逝者如斯夫！不舍昼夜。"很多年后的西北一隅，有一位老人也在慨叹光阴如梭。离乱沧桑都如浪花飞溅，转瞬没了踪影，但她门前的这条大河，还在日夜奔流！

张氏：已是黄昏独自愁

拍摄时间：2010年2月6日，2012年10月21日。

张氏，甘肃省静宁县人，1922年生，属狗，时年88岁，6岁裹脚，17岁出嫁，育有2子4女，12个孙子，2个重孙。

初遇张氏，她斜倚在马路边的栏杆上，衣衫褴褛，目光呆滞地望着夕阳。城市里的乞丐不少，但像张氏一样裹着小脚的还是第一次遇到。从她的眼神里看得出来，老人并不习惯施舍，于是我蹲下身子，掏出一百块钱递进她的手里并安慰了几句，老人的眼圈顿时红了，似要张口言谢，但终不能说出话来。半天，她似有些羞赧地说："我是给孙子要点学费的，要是我自己一个人，我就不出来了。"

后来才知道，她是甘肃静宁人，姓张，88岁了，因为家里贫穷，就在年关前农闲的时段和老伴一起出来要点钱，给上大学的孙子添补一些学费。老人一边说话，一边整理碗里的毛票子，一张张地抹平，再整齐地码好，与我给的钱一起装进了口袋。然而就在她把钱要装进去的时候，又看着我说："你给我这么多的钱，我拿上不合适，要不你拿走吧。"我执意给她时，老人的两行浊泪夺眶而出。

春节过后，十分忙碌，我几乎很少上街，但只要路过张氏乞讨过的地方，总要看看她还在不在，然而快两年了，却一直没有看到过她的身影。

2012年10月的一天，我在一处公交车站远远地看见了张氏，她步履蹒跚，在人群中四处讨要，但是看见她伸过来的手，周围的人都唯恐避之不及，看得出来，年过九旬的她身体已经大不如前了，与我两年前遇到的张氏，判若两人。

已经90岁的张氏，为了孙子的学费，还要低头行乞于闹市。看着这种凄凉的晚景，我想起陆游的诗句："已是黄昏独自愁，更著风和雨。"鲁迅先生曾经对乞丐的产生定性为"国民性"使然，我偶遇的这个老人，抛却了一世尊严，离别了安稳家园，忍受寒风酷暑，只为换得孙子进学堂，这种"国民性"真令人扼腕，欲说还休，欲哭却无泪。

95 最后的金莲

普张氏：风光不再"五冷泉"

拍摄时间：2012 年 3 月 27 日。

普张氏，云南省通海县三义街道办六一村人，1921 年出生，属鸡，时年 91 岁，7 岁裹脚，16 岁出嫁，育有 3 子 2 女，9 个孙子，3 个重孙，丈夫 1998 年去世，寡居 14 年。

10 年前，六一村的小脚女人有 300 之多，但这个数字在逐年减少。90 多岁高龄的普张氏老人就是这个逐渐衰减的群体中的一员。

六一村有个地方叫五冷泉，每年农历 3 月 12 日，许多小脚女人们都要在这里洗脚、叩头、烧香，祈求小脚娘娘保佑自己的小脚不疼不痒。这一天，所有成年的男子都离五冷泉远远地，即便是小男孩，也被母亲和奶奶编造的谎话吓得不敢到这里来。因为五冷泉成了没有男性的地方，所以这一天，在单纯的女人世界里，双足有疾的女人们就把赤裸的脚浸泡在冰冷的泉水里，直至泡尽臭味，泡软脚上厚厚的老趼，然后让泉里那些小鱼一群群地游过来在小脚上争食掉落的趼子。这时候，正如杨杨《摇晃的灵魂》里描述的一样："许多女人都会放肆地尖叫，声音一浪高过一浪。"也许是因为长期压抑的女人们在这里找到一丝放纵，所以凡是参加过"洗脚大会"的妇女，从来不告诉别人自己洗脚的感受，致使"洗脚大会"越来越神秘。

"洗脚大会"是六一村特有的故事，是缠足时代小脚女人举行的一个带有唯心色彩的仪式。作家杨杨告诉我，如今六一村参加过洗脚大会的女人，只剩下普张氏了，其余几个健在的小脚老人，都没有参加过洗脚大会。

五冷泉如今那一泓水，安静而清澈，周围尚有飘落的树叶，没有了昔日人声鼎沸的繁华和旺盛的香火。这个属于小脚女人的神灵显然已经"隐藏"了起来，以后，它还会以什么样的面孔再次出现呢？

99　最后的金莲

最后的金莲　100

101　最后的金莲

最后的金莲　102

103　最后的金莲

韩爱琴：故道八旬牧羊人

拍摄时间：2012年4月1日。

韩爱琴，山东省单县杨楼镇人，1927年出生，属兔，时年85岁，8岁裹脚，22岁出嫁，育有3子2女，7个孙子，4个重孙，丈夫2003年去世，寡居9年。

1855年，黄河由河南兰封县铜瓦厢决口改道，夺大清河北上，流入渤海。今单县境内的黄河故道，就是这次改道后的遗迹。建国前近百年间，黄河故道基本是废河。每逢旱季，河床及两岸滩地干裂；雨季则河水漫溢、泛滥成灾。韩爱琴大半个世纪以来，一直生活在黄河故道之畔。建国后，时值壮年的她积极参加了当地政府组织的植树造林，护堤固沙等活动，并和丈夫投身于浮岗、尖咀王庄等水库的修建。老人一生极为勤劳，生活习惯非常好，每天天不亮就起床，打扫院落，整理内务。城里老人晨起多为打拳散步，跳舞健身，韩爱琴老人晨起则是赶羊放牧，看羊吃草。

老人裹脚时，适逢村子里赞成和反对妇女缠足的声音争执不下，家里人就胡乱给她缠了一下，取了个"中庸之道"，结果让她的脚天足不是天足、金莲不是金莲，成了"四不像"。双脚上十根脚趾乱七八糟地悬挂在脚掌上，朝不同的方向伸展着，就像长了几个大小不一的肉瘤，让她每走一步，都苦不堪言，尤其当年植树固沙时，每日要步行数十里，每次干完活，就像被人剁掉脚趾一样疼痛难忍。

"前人栽树，后人乘凉。"在曾经灾难深重的黄河故道旁，如今已是林带如织，果树成行。修建水库、堤坝的许多人已离开了人世，他们将一片绿色的大地留给了后辈儿孙，人们在那些果树下散步、原野上放牧，呼吸着齐鲁大地的自由的空气。在四月的芳菲里，蜜蜂飞舞在这片辽阔大地上，我在想，后来喝到蜂蜜的人可知道这些酿蜜的蜜蜂。

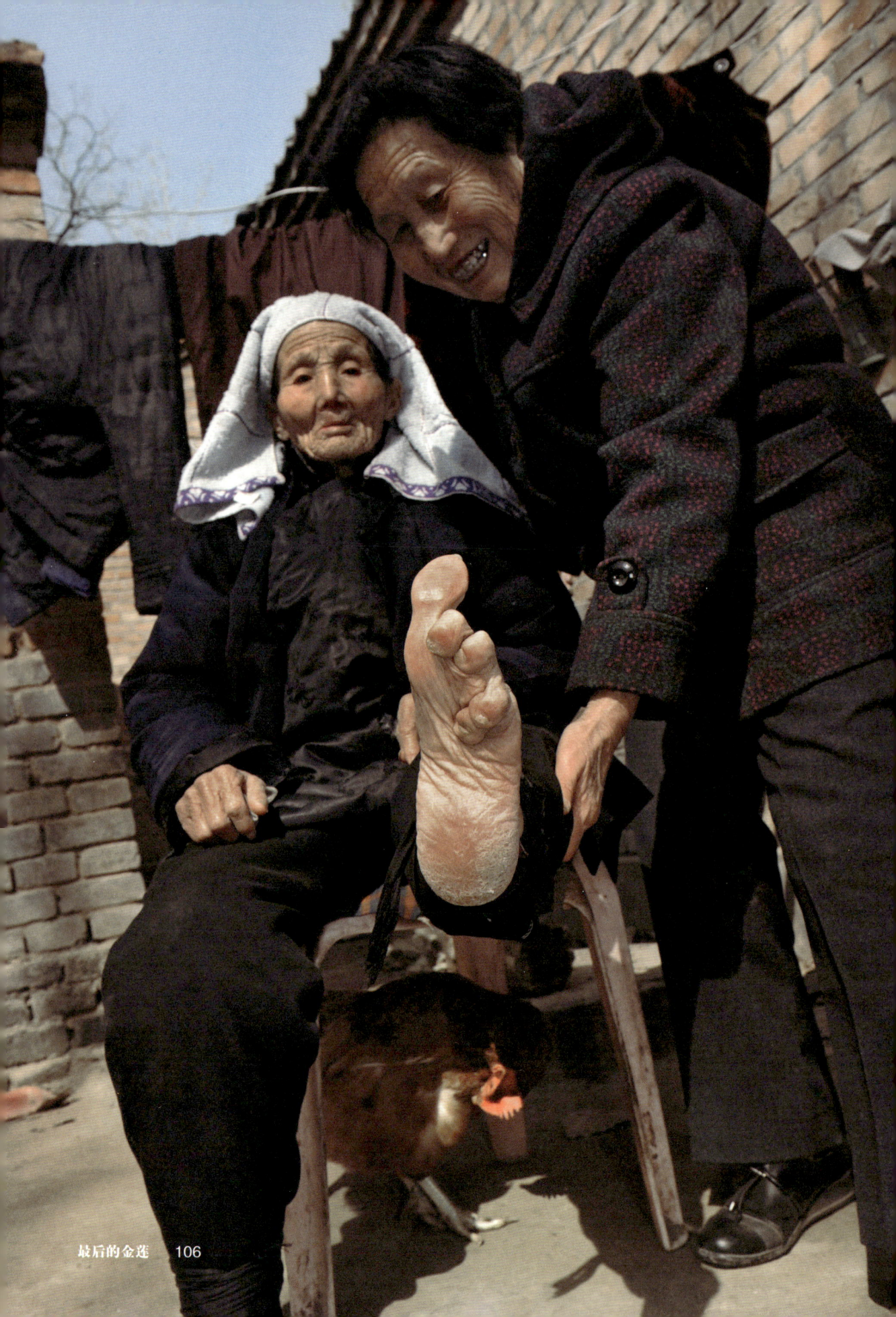

孟兰兰：常着新衣为人妆

拍摄时间：2011年6月25日。

孟兰兰，甘肃省泾川县泾明乡庄头村人，1920年出生，属猴，时年91岁，7岁裹脚，16岁出嫁，育有1子1女，5个孙子，2个重孙，丈夫2002年去世，寡居9年。

20世纪20年代，孟兰兰出生在一个裁缝家里，小时候，父亲常常把节余下的布料给她做成漂亮的衣服，还说："穿衣戴帽，礼节礼貌。"在父亲的影响下，孟兰兰一直都把自己收拾得干干净净，7岁裹脚那年，她尽管害怕得哭了，但还要求裹脚布必须是新的。16岁出嫁时，长年的战乱已经使许多家庭的日月每况愈下，人人衣不蔽体，个个食不果腹，但她坚持让父母把作嫁妆的一副银镯子卖掉，换了一身崭新的嫁衣。过门后，她总是把全家人的破衣服补得整整齐齐，洗得干干净净。

后来老人年纪大了，儿孙个个都成了致富能手，年年穿新衣已经是很平常的事情，儿女们每次给她买回新衣服时，老人都眉开眼笑，不是夸奖颜色好看，就是称赞款式时髦，要不就是夸孩子们有眼力。老人常说，穿衣服是把暖和穿给自己，好看穿给别人，要是头顶一片破抹布，自己难看，别人难受。

今天，在我们的身边，总会听见"随便"、"无所谓"这样的词语，马里斯特大学玛丽·阿佐利分析说，这些词语看似洒脱，但却透着一种漠然和抑郁，透露出对人生的放弃和迷茫。孟兰兰老人年过九旬，依然爱美，一件新袄可以让她欢乐开怀，一双小鞋可以让她喜笑颜开，抑郁漠然的人们，又有什么才能让你开怀？

杨文梅：古来明月自照人

拍摄时间：2013年3月9日。

杨文梅，甘肃省临夏县莲花镇贾家村人，1925年出生，属牛，时年88岁，7岁裹脚，13岁出嫁，育有1子5女，11个孙子，9个重孙，丈夫2003年去世，寡居10年。

杨文梅老人出生于莲花镇鲁家村，6个月时，年仅19岁的父亲不慎坠落山谷身亡，3岁时，母亲改嫁，年迈的爷爷奶奶担负起抚养她的责任。7岁，奶奶依照当地风俗为她裹了脚。小时候爷爷奶奶常常对她说，一切生灵来世上一遭，十分不易，无论是一只蚂蚁，还是一只鸟雀，只要有性命之虞，都要竭尽全力施救，一旦施救成功，就是行善积德；即使救不下来，但只要尽力，上天也会记住你的功德。在爷爷奶奶的影响下，老人从小养成乐施好善的秉性，急人之难，从不想有什么回报。

13岁时，爷爷奶奶一齐病重，无奈之下，爷爷将她许配给了邻村的贾家村，婚后不久，爷爷奶奶即相继过世。年幼的杨文梅心地纯良，能忍能容，深得公婆喜爱。18岁时，公婆也相继过世，当时生活条件比较艰苦，丈夫经常要出外谋生，有了身孕的杨文梅依旧起早贪黑，不是纺线织布，就是下地劳作。当地习俗，女子临盆，丈夫不能进入产房，以免血光冲走了财路。第一个孩子出生时，她依靠学过的一点常识咬着牙一个人剪脐带，包裹孩子。此后她一共生了11个孩子，每次都是自己给自己接生。只是后来岁月艰难，有5个孩子未及成人就已病死。

后来村子里但凡有孩子出世，大家都找她帮忙，无论寒暑，无论昼夜，必尽力相助，分文不取，一直持续了数十年，从未有过一次差错。改革开放之后，当地有了小规模的医院，但村里人生孩子，依然习惯找她，她也照样乐此不疲。

杨文梅一生贤良，宽容大度，与人相处，从不念私利，子孙受其影响，一个个勤劳质朴，种植花椒、洋芋，经营果园，贩卖皮革，都成了当地的致富能手，女婿当上了村官，儿子和三女儿是县上的人大代表。但老人依然时常教诲他们说，做官是一时的事，做人是一辈子的事，行善积德是祖祖辈辈的事。

老人晚年十分幸福，和儿子一起生活，儿媳非常孝敬她，洗衣做饭，伺候的无微不至，几个女儿轮翻照顾，周围的人都很羡慕这一大家人的和睦共处。

热爱生命是幸福之本，同情生命是道德之本，敬畏生命是信仰之本。朴实的杨文梅老人一生积德行善，虽背负丧子之痛，却能豁达从容，笑看人生；急人所急，不计得失，又有古人之风；居家生活，言传身教，严格约束子女。此等修行，胜过世间无数佛旁参禅之人。

111　最后的金莲

谢金妹：三十八年盼夫归

拍摄时间：2012年1月25日。

谢金妹，福建省连江县苔菉镇北茭村人，1929年出生，属蛇，时年83岁，6岁裹脚，20岁出嫁，育有1子，1个孙子，丈夫2003年去世，寡居9年。

谢金妹20岁时，嫁给了自己钟情已久的刘土土。刘土土高大帅气，勤劳朴实，不仅有一手驾船的好本领，为人也十分细腻重情，从结婚的第一天起，刘土土就让谢金妹待在家里，专门负责做饭，就连晒网补网这些活，都怕累着她，自己抢着去做。

丈夫疼爱，公婆关心，谢金妹觉得自己就像掉进了蜜缸里。然而天有不测风云，就在他们婚后的第二年，刘土土出海打渔时，被国民党军队抓了壮丁，远去台湾，丈夫的离去，让谢金妹顿觉天塌地陷。

丈夫被抓走，但年迈的公婆还在，肚子里还有一个孩子。谢金妹勇敢地挑起养家的重担，白天，跟着村里的男人在浅滩下海捕鱼，夜晚在油灯下补网。岁月无情，风霜扑面，四十岁时谢金妹就已经青丝泛白、腰身佝偻，然而她依然有一颗新娘的心，即使生活再艰难，每天她都要将嫁衣穿上，因为她坚信，丈夫总有一天会回来，每天都有可能回来。等啊等，从白天等到黑夜，从春天等到冬天！这一等，谢金妹整整等了38年。三十八载，长雁纷纷黄花去；三十八载，大河入海不复回；三十八载，空梦无恨知是谁；三十八载，青丝变白心未老。

1987年，台湾地区通过《台湾地区民众赴大陆探亲办法》，规定自12月1日起，台湾地区的老兵们可以回乡探亲，1988年春天，她终于等到了这一天——刘土土回来了。老人和丈夫过了14年的开心日子。2003年，丈夫因病撒手人寰，老人又孤独了。

"这辈子缘份浅，下辈子我再嫁你，看你跑到哪里去！"刘土土下葬的当日，老人望着丈夫的遗像，失声痛哭。

每个人心中都有个希望，但人世间用三十八年成就一个希望，大多数人恐怕已经绝望了无数次，坚韧、刚强、执着如谢金妹老人的守望，问凡人又有谁能做到。看不见春花秋月、听不见雁鸣声声，君不见那一袭袭嫁衣，缝了又补，补了又缝，如向阳花，只为伊开！

113　最后的金莲

115　最后的金莲

朱氏：舐犊情深忆半生

拍摄时间：2012 年 8 月 5 日。

朱氏，陕西省周至县尚村镇神灵寺村人，1915 年生，属兔，时年 97 岁，育有 4 子，5 个孙子，4 个重孙，丈夫 2002 年去世，寡居 10 年。

来到朱氏家里，她正赤身坐在门厅里吹"穿堂风"乘凉。老人 60 多岁的三儿媳告诉我说，当汽车兵的丈夫在川藏线上运送物资时不幸牺牲了。自从丈夫牺牲后，她就下决心带着孩子一个人过，不管日子多难，都要把儿子养育成人，后来婆婆看自己活得太艰难，就从大儿子那里搬到她家来，平时帮她洗洗衣服做做饭，有时候还要去地里干点活。这么多年来，老人只要看见当兵的，就无法抑制对儿子的思念之情，就会放声大哭。

老人的三儿子牺牲时，才三十三岁，差一年就转业回家了。消息传回来的那一天，没有一丝风，天空湛蓝，整个世界一片纯白，空气寒冷干燥。那是一年中最冷的季节，也是全家人一生中最冷的一天。近三十年的煎熬里，老人就像一盏油快熬尽的灯，灯光一点点地黯淡，支撑她继续光亮的是她的没有父亲的小孙子。

"儿是娘心头的肉，婆婆和我一样，心里难过，只是不敢当着我的面哭。"三儿媳说。

人类在岁月中生长、成熟、衰老，死神也迎来了一季季收获的季节，在他的眼中，只有收成，至于人类的喜怒哀乐，都是微不足道的。止于此，我忽然伤神，死神与农夫何其相近，生命与庄稼又何其相似，经历雨雪风霜，始知四季，却不料路未尽、人殊途！

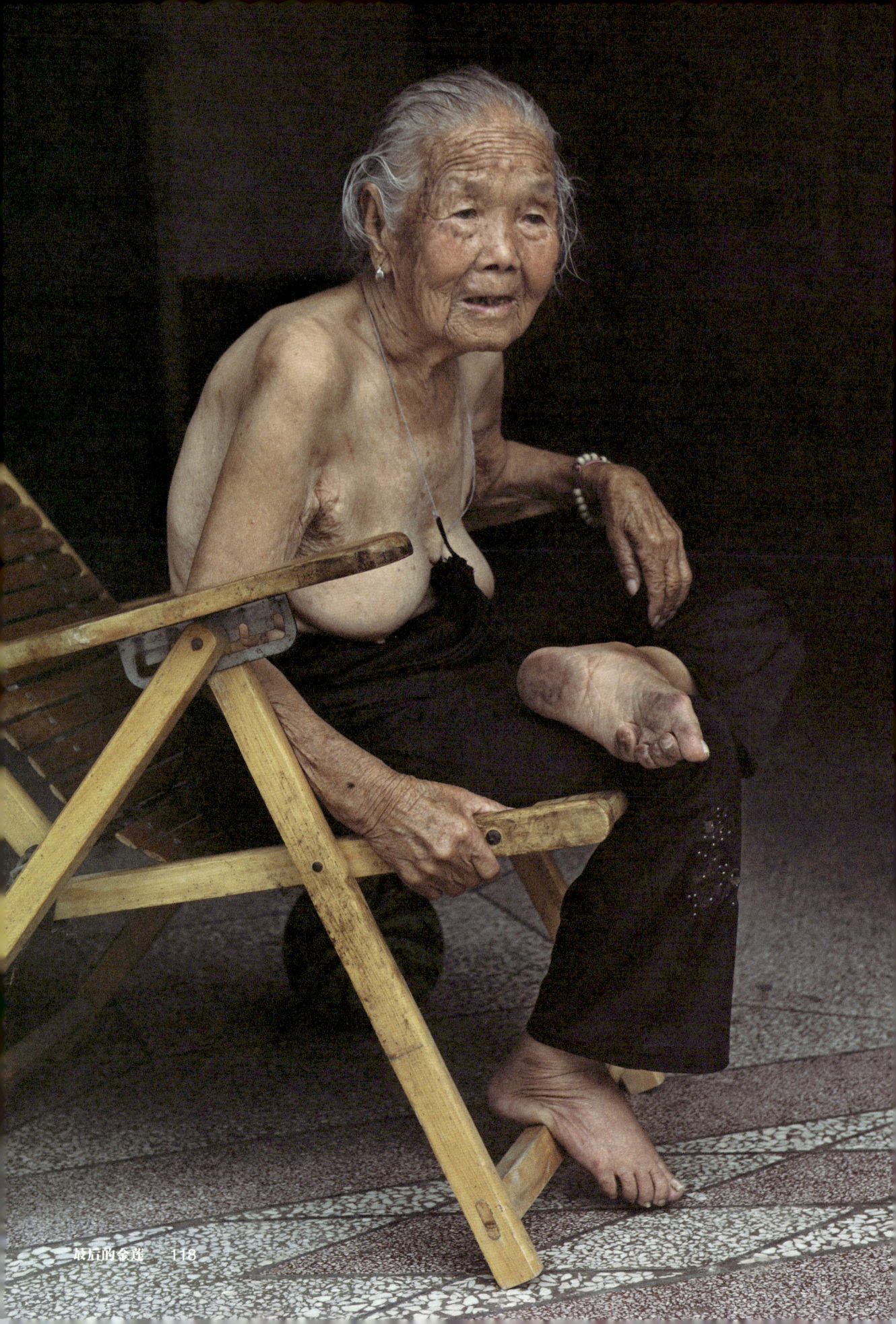

戴玉花：敬事爱人好公义

拍摄时间：2011年5月1日。

戴玉花，甘肃省榆中县连搭乡人，1925年出生，属牛，时年86岁，7岁裹脚，14岁出嫁，育有5子3女，21个孙子，6个重孙，丈夫1991年去世，寡居20年。

在老人四子陆立川的记忆中，母亲第一个特性是能干，不管谁提起母亲，都要夸她有一手扶犁种地的好本领。扶犁种地是农村的一门技术活，一般都是家里顶门立户的男人才干的，而母亲一过门就开始扶犁种地，这在村里是首例。

母亲的第二个特性就是热心好义。母亲和父亲性格截然相反，父亲沉默寡言，几乎足不出户，而母亲能言善道，喜欢出门逛街、走亲访友。母亲这一生最大的功绩是牵线搭桥说成了很多姻缘，甚至那些濒临绝境的婚姻，只要母亲出马，就峰回路转、柳暗花明。至今，还有不少夫妻结伴来探望母亲，感谢当年牵线之恩。

母亲第三个特性是十分要强，常常告诫子女，凡事务必做到最好，务必不遗余力。因为心念坚定，她无论做什么事，都非干成功不可，心中有什么想法，只要觉得正确，就坚决付诸实施，哪怕再苦再累。改革开放之后，兄弟几人想在镇上盖门面做生意，但苦于资金不足，踟蹰不前，母亲得知后又是跑贷款，又是找匠人，半年时间，竟然在镇上盖起了第一座楼房，开张起了第一个饭馆。

子曰："君子耻其言而过其行。"戴玉花老人和大部分农村女性颇为不同，急公好义、古道热肠。虽在农村狭小天地，却做了很多人想做也做不来的善事、难事。斯人斯事，不亦壮乎？

最后的金莲　120

121　最后的金莲

徐玉丰：祖父裹脚为一诺

拍摄时间：2008 年 12 月 23 日。

徐玉丰，甘肃省武威市民勤县蔡旗乡人，1919 年出生，属羊，时年 89 岁，6 岁裹脚，15 岁出嫁，育有 2 男 1 女，7 个孙子，1 个重孙，丈夫 2005 年去世，寡居 3 年。

讲述徐玉丰老人裹脚的故事，就不得不说她的祖父徐秀才。1919 年 5 月 3 日，徐玉丰出生，第二天，"五四"运动爆发。不久，地处偏僻的民勤县蔡旗乡也传来了这个消息，在一次婚嫁酒宴上，对"五四"并不了然的一帮传言者先是感叹今不如古，接着又大骂新式女性是如何如何不守妇道、抛头露面、丢人现眼，酒至半酣，眼花耳热的徐玉丰的祖父也随声附和，并当场表示在有生之年，一定要亲自找人给孙女裹脚，绝不能让徐家有悖"三从四德"的妇道，此言一出，赢得乡邻一片掌声。

徐玉丰 6 岁时，民勤县的有识之士已经开始抵触裹脚，无论大家闺秀还是乡野村姑，不裹脚者大有人在。但祖父却牢记 6 年前的承诺，在弥留之际，尽管已经气若游丝，却不断地提醒和催促儿子给孙女缠足。父命难违，徐玉丰的父亲在其祖父的病榻前，让人给她裹了脚。半年后，徐玉丰的小脚基本定了型。

波斯纳说："对于公平正义的追求，绝不能无视追求它的代价。"我想，如果承诺是以摧残人性为代价、以他人终身幸福做牺牲，越是践行诺言，就越是靠近邪恶。

123　最后的金莲

蒋储氏：心囚樊笼难自然

拍摄时间：2012年3月27日

蒋储氏，云南省通海县三义街道办六一村人，1916年出生，属龙，时年96岁，5岁裹脚，16岁结婚，育有2子1女，12个孙子，9个重孙，丈夫2000年去世，寡居12年。

穿过六一村一条青石巷道，就会看见一个青砖门楼，走过门楼下太阳的暗影，一座古旧的院落显现在眼前，一个白发老太正坐在一张木凳上，捡着笸箩里的豆子，向导杨杨告诉我，这就是蒋储氏。

蒋储氏5岁时父母双亡，被族人送到了她现在居住的院子做了童养媳。半年之后，婆婆就亲手给她裹脚，并请人教她认识简单的汉字，教她学习"女德"。16岁正式做了蒋家的儿媳。22岁时，蒋储氏把无法独立生活的弟弟接了过来，为了能使弟弟被婆家接受，她每天早晨鸡还没有叫就起床，给公婆倒尿壶、收拾院落；中午，给一家人做好饭，下午，寻柴拔草，照顾家里养的猪鸡；晚上做完晚饭，伺候公婆入睡后，又开始在灯下做衣服鞋子。

因为她的努力，加上弟弟慢慢长大，做农活已经十分称手，公婆对他也越来越好。为了报答公婆接纳弟弟的恩情，蒋储氏对她们的话几乎奉为圣旨，公公反对女人走出寨子抛头露面，蒋储氏就牢记公公的话，无论谁叫她出门，都坚决不去。就这样一直坚持到了20世纪90年代，已经70多岁的老人在孙子的强拉硬扯下，生平第一次上了一回街。采访结束后，在杨杨老师的反复动员下，蒋储氏换上新衣，和我们一起走出寨子去了通海县，这是老人一生第二次走上街头。面对街道上与村子全然不同的建筑，琳琅满目的店铺，橱窗里的人体模特，时髦活泼的女孩，老人只是看看，脸上并没有太多的表情。

余秋雨说过："我们的历史太长、权谋太深、兵法太多、黑箱太大、内幕太厚、口舌太贪、眼光太杂、预计太险。"细思量蒋储氏老人一生心囚樊笼，难得自然的原因，岂非余公所言？

127　最后的金莲

最后的金莲　128

129　最后的金莲

最后的金莲

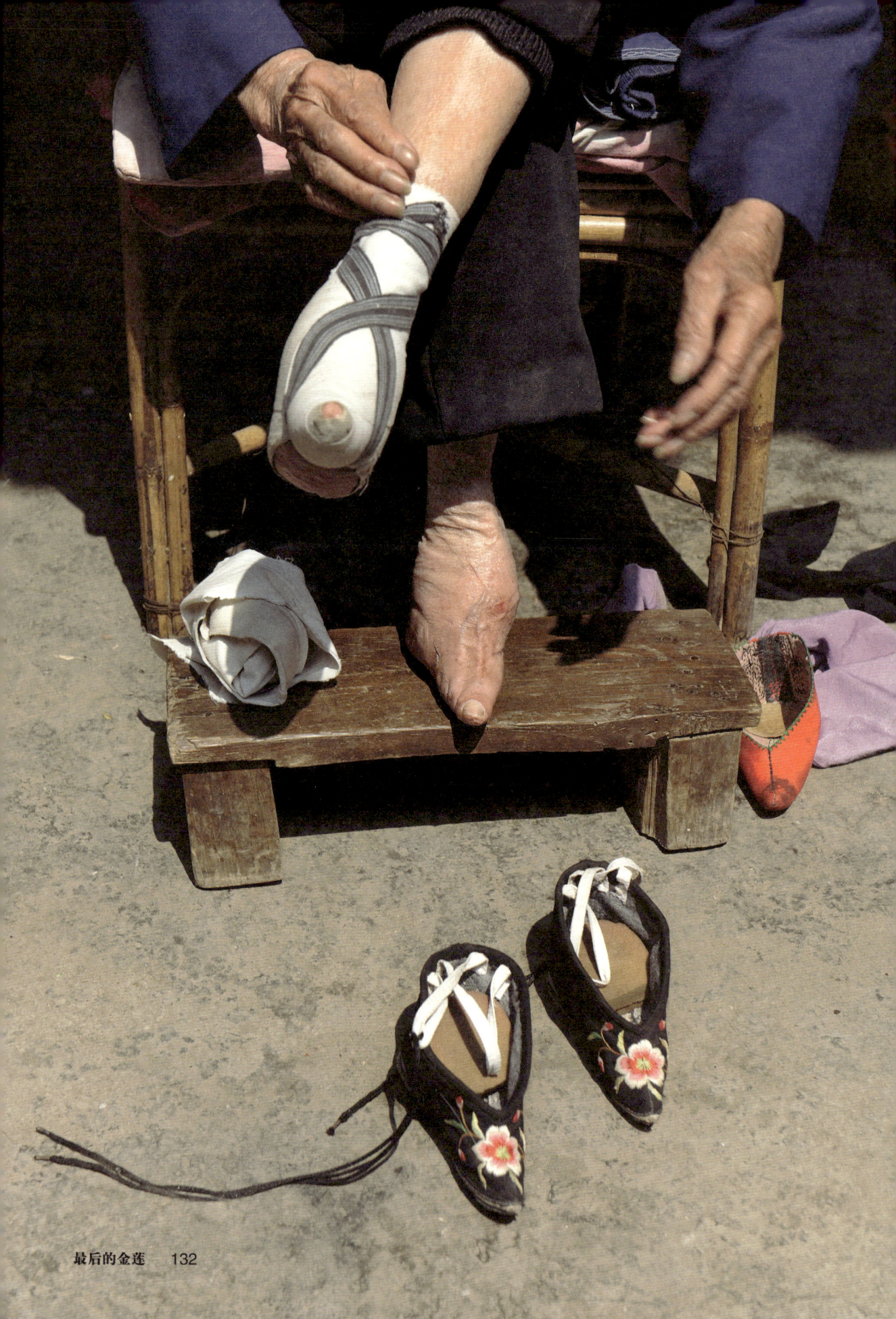

最后的金莲　132

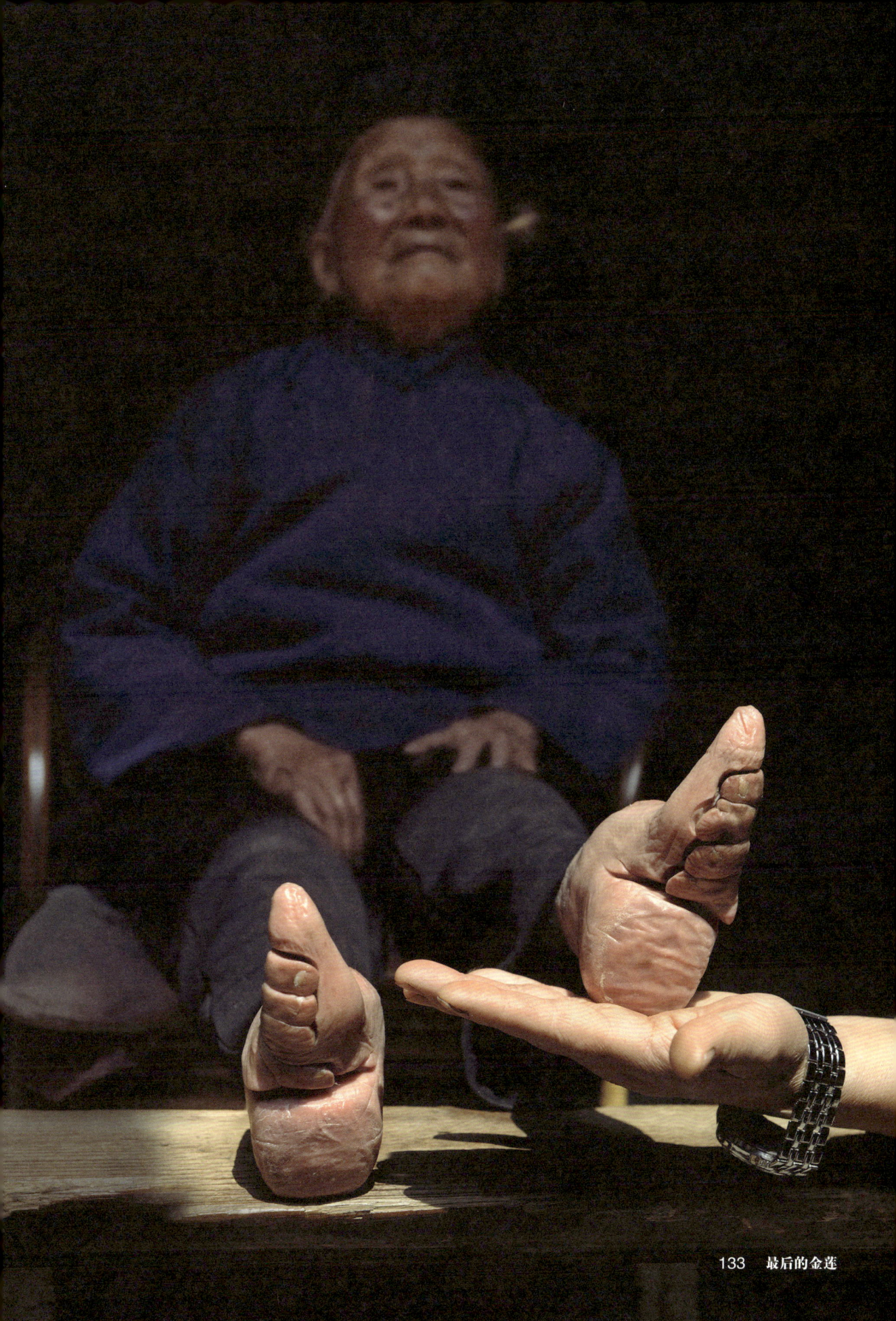

133　最后的金莲

朱彩娥：离乱难阻手足情

拍摄时间：2012年6月20日。

朱彩娥，甘肃省平凉市崆峒区花所乡朱家堡人，1919年出生，属羊，时年93岁，7岁作童养媳，同年裹脚，17岁结婚，育有4子，17个孙子，12个重孙，丈夫1980年去世，寡居32年。

20世纪20年代和30年代，平凉战事频繁，1925年平凉陇东镇守使张兆钾倒行逆施，反对国民军进入甘肃，并组织兵力向国民军进攻。1926年5月，冯玉祥部刘郁芬率国民革命军与之会战于定西、隆德、平凉一线，8月底，张兆钾率部被迫退出平凉，经华亭入陕西，后弃部逃往大连。朱彩娥老人的父母就是在那次战争中死去的，丢下了她和5岁的弟弟。离乱人世，时日艰难，家族的几个堂祖父一商量，就把她给了一个远方姑姑做童养媳，把弟弟给了亲姑姑做儿子。

朱彩娥一进入远房姑姑的家里后，第一件事就是裹脚，说起当年姑姑给她裹脚的事情，老人用很质朴的话语做了最符合情理的解释："我给他儿子当媳妇，就像面人落在她手里一样，她想咋捏就咋捏，谁不想给她儿子捏个好看的面人。"老人抽着香烟，语气十分平静。

自己的生活有了着落，朱彩娥心里一直挂念着弟弟，隔三差五就要跑去看看，那时候兵荒马乱的，回来后免不了一顿责罚。后来弟弟长大成人，18岁就成了家，但好景不长，25岁时妻子病故，留下三个嗷嗷待哺的孩子，很多年日子过得非常艰辛，在那些岁月里，日子并不宽裕的朱彩娥和丈夫经常要去接济些粮食和衣物，农忙季节，还会把弟弟的孩子接来住上一段时间，直至后来孩子长大，才算有了盼头。

本是一母所生，却因战争而分离，彼此寄人篱下，相距遥远。一个幼小少年，一个小脚伶仃，却难敌思念之情，虽山高路远，也必探望之。后历病痛、灾祸、饥饿，虽自身不保，也必千难万险予以救助。此等人间真情，可感日月，长昭天地！

135　最后的金莲

段彦芳：灾年荒山初嫁人

拍摄时间：2011年6月29日。

段彦芳，陕西省武功县苏坊乡，1921年出生，属鸡，时年90岁，6岁裹脚，14岁出嫁，育有2子1女，6个孙子，6个重孙，丈夫2001年去世，寡居10年。

1929年，陕西大旱。据当时陕西赈务委员会主席邓长耀统计，全省有200余万人饿死，200余万人流离失所，92县几乎尽成灾区，赤地千里，饿殍遍野，甚而易子而食，惨绝尘寰。

当时，关中百姓或远走甘肃，或躲入西部麟游、永寿等县的山里逃命。段彦芳一家也随着逃荒的人群躲到了永寿山里，在一小河畔搭建草寮，开荒种地，采果为生。为防狼虫虎豹，逃荒的人们比邻而居、相互周济。段艳芳14岁时，在左邻右舍的撮合下，家人把她嫁给了邻居家李姓少年。老人至今还记得，结婚前几天，衣不蔽体的乡邻们纷纷来家里道贺，东家拿一块红布，西家送一块包头，结婚那天，在那片被饥饿和疾病的阴云笼罩着的大地上，段艳芳穿着由乡邻赠送的红布拼凑起来的嫁衣，被几根木棍绑成的"轿子"抬进了空无一物的"新房"。

也许是在九死一生的灾年，那场充满了心酸和希望的婚礼让老人感悟到了什么，在此后的几十年里，无论生活有多么艰辛，老人始终能以一颗乐观而豁达的心去面对，还常常教诲那些遭受挫折而一蹶不振的年轻人。

在那座饥馑之年的荒芜大山里，段彦芳老人一袭破旧的嫁衣，折射了中华民族在灾难面前乐观而充满友爱的传统。5000年中华不灭的正是这可贵的民族精神，生生世世、代代相传、一家有难、八方支援。灾难可以阻挡我们前进的步伐，却遮挡不了人和人友爱的互相传递！也因此，希望的火把照亮夜空，在每个艰难的历史瞬间，最终我们得以跨越。美国心理学家威廉·詹姆士曾说，人可以通过改变心态改变自己的人生。在我们遭遇苦难与不幸时，是否也可以像段艳芳老人一样，勇敢地擎起我们心中希望的火把？

徐耳秀：茕茕孑立影随身

拍摄时间：2011 年 5 月 13 日。

徐耳秀，甘肃省古浪民权敬老院，1925 年出生，属牛，时年 86 岁，6 岁裹脚，19 岁出嫁，育有 1 女，丈夫 2009 年去世，寡居 2 年。

在我采访过的小脚老人当中，有的和老伴相濡以沫、共度黄昏，有的和儿孙一起共享天伦，还有些由亲属、邻人照顾。只有徐耳秀老人生活在当地的敬老院。

老人所在的敬老院背靠大山、面朝干涸的河道，和她一起住着 38 位老人，这些老人中，徐耳秀是唯一的女性。每天，这些风烛残年的老人们聚在一起，下象棋、打扑克、聊一些陈年旧事，有时，在敬老院的统一组织下，还会看场电影。每逢重要节日，还会有别开生面的老年娱乐活动。

据院长介绍，徐耳秀老人来敬老院前，一直和丈夫相依为命，唯一的女儿远嫁兰州，本地又有姑娘不养老的风俗，所以丈夫去世后，老人就被送到了敬老院。

老人的女儿也已年过花甲，没有工作，由她的子女供养，听说身体也不是很好，还要照看她自己的孙子。逢年过节也会来敬老院看望老人，带一些日常生活用品、随身衣物。每次女儿一走，老人常常躲在房子里要哭很久，好几天都会站在大门外望着干涸的河道发呆。

2012 年，《老年人权益保障法＜草案＞》对家庭养老重新定位，将现行法"老年人养老主要依靠家庭"修改为"老年人养老以居家为基础"。至此，已有 5000 年历史的"养儿防老"传统观念有望改变，社区救助和政府帮扶将发挥越来越重要的作用，如徐耳秀老人者，不必再为无儿防老而挂怀。

古浪县民权乡敬老院

最后的金莲

141　最后的金莲

江莲兄：转益多师是汝师

拍摄时间：2013 年 3 月 9 日。

江莲兄，甘肃省临夏县莲花镇鲁家村人，1927 年出生，属兔，时年 86 岁，6 岁裹脚，17 岁出嫁，育有 3 子 1 女，6 个孙子，4 个重孙，丈夫 2000 年去世，寡居 13 年。

　　江莲兄老人的父亲是一个常年奔走他乡的皮贩子，因为身处江湖，每决定一件事情，常常都要听许多人的意见，而后再根据自己的实际情况做出决定，故而在生意上很少有闪失。老人 5 岁的时候，父亲已经成了村子里有名气的富户。江莲兄开始懂事的时候，父亲就常常教诲他们兄妹"听人劝，吃饱饭"，要他们无论做什么事情，都要多和他人讨论，听取不同方面的意见。老人 6 岁那年，原本害怕疼痛不愿裹脚，后来她母亲和邻家的长辈挨个劝说，大讲不裹脚的坏处，老人被说得动心，顺应了大家的"好意"，遂在疼痛中裹成了一双"三寸金莲"。慢慢长大，发现村里姑娘小脚嫁得好，大脚嫁得赖时，更加相信父母规劝是正确的，从此无论做什么事，都要和父母商议。

　　后来有了子女，老人依然像父亲当年教育自己一样教育孩子们，告诉他们无论做什么事，不仅要多想，还要多听，智者千虑，必有一失。在老人的影响下，她的子女个个十分稳重老成。改革开放后，子女们除了务农，也都做起了生意，稳扎稳打，生活也逐渐富裕起来，不但在老家盖起了新房，还在 30 公里外的市区买了楼房，村里人都说，子女们能有今天，都是老人教育得好。

　　诗圣杜甫诗曰："未及前贤更勿疑，递相祖述复先谁？别裁伪体亲风雅，转益多师是汝师。"他告诫晚辈学者：因循守旧是没有出息的，要善于从多方面学习，去伪存真，推陈出新。江莲兄老人遵从父训，无论决定什么事情，都要从多方面听取意见，观其半生，从善如流，中规中矩，福寿安康。子女孝敬，邻人尊崇，不亦乐乎？

143　最后的金莲

145　最后的金莲

陆秀英：华服绣鞋魂归去

摄时间：2011 年 5 月 1 日。

陆秀英，甘肃省榆中县连搭乡薛家营村人，1923 年出生，属猪，2012 年逝世，享年 88 岁，6 岁裹脚，19 岁出嫁，育有 4 子 1 女，丈夫 1998 年去世，寡居 13 年。

陆秀英老人裹脚时，疼得整夜睡不着，后来母亲想了个办法，晚上让她把脚搁在炕桌上，这样，疼痛感就能减轻一点，勉强能够入睡。这个姿势大约保持了几个月的时间。

19 岁出嫁后，虽饱经离乱之苦，但夫唱妇随，生儿育女，日子过得倒也安然。抗战期间，缺衣少食，丈夫不幸离世，留下了她和年幼的三个孩子。所幸婆家人很开通，让她带着最小的儿子改嫁。

陆秀英后来的丈夫为人宽厚，勤劳朴实，两个有着同样命运的人重新组合在了一起，加倍珍惜来之不易的幸福生活，对彼此的孩子也都非常疼爱，婚后他们又有了一个共同的孩子。虽是半路重组的家庭，但是一家人和睦安康，兄贤弟肖，无论岁月艰难还是灾难频仍，都是同舟共济，相互扶助。2001 年，丈夫患脑溢血去世。老人一直和小儿生活在一起，其余的几个孩子对她也很关心。

2011 年 5 月 1 日，当我去采访陆秀英老人时，老人执意要穿上大红大紫的寿衣，和孙子合影。并说，哪一天自己死了，孙子都忘了奶奶长什么模样了。

2012 年正月初七晚，我接到老人儿子的电话，说母亲可能不行了，全家人都在准备后事。当我赶到老人家里时，她已经躺在炕上气若游丝，鲜艳的寿衣和一双绣花的小脚鞋放在炕沿，儿孙围在身边，老人神智清楚，脸色平静安详，一只手轻轻地抓着儿子，脸上没有一丝憾色。

"去去逾千里，悠悠隔九天。"又一次送别了一位慈祥善良的母亲后，我不由得思索，给予了我们以温暖安宁的母亲，辛劳一生，含辛茹苦，她们的温暖和安宁又在哪里？是临去时的一袭华服绣鞋，还是望乡台下的故园和满园儿孙？

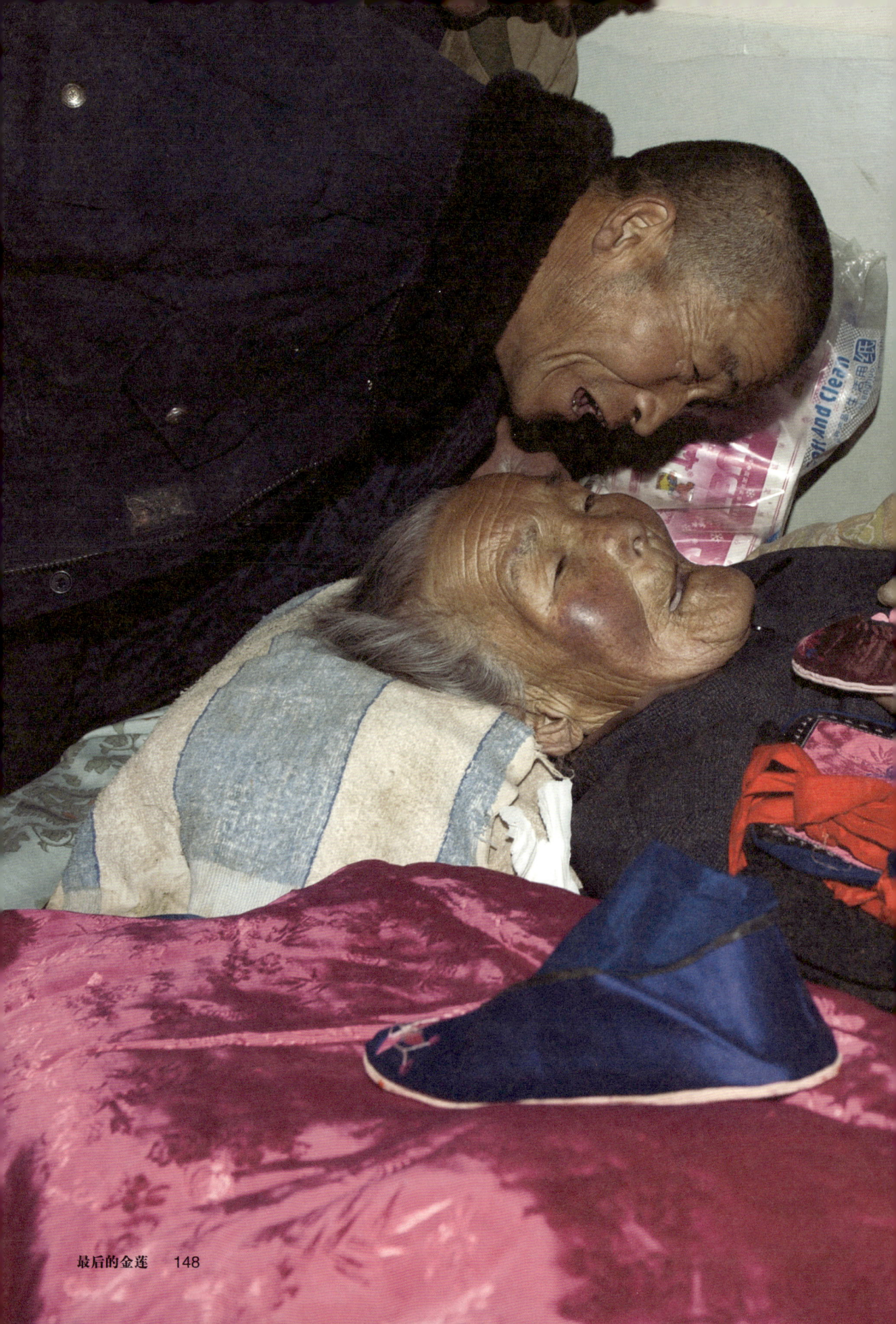

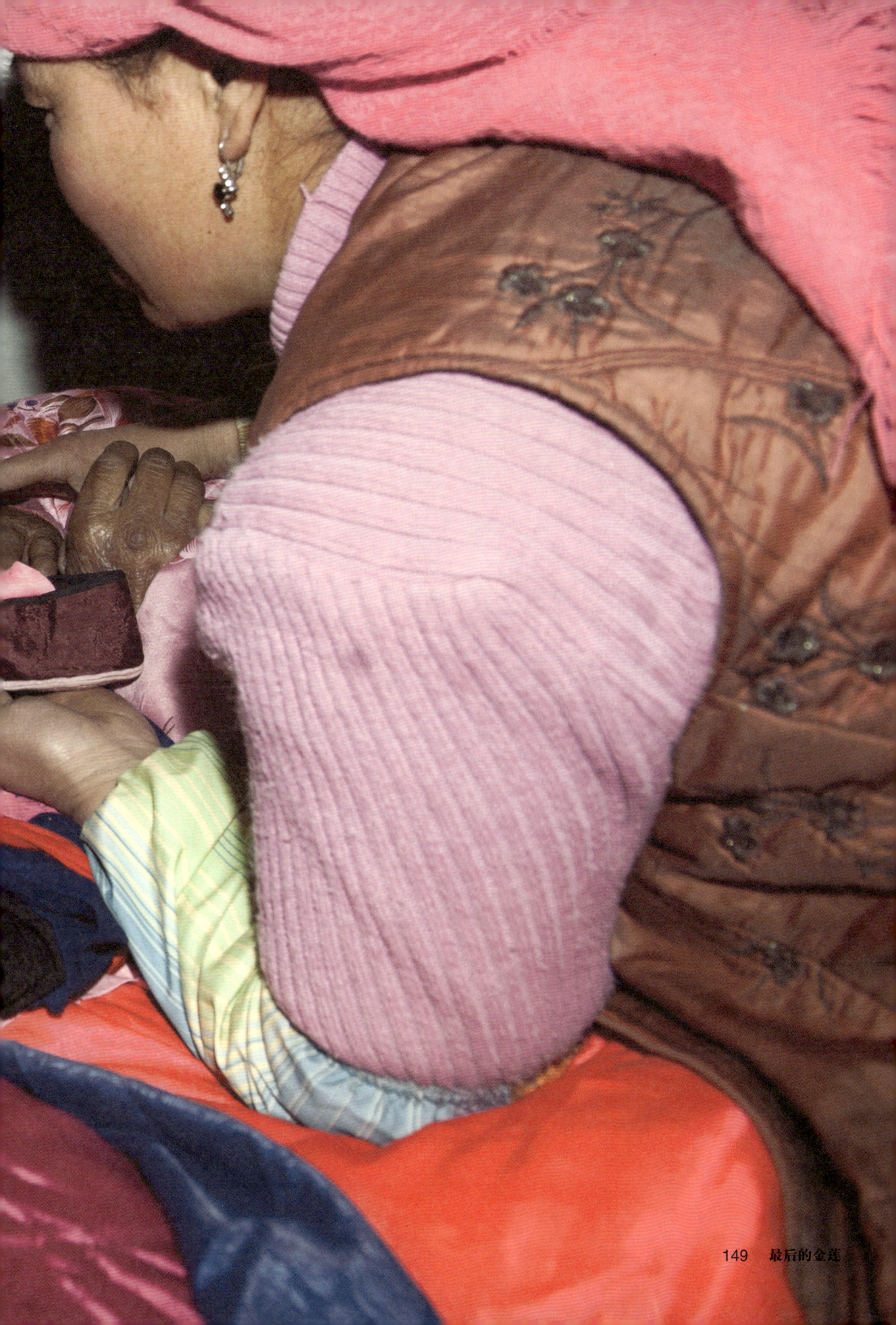

雷玉珍：白鹿原上女如璋

拍摄时间：2012年8月4日。

雷玉珍，陕西省西安市灞桥区白鹿原迷鹿村人，1922年出生，属狗，时年90岁，5岁裹脚，17岁出嫁，育有3子1女，12个孙子，4个重孙。

雷玉珍生于著名作家陈忠实笔下的"白鹿原"，那里素以"忠孝仁义"驰名关中平原，民风淳朴，古风犹存。雷玉珍出生之后，族长就对她的父亲说，虽说生男弄璋，生女弄瓦，也不要看轻了孩子，要好好教育，让她品行如璋。在族长教诲下，父亲对雷玉珍要求十分严苛，2岁时，就教她要择言而语。3岁时，就让她亲近纺车。4岁时，就不允许她的衣服上蒙有尘垢。5岁时，族长亲自监督母亲给她裹了脚。

17岁那年，雷玉珍因为良好的品行、端庄的举止和一双小脚，被同村一大户人家娶走。婆家虽说家大人多，但因为连年战乱饥荒，生活十分拮据，家人常常为生计愁眉不展。雷玉珍了解了家里的窘迫后，主动要求纺线织布，补贴家用。征得祖父同意，她便和妯娌起早贪黑纺线织布，一年下来的织布收入竟然和种地所得不相上下。后来婆家分家，因为财产分割一大家人闹得不可开交，雷玉珍为息事宁人，总是忍让再三，主动吃亏，其他人也再不好意思争执，最终和和气气分了家。大家依然互帮互助，还像一家人一样。

建国后，生活日渐好转，但雷玉珍依然有着强烈的忧患意识，时常提醒子女要勤俭持家、厉行节约，教导子孙，待人处事要隐忍谦让。在她的近似苛刻的要求下，子孙个个不奢华，不浪费，品行端正，为人正直。

雷玉珍老人少时得古风熏陶，家庭淳朴耳濡目染，在这种教育氛围之下，老人毕生，其品如璋。后有子孙，继续教以古风，忧患意识长鸣在侧，使得子孙后代，无游手好闲之徒，多勤勉善良之人。此等教育理念，比之今日之功利主义、拜金主义、成功学教育观，更具有人文主义的色彩。

151　最后的金莲

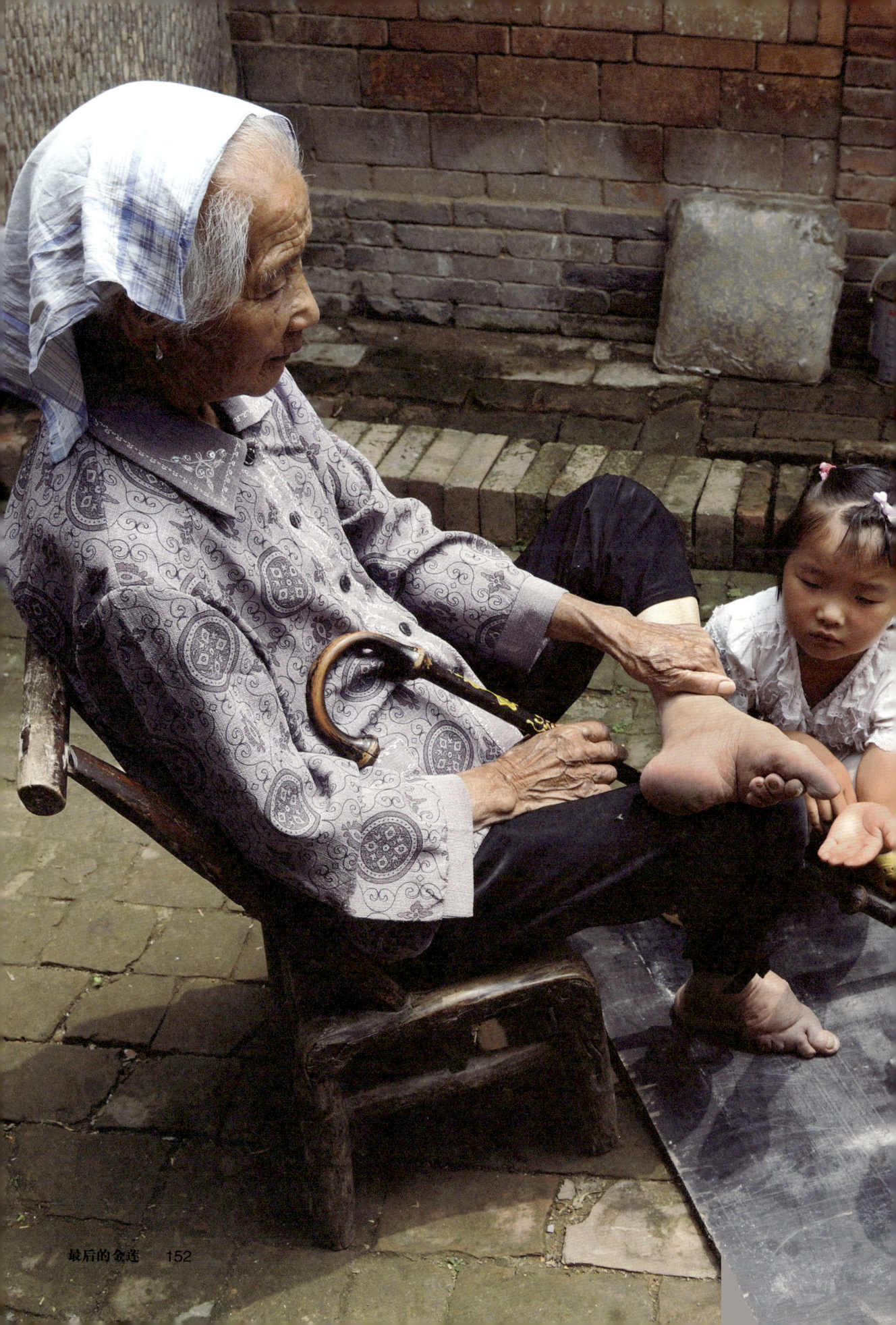

最后的金莲　152

153 最后的金莲

杜国兰：天才在左"疯"在右

拍摄时间：2011 年 5 月 13 日。

杜国兰，甘肃省古浪县民权乡杜庄村人，1923 年出生，属猪，时年 88 岁，6 岁裹脚，19 岁出嫁，育有 2 子，6 个孙子，2 个重孙，丈夫 2008 年去世，寡居 3 年。

    2011 年 5 月 13 日，第一次看到杜国兰老人时，天空阴晦，她正站在山坡头上，拄了一根拐杖，神情淡漠地向远方眺望。邻居讲，老人有许多与众不同之处，村里的老人上了年纪，大都弯腰驼背，只有杜国兰老人一辈子背挺得笔直；大多数人裹了脚，也就认命了，她裹脚却犯疯病，一犯病就唱戏，财主父亲一怒之下将他嫁给了长工；后来有了子女，村里人都让孩子们从小干农活，她却要求孩子读书写字，村子里只有她家的孩子全都外出工作了。老人脾气很大，孙子都已经成人了，但是两个儿子在母亲面前依然很听话，还和小时候一样顺从。如果村里有人让她不开心，或者家人让她不顺心，她就会犯疯病，犯病了依然和从前一样——唱戏。

    "婆家穷得只有一床被子，锅灶被褥都是我爹接济的，要不是我爹，我早就饿死了，我爹只有我一个姑娘，疼我得很。"说话时，满脸的褶皱都幸福地舞动了起来，似乎早已经忘记 80 多年前的裹脚之痛。

    年代久远，我们已无从得知杜国兰老人犯病的真实原因，也许在她的童话世界纯净而没有暴力，也许她从小就已经学会眺望远处，而近景又无法忍受。这一切我们都只能去揣度。总有那么一些人，在旁人眼里是另类，殊不知，在她们的眼里，我们才是生病的人。

李英兰：大脚嫁人难遂愿

拍摄时间：2011年8月28日。

李英兰，甘肃省白银市武川乡崖渠村人，1922年出生，属狗，时年89岁，6岁裹脚，17岁出嫁，育有4男4女，13个孙子，丈夫1990年去世，寡居21年。

李英兰5岁时母亲去世，6岁裹脚时家贫请不起脚婆，嫂子就担当起了为她裹脚的责任。裹脚时因为疼痛，她哭得断了气，嫂子心疼，就简化了裹脚程序，以至于她的双脚没有长成"三寸金莲"。

17岁时，李英兰因为脚大，就嫁给了当兵的关继昌，婚后第二年，关继昌即阵亡，18岁的李英兰做了寡妇。所幸关继昌的嫂子是一个通情达理的人，觉得她年纪轻轻守寡太可怜，就把她嫁给了长工祁奎。嫁过去后，李英兰才知道，丈夫原来给他同一个爷爷的堂兄做长工。

和丈夫一起给堂兄做长工，老人总觉得这是一件丢人的事情。同是祁家的后人，一个是东家，一个是长工，为此她常常感慨命运的不公，逢人就说，要不是当年嫂子给自己裹脚不用心，她不至于先嫁当兵的，再嫁穷长工，嫁给长工倒也罢了，偏偏还要给堂兄拉长工，这分明就是老天爷有意让人过得不舒展嘛。

拿破仑说过："世上只有两种力量：利剑和思想。从长而论，利剑总是败在思想手下。"我国民间流传："裹小脚嫁秀才，裹大脚嫁瞎子。"这个决定婚姻的力量，是利剑所迫还是思想裹挟，今天的人们无从体会这其中的奥秘，也就无法遥望若干年前决定婚姻的种种情势。历史的惯性有时候会让我们在分解伟大和荒谬时无所适从，但愿，这样的惯性能远离尘世。

最后的金莲　158

姚世莲：半生荣耀尖尖脚

拍摄时间：2011年5月30日。

姚世莲，甘肃省榆中县连搭乡孙家坡村人，1924年出生，属鼠，时年87岁，7岁裹脚，16岁出嫁，育有3子1女，11个孙子，丈夫1981年去世，寡居30年。

姚世莲老人生活在兰州近郊，当地商业气息浓厚，各家各户都在忙着做生意、搞大棚，留守的老人们就承担了看护家园的责任。

姚世莲的小脚是奶奶裹的，大约有半年多，奶奶的专门任务就是负责将她的脚伺候好，隔段时间，拆开洗干净，然后再收紧，又教她如何行走，保持稳定，因为奶奶"悉心照料"，她有了一双极为标准的金莲，村里人因此都叫她"人物尖尖"，听人夸赞，年幼的姚世莲心里高兴极了。

16岁时，姚世莲嫁给了同村小她一岁的火功德，因为姚世莲标准的"金莲"，加上做饭、做针线都是一把好手，火功德一直很有"面子"，常常在人前人后夸赞自己的老婆。20世纪70年代公婆去世后，丈夫就让姚世莲当家，啥都听她的，两人的日子一直过得十分平静。包干到户能吃饱了，丈夫却因病辞世，这让老人非常遗憾。现在老人一家四世同堂，孙子都已经长大成人，有的在政府工作、有的在经商、有的在搞蔬菜种植，老人每天晚上坐在自家的土炕上看电视，而且喜欢看韩剧，经常在看见电视上的女主角时，赞叹她们人长得漂亮，充满活力，不似过去的女人，像霜打的茄子一样。

"人物尖尖"姚世莲幼时以小脚为荣耀，暮年回首往事，却自比为"霜打的茄子"。其实一切荣耀，都是建立在社会广泛认同的基础上，光阴如梭，世易时移，人们的审美价值也发生了翻天覆地的变化，人文主义的回归吹响了社会变迁的号角，如"三寸金莲"者，将被遗忘在历史的故道。

魏义英：身居古宅勤布道

拍摄时间：2008年4月30日，2012年8月26日。

魏义英，甘肃省榆中县青城镇城河村人，1918年出生，属马，时年90岁，6岁裹脚，17岁出嫁，育有3子2女，11个孙子，2个重孙，丈夫2000年去世，寡居12年。

17岁时，魏义英嫁进了青城古镇一座有300多年历史的古宅。古宅的主人世代行医，救人无数，常常教育子女不仅要给人医身，还得给人医心，以正社会风尚。受公婆丈夫影响，魏义英常常把自家照壁上的故事讲给人听，希望听故事者有所裨益，像照壁上的"好孩子"一样读书明理。

故事虽短，也无情节，只是一幅图片说明，但魏义英却几十年来如一日，只要有人靠近门口和她聊上几句，她都会把话题引向照壁，说："要好好读书，你看，这个娃娃上课时爬树掏鸟窝，后来做贼了；这个娃娃上课睡觉，后来要饭了；这个娃娃上课用心，后来考上状元了。"故事并不精彩，但老人却讲述得语重心长，言者心无旁骛，听者心领神会，频频点头。2012年8月，时隔三年之后再去探访老人时，她的步履已经没有三年前稳健了，但给来访者讲述照壁上的故事，向他们传经布道的兴趣依然炽热。

古人常把送人良言比作赠人以黄金美玉。魏义英老人以一颗大善心布道一生，年至耄耋，兴趣依然炽热。与之形成鲜明对比的是当今有人奉行的"金人三缄其口"，不知那些三缄其口的"金人"，与老人相比，哪一个流传更远，时日更长？

163　最后的金莲

耕讀傳家

萬卷詩書綿世澤

一犁春雨服先疇

城河村 396

狄生明：残年两送黑发人

拍摄时间：2012 年 8 月 27 日。

狄生明，甘肃省白银市武川乡独山村人，1919 年出生，属羊，时年 93 岁，9 岁裹脚，19 岁结婚，育有 2 子，2011 年相继因病去世，3 个孙子，丈夫 1973 年去世，寡居 39 年。

据向导介绍，距离狄生明老人居住的独山村不远，有几座小金矿，村里很多人在那里淘金，塌方和粉尘经常会夺走矿工的生命。每年，独山村都会有人因此而死去。但即使如此，依然有许多年轻人争先恐后地去矿上打工，挡也挡不住。老人的两个儿子也是在金矿上淘金的时候身染尘肺病，2011 年在 40 天内相继离世。

我第一眼看见狄生明老人时，身材瘦小的她正闲坐在打麦场上的一堆干柴上。身后原野静寂，空无一人。向导给老人说明来意后，老人颤颤巍巍地起身，掏出皱巴巴的手绢擦了擦浑浊的眼睛，给我们絮叨她的近况："政府把我们这些老年人都看得很重，年年给钱给米，其实家里啥都不缺，就是娃娃不在了，心里空得很！"提起金矿，老人老泪纵横："都说金矿钱好挣，可谁知道金子要人命哩！"

村里人告诉我，自从儿子去世，老人隔几天就要去儿子的坟前絮叨、叮咛。在大家的脑海中，母亲依然还是母亲，儿子依然还是儿子，他们在用自己的方式常常对话，似乎没有阻隔。

据悉，中国现有各类矿工 7,000 余万人，保障他们的健康和生命，就等于保全了 7,000 万个家庭，也唯有如此，才能太平和谐，葳蕤昌盛。

最后的金莲　166

刘秀华：古井无波坐忘机

拍摄时间：2011年5月13日。

刘秀华，甘肃省古浪县民权乡杜家庄村人，1904年出生，属龙，时年107岁，7岁裹脚，16岁出嫁，育有1子1女，5个孙子，12个重孙，4个玄孙，丈夫1950年去世，寡居61年。

初见刘秀华老人时，她正闭目斜倚在土炕上。土炕上方，甘肃省民政厅赠送的"寿同松柏"的字幅已被烟火熏得发黄。

如今老人和70岁的儿子住在一起，三年前，她的眼睛就再没有睁开过，也没有再走出这间屋子。每顿吃饭，都是66岁的儿媳梁玉兰用汤勺喂。距家50米左右，住着老人年近90的女儿丁友兰，尽管丁友兰也是高寿老人了，但她几乎每天都要来看看自己的百岁母亲。村长告诉我，老人一生为人豁达善良，村子里的小孩几乎都吃过她做的饭，就算是困难年代也一样。老人的儿媳梁玉兰讲，婆婆虽说三年不言不语，但心里十分清楚，只是不想睁开眼睛，也不想说话而已。就在这时，倚在炕上的老人忽然挪动了一下，问了一句："天黑了吗？来人了吗？"就再没有言语，神态安静，如禅师入定。

一彻悟禅师云："一切境界，唯业所感，唯心所现。"百岁寿星刘秀华"三年不睁开眼睛"，菩提无树，明镜无台，也许正是老人以百年阅历、百年感悟所达到"古井无波坐忘机"的人生境界。

丁友兰：耄耋侍奉百岁母

拍摄时间：2011 年 5 月 13 日。

丁友兰，甘肃省古浪县民权乡杜家庄村人，1922 年出生，属狗，时年 89 岁，7 岁裹脚，15 岁出嫁，育有 3 子，7 个孙子，2 个重孙，丈夫 2010 年去世，寡居 1 年。

丁友兰的家距离娘家大约只有 50 米，因此自 15 岁结婚至今，74 年来她一直生活在母亲身边。

"女人这一辈子有操不完的心，出嫁了担心爹妈没人照顾，有了娃娃担心娃娃吃不饱穿不暖。不过我还好，就在我妈跟前，想她了抬脚就过去了，少操了一份心。"说起母亲距离自己这么近，老人十分开心。自结婚以来，丁友兰每天都要去陪陪母亲，和她说说话，静静地坐下听她唠叨，甚至是批评，74 年从无间断。在老人看来，尽管自己出嫁了，但也不过是"从东屋搬到了西屋"，什么时候都是娘的孩子。这些年，丁友兰年纪也大了，自觉在人世间时日不多，就隔三差五地陪母亲睡一个夜晚，107 岁的母亲尽管已经三年不说话了，但只要能睡在母亲身边，她心里就觉得踏实暖和。有时候，母亲也睁开眼看看丁友兰，伸出手摸一摸她的头，就这一个小小的动作，常常让她哭出声来。

"世间真要有阴曹地府就好了，这样我死了后，就能在阴曹地府找到我妈了。"说起死亡，老人脸上竟然露出了一丝笑容。

人在最幸福时叫娘，在最痛苦时还是叫娘，娘是每一个人寻找温暖和幸福的地方。然而在人口流动逐渐常态化的今天，又有多少人离开了故乡，离开了娘。丁友兰的母女情缘，在所有漂泊者看来，这是何等奢华的事情。诚如斯，亲娘健在胡不归？

171　最后的金莲

姚乃凤：平生未有奇石缘

拍摄时间：2008年7月22日。

姚乃凤，甘肃省榆中县连搭乡麻家寺村人，1915年出生，属兔，时年93岁，7岁裹脚，16岁出嫁，育有2子，7个孙子，5个重孙，丈夫1988年去世，寡居20年。

姚乃凤的父亲曾是个卖黄河石的贩子，在父亲的影响下，她也常常到河滩里转悠，期望能捡到奇石。但几十年来，并没有捡到一块像样的石头。1990年前后，当地关闭过一段时间的石头市场慢慢恢复了，姚乃凤就利用放羊的间隙捡石头，但她捡到的石头，拿回家后就被人嘲笑，说她没眼光。嘲笑归嘲笑，只要有她觉得不错的石头，都要捡回家，期望有石头贩子买去，但许多贩子看过后，都说她的石头太普通，一块也没有买走。后来她年纪大了，就不再捡石头了，以前捡回来的，也被子女们扔在了院子外。2008年7月的一天，我和她75岁的儿子翻看她一辈子捡回来的那些石头时，老人步履蹒跚地走了过来，问儿子是不是有人看上了她的石头。当得知我不是买石头的人时，老人摇摇头笑了一下说，我这辈子和好石头没有缘分，说罢便悄然而返。

姚乃凤一生没有捡到一块奇石，在老人看来，这是她和奇石没有缘分。其实缘分如风，来也是缘，去也是缘。已得是缘，未得亦是缘，何必挂怀？

173 最后的金莲

刘桂香：兄终弟及三嫁人

拍摄时间：2008 年 11 月 11 日。

刘桂香，甘肃省张掖市临泽县蓼泉镇上庄村人，1922 年出生，属狗，时年 86 岁，10 岁裹脚，16 岁出嫁，后连续两次因为丈夫去世改嫁，育有 3 子，2 个孙子，2 个重孙，丈夫 2005 年去世，寡居 3 年。

刘桂香的婚姻十分坎坷。16 岁嫁入储家，储家尽管家大人多，但都是给人打短工的穷人，自嫁入之后，没享一点福，还遭受了许多规矩的约束，三次嫁给同宗兄弟。

她的第一个丈夫储存贵是一个手艺不错的兽医，经常走街串巷，很少顾家。在第二个孩子出生不久，一天丈夫给牛看病时，被一头小牛冲过来抵在墙上气绝身亡。储存贵死后，由族里的长辈做主，她改嫁储存贵的胞弟储存银。储存银和嫂子刘桂香结婚后半年，给别人帮工修房时从房顶摔下，不治身亡。一年后，储家长辈商议，又把她嫁给了储存银的堂弟储万银，嫁给储万银后，老人的日子才算安稳下来，两人一生平平安安，一直到 2005 年，储万银因病辞世。

丈夫去世后老人一直和三儿子一起生活。其他两个儿子对她也很照顾。

"兄终弟及"这种婚姻制度，在历史上曾经主要以保留家族财产为目的，同时有照顾亲子和赡养尊长的双重职能，随着时代发展，精神的意味越来越浓烈，个人幸福愈来愈被重视，这种婚姻现象也几近绝迹。刘桂香老人一生嫁给兄弟仨，其悲苦命运下的无助和凄凉，也当成为绝响。

175　最后的金莲

177 最后的金莲

"金莲"一词的由来

"金莲"是古代中国妇女被裹小脚的一种称谓。当时，人们把裹过的脚称为"莲"，不同大小的脚就是不同等级的"莲"。缠裹较大者，被耻笑为"莲船"，大于四寸的为"铁莲"，四寸的为"银莲"，而三寸的则为"金莲"。"三寸金莲"被当时传颂为妇女最美的小脚。

以"三寸金莲"来形容女子被缠裹的小脚，"三寸"代表了小脚的尺寸，那么"金莲"的象征意义又是什么？在语言文化十分丰富的中国，给小脚冠名以"金莲"，绝对不会像乡野村夫给孩子起名阿猫、阿狗那么简单随便，但是至今没有人能讲得清，"金莲"代名小脚，到底有什么玄机。

一种说法，因为南唐后主李煜让舞女窅娘在金制的莲花上跳舞，其舞姿曼妙，宫人争相仿效窅娘小足，继而引发裹脚，所以称小脚为"金莲"。但这个说法，曾被有些学者质疑，他们认为，"金莲"是窅娘跳舞的地方，与小脚无关。但古代以地名代替在当地发生的事件，或者出现的典型人物是一件很普遍的事情，所以"金莲"代替缠裹的小脚，完全是有可能的。要说质疑，其实应该质疑窅娘这个人，因为"窅娘裹足"的故事来源于小说，小说并非史料，可信度有多大？这才是决定了窅娘与金莲之间关系的决定性因素。

再一种说法是，因为南朝齐东昏侯的妃子潘妃曾在金质莲花上走路，有阿谀者睁着眼睛说瞎话，说她身后的莲花是走路后留下的，夸她"步步生莲"，进而有了缠裹后的小脚被称为"三寸金莲"的说法。这个说法的不合理之处在于——潘妃是不是裹足的女子？如果是，由此引申小脚为"金莲"，还说得过去，但如果她不是裹足的女子，这个说法未免太过牵强了。

高洪兴《缠足史》中讲，"金莲"一词与佛教象征圣洁的莲花有关。因为古代印度佛教神话中有"鹿女"步步生莲的故事，因为鹿女的双脚是鹿蹄的样子，与女子被缠裹的双足一样显得很小，由此人们便将女子的小脚与鹿女的故事联系起来，所以有了后来的"金莲"一词。由"鹿女步步生莲"进而以为，所有圣洁的、小的脚印都能步步生莲，似乎能讲得通。但问题在于，女子的小脚，与"圣洁"有什么关系？作者没有讲清楚，所以这个说法可能是"金莲"一词由来的一部分，绝对不是全部。

笔者以为，"金莲"代表缠裹后的小脚，一则要"形肖"，二则要"神似"。只有具备外在和内涵这两个因素，小脚才能被命名为"金莲"。也就是说，女子缠裹后的小脚，就外形来看，必然要与"莲"有关，就缠裹小脚的动因来讲，必然要与"莲"的文化活动有关。二者结合起来，为体现"莲"之高贵，冠以"金"，进而成为"金莲"就有了可能。

综合一些关于"金莲"由来的说法，笔者大胆揣测：裹脚是不是宗教活动的产物？如果确实是，那么女子在身体备受摧残中能做到"隐忍"，就是宗教活动中的"苦修"了。而"苦修"的产物——被挤压摧残的小脚，尺寸越小，越能证明女子苦修的耐力和程度，再加上，佛教中的观世音菩萨身下坐莲，是因为菩萨修为高深，莲花代表的是修行的一种境界。那么小脚女子的双脚，算不算她们苦修的成就？如果这个说法成立，我想，不仅金莲一词的由来问题解决了，人类为什么裹脚的疑问，也就有了答案。

吕秀英：千磨万击还坚劲

拍摄时间：2011 年 5 月 13 日。

吕秀英，甘肃省榆中县人，1925 年出生，属牛，时年 86 岁，岁裹脚，17 岁出嫁，育有 2 子 4 女，9 个孙子，2 个重孙，丈夫 2006 年去世，寡居 5 年。

吕秀英放脚的过程可以用"顽强"两个字来形容。7 岁那年，家里找来脚婆给她裹脚，但仅仅一个多月，她就偷偷地把裹脚布解开，并伪装成裹脚的样子。直到快 8 岁时，才被家里人发现，在对她进行了一番严厉的斥责打骂之后，又强迫她继续裹脚。但才过了两个月之，她又乘家人熟睡的时候，自己"解放"了双脚。这一次，遭到了更严厉的打骂。

10 多岁，周围的男孩子纷纷从父母的怀抱里走向了田野、街道、林边，活蹦乱跳、嬉闹玩乐，耳边每日听到伙伴们愉悦的声音的魏吉兰再也坐不住了，晚上她又偷偷地拿掉了裹脚布，希望第二天可以和伙伴们一起玩乐。但第二天就被母亲发现，母亲实在拿她没办法，晚上睡觉的时候，就用一条绳子拴着她的双脚，并将绳头绑在自己手上。但即使这样，在母亲稍不注意的时候，她又连续两次放了脚。不过这时候，她的脚已经定型，父母已经不担心她的双脚能否裹小，而是觉得女孩子的这种做法实在让家里丢脸。17 岁时，生性喜欢热闹的吕秀英又给自己放了一次脚，父母被她折腾得没有办法，就找了媒婆，随便把她嫁了。

吕秀英天性率真、向往自由，在缠足时代能和守旧的父母数次抗争，最后虽以失败告终，但是绑住了她的脚，却没有绑住她的心，真有些郑板桥笔下"千磨万击还坚劲，任尔东西南北风"的风骨。悲剧时代造成了老人永生的遗憾，我想，有时候，抗争不一定会有希望，默默忍受却一定会绝望。

181　最后的金莲

最后的金莲　182

刘玉花：千心千籽千年春

拍摄时间：2011年6月21日。

刘玉花，甘肃省灵台县西屯乡桥子村人，1921年出生，2011年9月辞世，享年90岁，7岁裹脚，8岁当童养媳，15岁结婚，育有3子1女，7个孙子，1个重孙，丈夫1980年去世，寡居31年。

1929年陕西大旱，8岁的刘玉花跟着家人逃荒，到灵台县时，饥渴难忍，寸步难移，偶遇瓜田，瓜田主人是一憨厚农民，让她全家饱食西瓜后，还把她介绍给当地一柳姓人家做了童养媳。

后来尽管灾年已过，老人依然割舍不下"西瓜救命"的情结，每年都要种一点西瓜，待成熟后分给乡邻，而且数十年如一日。2010年，新闻出版署一位官员知道老人的故事后，十分感动，随即赋诗一首："时位不移九旬人，常怀他乡救命恩。一命一瓜一神灵，千心千籽千年春。"

列宁说过："忘记过去就意味着背叛。"刘玉花老人怀抱"知恩、感恩、报恩"之心，半生与西瓜结缘。"赠人玫瑰，手留余香"，那个朴实的瓜农给了老人一朵玫瑰，老人再将余香传递四邻，这个蕴藏着济世情怀的故事里，岂非我们需要弘扬的正能量？

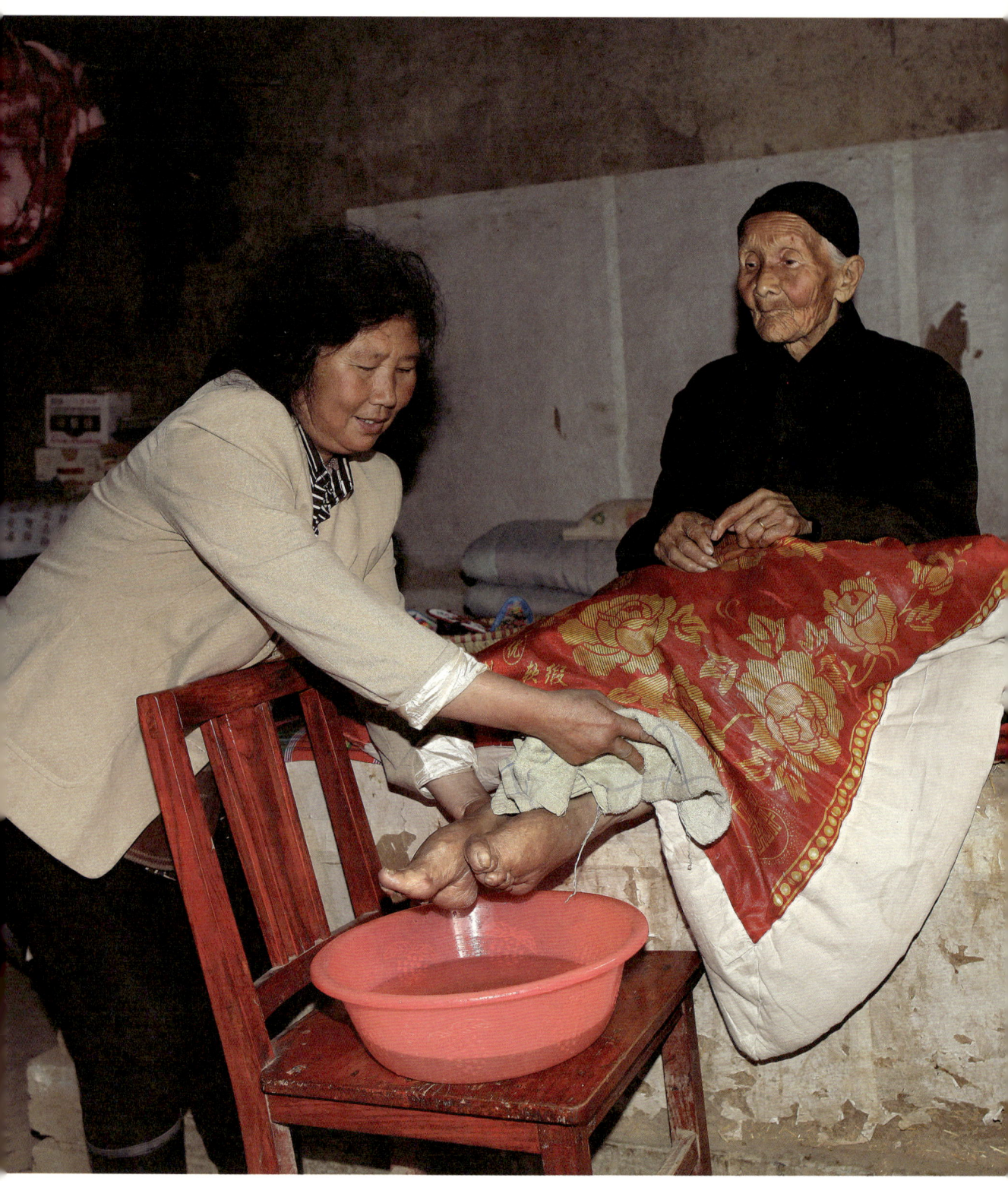

刘秀珍：秤砣砸出小"金莲"

拍摄时间：2012年8月5日。

刘秀珍，陕西省周至县尚村镇竹园头村人，1922年出生，属狗，时年90岁，6岁裹脚，17岁出嫁，育有5子2女，11个孙子，9个重孙，1个玄孙，丈夫2008年去世，寡居4年。

刘秀珍是在强迫和欺骗中被裹脚的。

她刚出生的那年，父亲娶了一房小老婆，在她才学说话的时候，家人就教她称父亲的小老婆为"幺娘"。6岁那年立秋后，家里张罗着为她裹脚，但从小被父母娇惯的她因为怕疼，坚决不同意，父母只好不了了之。

那年冬天的一个早晨，刘秀珍一起床，幺娘就带她到粮仓里玩"秤粮食"的游戏。刘秀珍不知道，这其实是幺娘和父母商议出来的一个"阴谋"。就在她玩兴正浓的时候，拿着秤砣的幺娘故意一松手，那块10斤重的秤砣就砸在了她的脚上，脚背顿时被砸烂了。刘秀珍哭号着被父母抱上炕，紧接着，就以包扎伤口为名，死死缠上了裹脚布，她反应过来时，裹脚布早就被密密麻麻地缝在了一起。

2012年8月5日，刘秀珍老人抱着她的小玄孙给我们讲述完自己的裹脚故事后，乐呵呵地说："为了给我裹脚，全家人合起来想了那个馊主意，看来真是用了心思。"

以给脚包扎伤口为由，最后却在老人的肢体和心灵上制造了更大的伤口。中国缠足的千年历史，以美抑或女德为借口，使得一半的国人被囚禁在自己的深闺，谎言大行其道的历史所幸终结，刘秀珍老人终于乐呵呵了，她的后代子孙也不必再受此囚禁。

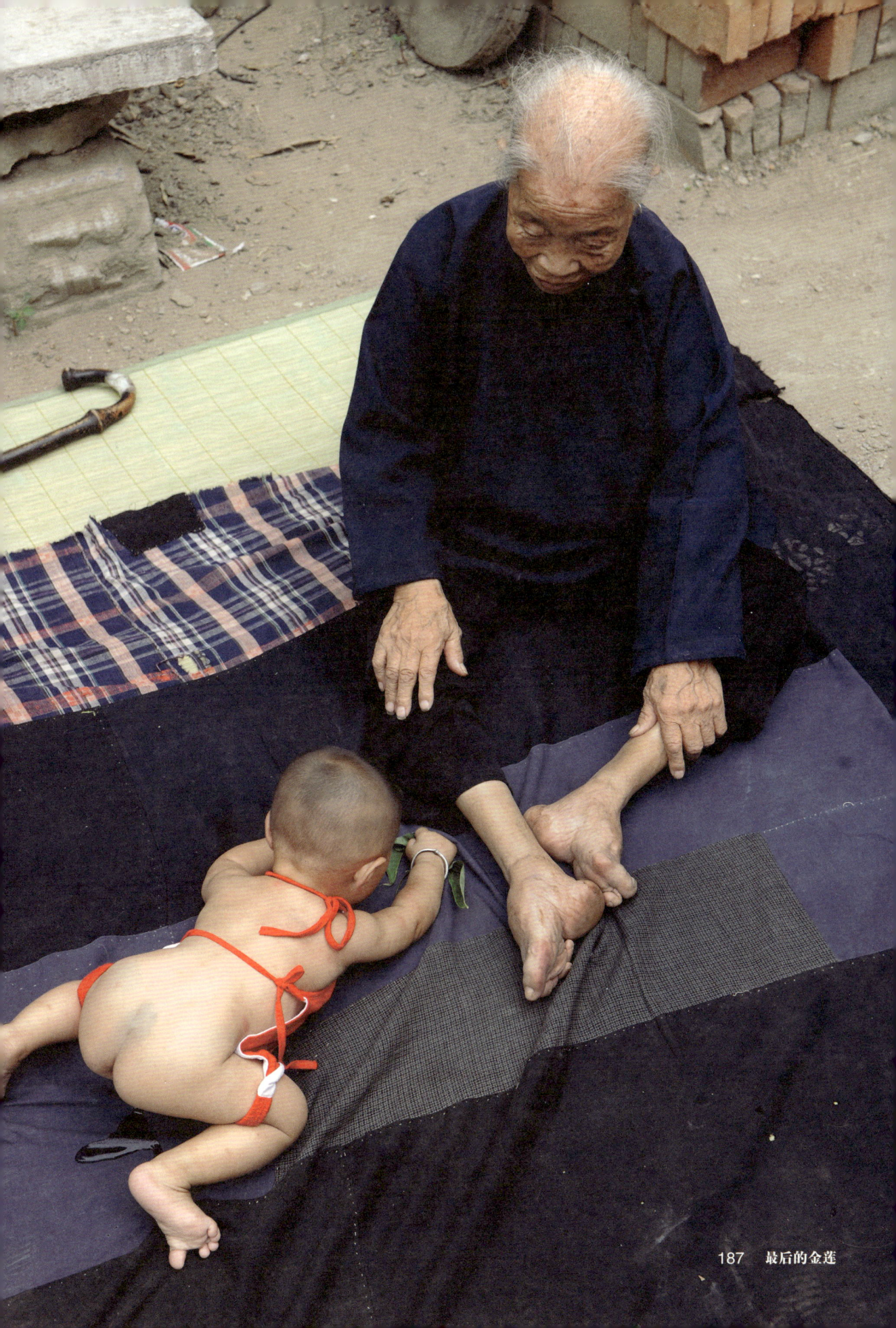

187　最后的金莲

陈妹娚：心远地偏乐今生

拍摄时间：2012年1月25日。

陈妹娚，福建省连江县苔菉镇北茭村人，1928年出生，属龙，时年84岁，6岁裹脚，17岁出嫁，育有3子1女，9个孙子，3个重孙，丈夫2006年去世，寡居6年。

苔菉镇北茭村地处黄岐半岛最末端，三面临海，背靠大山，千百年来，几乎与世隔绝，岛上的男人白天出海打渔，老人和妇女看守家园、照顾孩子。向导林女士介绍说，因为从前交通不便，这个村里的小脚老人们根本走不出去，她们一辈子只能待在村子里，加之当地方言极其难懂，这些留守老人们几乎从来不和外界交流。纸牌是她们一生唯一的娱乐活动，一到空闲时间，妇女们就聚集在一起玩起了纸牌，三个人一伙或四个人一组，打法简单，一学就会，方式灵活，不限人数。

初见陈妹娚，老人一言不发。向导林女士说，老人就是这个脾气，见了生人不开口，如果想让她说话，拿一副纸牌来，她自然就开口了。按照林女士吩咐，有人找来一副纸牌，果如林女士所言，老人脸上顿时有了喜色，嘴里唠叨着听不懂的方言，饶有兴致地摆弄起了纸牌。

《桃花源记》描绘了一个让人向往的田园，记载了怡然自乐的男女老少。听惯了涛声的老人一生未曾见高楼林立、车水马龙，吃的是丈夫出海打回的鱼，穿的是自己织出来的布，富贵辉煌，从不奢望，心性恬淡，知足常乐，未必不是那些怡然自乐的一部分。

189　最后的金莲

最后的金莲　190

191　最后的金莲

魏至秀：少小离家做"压子"

拍摄时间：2012年4月4日。

魏至秀，甘肃省皋兰县石洞镇东湾村人，1916年出生，属龙，时年96岁，6岁裹脚，19岁出嫁，育有3子2女，9个孙子，7个重孙，丈夫1997年去世，寡居15年。

《香港文汇报》发表我拍摄的小脚老人时，魏至秀被摆在了最显眼的位置。图片的注解是："魏至秀6岁裹脚，12岁穿带有木跟的高跟鞋，19岁出嫁。"许多人以为穿木跟鞋是老人的一个特点。其实，老人还有一个鲜为人知的秘密：很小的时候，她做过"压子"，也叫"人引子"。

"压子"一词意为不育夫妇抱养孩子希望能够为其带来亲生子女，河南许多农村也有"压子"一说，而陕西农村则将这种抱养行为称作"引胎"。半个多世纪前，因为医学不发达，不孕不育者没有更好的办法解决传宗接代的问题，"压子"因而广为流传。魏至秀不到3岁时，就被一户不育夫妇抱养过去，以期让她的到来能让他们顺利怀孕生产。

但直至魏至秀快长大成人，也没有给养父母带来一个孩子，在一天天一年年的绝望中，养父母对她的态度才慢慢好转起来。6岁时，养母给她精心裹脚，每天都要紧一紧裹脚布，魏至秀早就明白自己的地位，尽管紧裹脚布时疼痛难忍，但她从未哭泣。12岁时，养母为她穿上了村子里第一双高跟小脚鞋，本来走不稳的身子越发摇摇晃晃。19岁那年，"压子"魏至秀因为摇晃娜娜的身子，周正的小脚，被一户人家以不菲的聘礼娶走。

在魏至秀老人身上交织了许多传统陋习。但作为一个婴儿、少女和小脚妇女，她没有权利和力量选择命运，她能做的，就是在各种陋习之间咬牙忍受。这些综合了人性之恶的陋习，以共通共融的方式表现出来，并取得社会的广泛认同。在这种认同中，先进文明的力量往往被视为异端，最后不得不求同存异，时至今日，还有多少霉变丑陋的定俗，依然在求同存异中烙在我们的心上！

195　最后的金莲

马金枝：神树缠足二百年

拍摄时间：2012年7月23日。

马金枝，山西夏县埝常镇探马沟人，1918年出生，属马，时年94岁，6岁裹脚，19岁出嫁，育有3子，11个孙子，4个重孙，丈夫1998年去世，寡居14年。

马金枝老人住在一座名叫赤山的大山下，她的村庄口有一棵相传有200多年历史的大槐树。向导告诉我，这棵大槐树记载了这个村庄近200年的"缠足史"，当地人把这棵树叫"裹脚婆婆"。

马金枝在6岁那年一个深秋的黄昏，在村里长者的组织下，父母亲牵着刚洗完脚的她来到了"裹脚婆婆"下。年幼的马金枝知道，"裹脚婆婆"下是全村女子裹脚的地方，她也曾经看到过，有些小姑娘因为怕疼不愿意裹脚，就有人在边上说："裹脚婆婆看着呢，再哭，裹脚婆婆就生气了，让你长一双碾盘一样的大脚。"如果还不听话，就有人从"裹脚婆婆"树上摘下一根带刺的树枝，毫不留情地在孩子身上抽打，直到对裹脚的恐惧转化为挨打的恐惧。这时候，被裹脚的孩子就不再哭闹，很快就被缠上了小脚。

"裹脚婆婆"当然是静默的，但大人们并不消停，还要在"裹脚婆婆"下叩头烧香，祈求保佑孩子的平安。当年，6岁的马金枝也不例外地因为裹脚怕疼哭闹了起来，但很快，当树枝抽打在她的身上的时候，她只能憋着气，抽噎着，看着几尺灰白的粗布紧紧地缠绕在双脚之上。

裹成小脚的马金枝此后就十分畏惧这棵大树，再也不敢到树下去了，直至她18岁出嫁的时候，被嫁到了"裹脚婆婆"树下的一户人家，她才敢正视这棵老树。此后多年，马金枝都坚信"裹脚婆婆"是神，她能保佑女孩子顺利裹脚，还能保佑小脚女子一生平安。一旦遇到什么迈不过去的坎，老人就会和村子里所有的小脚女人一样，到"裹脚婆婆"下烧香叩头，祈求平安。

在传统村落里，几乎都有自己独特的神灵，而信仰者的精神信仰背后，往往蕴含着很强的现实性。"裹脚婆婆"的矗立，正是赤山下200年来缠足的现实性使然！只是马金枝老人，还有200年来诸多的缠足女性，她们未曾怀疑过而已。

197　最后的金莲

张发成：循诵习传难为生

拍摄时间：2011 年 5 月 13 日。

张发成，甘肃省古浪大靖镇东关村十一组人，1922 年出生，属狗，时年 89 岁，9 岁裹脚，16 岁出嫁，育有 2 子，丈夫 1976 年去世，寡居 35 年。

张发成老人的祖上是清同治年间从"陕狙"县迁移到武威的。发黄变脆的家谱上漂亮的行楷清楚地记载着："陕狙县战乱不断，为躲避兵祸，迁移武威……"

老人的丈夫是当地有名的读书人，尽管家资颇丰，但颇知礼仪，友善乡邻，每逢村里有婚丧嫁娶，被人请去司礼，必端正衣帽，欣然执笔书写。老人一生也是安心相夫，全力教子，为人十分端淑贤良。老人家里至今保存着一张 20 世纪 40 年代的地契，地契上清楚记载解放前她家有"五十五亩七分地"，时任古浪县县长杨龙凯的大印赫然在目。

村里人讲，老人全家从解放前至今，家规很多，家教甚严，每一件事都十分讲究规矩。比如，不能像其他人家一样，在厨房里吃饭，说话不可高声大气，衣服可破、衣扣不可少等，都和古人的习惯十分相似。但遗憾的是，也许是因为太遵从古训，老人的两个儿子和当今社会格格不入，日子都过得并不宽裕，甚至连家庭都不能保全。70 岁的长子一生未婚，如今在敬老院生活。小儿子安文炬也年过花甲，早年和妻子离异，再未婚配，独自打理一家人的田地，闲暇时间喜欢读书，现在和老人一起生活。

后我遍查"陕狙"之名，一无所得，从老人口语中，隐约有关中方言，"陕狙"一地恐怕大抵在此。关中一带，知礼仪、懂廉耻，有古人之风，此风移植至关河冷落的河西走廊，在严酷的自然环境下，显然受到冷遇。在人蜕变为生产奴隶的今天，如何创造或寻找一种更具有人性化的生活，是需要重新思考的话题。

最后的金莲　200

201　最后的金莲

为什么要缠足

中国妇女为什么要裹脚？裹脚是从什么时候开始的？这是许多人的一个疑问。然而，遗憾的是，因为关于女子裹脚的资料少之又少，至今许多研究裹脚史的专家学者，都没有给出一个满意的答案。笔者曾综合一些关于裹脚的资料后发现，大部分学者认为，裹脚的主要原因是"审美情趣、礼教观念、心理因素、上行下效、文人推波助澜、保证婚姻"6个因素，但仔细推敲琢磨，这几个因素也都不是很客观合理。

其中"审美情趣说"认为，女性美的反映就是"阴柔、孱弱、娴静、小巧"，而裹脚恰恰能使女人变得弱不禁风，走路一摇三晃。而且裹脚禁锢了女子走出的步伐，使其只能待在深闺，由于信息的封闭，交往圈子的狭窄，女子自然就木讷不善言语，因而娴静。至于小巧，自不用赘述，大家都知道裹脚是越小越好。因为裹脚能将女子的"阴柔、孱弱、娴静、小巧"都囊括一尽，所以古人就以裹脚来造就"美女"。但这种说法只能说明男人有想让女人裹脚的意向，至于女人是否愿意，没人知道，笔者估计，没有哪个人为了取悦异性，将自己搞成残废。所以，"审美情趣说"理由不够充分。

"礼教观念说"更有些离奇。持这种观念的人认为，女子裹脚其一是为了区别于男性，其二是为了维护贞操。笔者以为，女子裹脚以区别于男性的说法，实在太过牵强，尽管古代男女都穿着宽袍大袖的衣服，但一个女子和男子站在一起，只要细心观察，一定能分得清楚，根本不需要裹脚加以区别。至于是为了维护贞操，这倒有些道理，在男权社会，男子地位高出女子许多，男子将"裹脚"强加在女子身上，一旦形成主流意识，女子确实无法摆脱。但问题在于，女子地位即使再低下，也有为人女儿、做人母亲的身份，父兄儿子，怎么能做得出来戕害子女和母亲的事情？更何况，古人对身体发肤，都爱护有加，认为这是父母赐予，如果保护不好，就有违孝道，所以"礼教观念说"似乎也说不通。

"心理因素说"现在看来有些荒谬，持这种说法理由是因为有资料曾经记载，某男心理变态，喜欢听妇女裹脚时被折磨的叫声，所以才有了妇女裹脚的事情。笔者以为，这种变态的男子一定有，但总不能推及古代所有男子都有这种倾向吧？

"上行下效说"以为，因为裹脚最早是权贵们的"特产"，后来流传民间，老百姓就开始模仿。这种说法比较合理，因为人性就有"人往高处走"的特点，效法权贵，借以拉近与特权者的距离，这是人性的本能。但最早裹脚的权贵是谁，为什么要裹脚，尽管有人讲是南唐后主的宫女窅娘裹脚跳舞引发了民间裹脚，但有人考证，"窅娘裹脚也只是演绎，不可信"。所以上行下效说于道理是通的，也是可信的，但证据不足。

"文人推波助澜"这种说法尽管比较合理，因为文学的力量十分强大，它特有的渲染功能可以给人以暗示，进而可以影响到他人。但这种说法是"裹脚"得以发展的催化剂，绝对不是根由，没有人因为文人对裹脚大加赞美,就甘愿自残双足。

至于"保证婚姻",那也是等裹脚之风在民间大盛之后的行为,因为裹脚的风气很浓,男子审美发生变异,以至于大脚女子不被男子青睐,进而加剧裹脚之风,但这也不是裹脚的最早原因。笔者采访中,甘肃秦安一老者曾经讲,裹脚起源于元朝,因为蒙古人统一中国之后,担心汉人反抗,动摇其统治,所以就砍掉了男子的右手大拇指,使其不能握刀,缠裹了女子的双足,使其不能奔走。这一传说,显然是违反常理的,其实更多表达了对蒙古人的不满,因为男子不能握刀的手,也一定握不住锄头,统治阶级在控制人民的时候,也严重地压制了生产力,所以这个说法不会成立。再加上,元朝统治中国仅仅97年,也就是几代人的事情,元王朝崩塌,为什么裹脚还会继续,并且有过之而无不及。

裹脚的因由众说纷纭,莫衷一是,至今成了一个历史谜案,中国有上下5,000年的文明史,而且中华民族是一个善于记载历史的民族,为何却单单对裹脚这件事情讳莫如深?是因为与裹脚捆绑在一起的,还有一些类似于宗教祭祀一样神秘不可碰触的原因在其中,以至于从古到今的史学家、文学家们一旦触及到这个神秘的事体,就不得不退避三舍,还是另有原因?这个问题已经不得而知了!

如果进一步大胆推测,历史不记载这种事情,一种理由是:一定是与人类某次大事件、大灾难有关,而且这种大灾难大事件让人无法左右,裹脚在这个时候估计是以"巫术"的形式出现的。由此,这种邪行被掩盖了真相、被披上了力量无穷的外衣,所以致使无人愿意碰触这个深不见底的蛊盆。而且《采菲录》曾经记载,男孩裹脚可以避开鬼神的纠缠;又有记载,绣花鞋能使人梦魇,而众所周知,梦魇严重者可使人猝死,长期梦魇可以使人体质下降;笔者在采访中,甘肃的兰州近郊就有裹脚的时候,让女孩躺在驴槽里裹足的说法。当然,这种推测也是能起到抛砖引玉的作用,并无历史资料做基础,仅供后来者参考研究。

另外一种,裹脚不记入历史的原因就是裹脚与性有关。裹脚与性有关,是被认可了的,但为什么不计入历史呢?云南作家杨杨有这样的推断,他以为,人类所有的活动都名目繁多,唯独性生活动作单一,而裹脚之后,当女性的双足重新长出嫩嫩的肉芽,又千曲百回,可以充当性器。这种推断也曾被一些学者考证属实。由此笔者推断,在尊崇儒学的时代,纵情是一件极其丑陋的事情,而古代的文人更是这一思想的忠实捍卫者,他们羞于提及性事,所以男子因为女子裹脚能满足性欲的事,古代文人是难以启齿的。但裹脚确实又给男人带来了性的好处,弃之可惜,提及害羞,于是大家就在默认中心照不宣,这是极有可能的。

所以讲,裹脚估计是因为某次类似于祭祀的活动发起,后来因为性事兴盛,文人骚客在性的愉悦中只能看见双脚的千曲百回,却看不见筋骨断裂,他们在性的愉悦中对变形的双足大加赞美,才有了对"三寸金莲"高唱赞歌,却羞于提及"为什么"。

贺得喜：举步维艰何得喜

拍摄时间：2011年5月1日，2013年1月2日。

贺得喜，甘肃省榆中县连搭乡孙家坡村人，1923年出生，属猪，时年88岁，8岁裹脚，18岁出嫁，育有4子，12个孙子，5个重孙，丈夫2000年去世，寡居11年。

贺得喜8岁那年，母亲请人给她裹脚，脚婆只管捏紧脚骨用力缠裹，全不顾她痛得死去活来。初缠之后，常常疼得夜不能寐，不思饮食。两三个月后，又解开裹脚布，给里边垫上瓦渣，又把裹脚布重新裹紧，巨痛钻心还得下地走路。

因为裹脚裹得"扎实"，老人拥有了一双标准"金莲"，也因此，给她在生产队从事集体劳动时带来很大的不便，诸如拉车背筐、平田整地，她都不能胜任，从事其他劳作时，遭人嫌弃。

包干到户后，家里承包了数十亩土地，一家人干劲十足，子女整日在田间地头挥汗如雨，老人却因为行动不便，不能下地亲自劳作，这让她觉得成为儿女累赘而引以为憾。每次看到年轻女孩子，都要拉住说上半天话，夸奖她们有福气，赶上了好时代。

清人龚自珍在《病梅馆记》中说："鬻梅者：斫其正，养其旁条；删其密，夭其稚枝；锄其直，遏其生气，以求重价，而江浙之梅皆病。文人画士之祸之烈至此哉！"小脚如贺得喜者，不正是人世间的"病梅"吗？

207　最后的金莲

张万兰：闲谈不论他人非

拍摄时间：2012年4月4日。

张万兰，甘肃省皋兰县石洞镇魏家庄村人，1922年出生，属狗，时年90岁，6岁裹脚，19岁出嫁，育有2子3女，11个孙子，5个重孙，丈夫1997年去世，寡居15年。

张万兰因为脚小行动不便，一生几乎没有离开过村子。白天，在蓝天白云下，在家门口的老柏树下和那些纳鞋底的、捻线的、抽烟的、玩纸牌的一起说笑。夜晚来临，就在纯净的星空下，坐在自家小院，给儿女们讲从前的故事。

在这个美丽而恬静的村庄，老人的形象也是美丽的。

村长告诉我，张万兰是一个从来不说是非的聪明人，口碑非常好。"一辈子没和闲话沾过边，不管老的少的，都说老人是非少。"

就在村长夸赞老人的时候，站在边上的老人插话说："人活在世上，有些话只能听，不能说，有些话听都不要听，这样就没了是非。"

张万兰老人就像她家门前那棵古老柏树，四季常青，为人们遮风避雨；她的村庄恬静无尘，绿树环抱，青山隐隐。不知还有多久，这一切都将在城市化、工业化的浪潮中消失，也许从此，许多人从心底里都发现，自己已成了无根的浮萍。

石秀英：心有敬畏修今生

拍摄时间：2013年2月22日。

石秀英，甘肃省榆中县和平镇菜子山村东沟社人，1927年出生，属兔，时年86岁，7岁裹脚，17岁出嫁，育有2子5女，15个孙子，2个重孙，丈夫2003年去世，寡居10年。

石秀英老人7岁裹脚那年，贫穷的父母专门找人借了2斤清油，炸了祭祀神灵用的油炸果子，为她裹脚摆起香案，祈求神灵保佑她裹脚平安，并感谢神灵为他们赐以懂事听话的女儿。在香案前缭绕的香烟中，尽管石秀英裹脚时疼痛难忍，但她并未哭出一声。此后在父母的影响下，老人逐渐懂得敬畏上天，感恩自然，常说上天赐万物以阳光雨露，万物赐人以温饱安康，人能行走于天地之间，这本身就是幸福。

出嫁之后，老人也常常劝导丈夫不要因为贫穷而诅咒上天，不要因为病痛而怨天尤人，只要珍惜眼前所得，感恩老天所赐，日子一定会一天天好起来的。后来有了子女，老人又教导子女不可妄评天灾人祸，不可耻笑贫病之人，若是天上打雷，常常念叨千万不要伤了人畜；若是遭遇暴雨，常常祈祷不要形成山洪。在老人的教育影响下，子女个个为人谦恭有礼，尽管日子并不十分富裕，但却个个家庭和谐，在乡邻间广有贤良之名。

著名的人道主义者史怀哲先生曾说："只有我们拥有对生命的敬畏之心时，世界才会在我们面前呈现出它的无限生机。"在当今社会群体呈现出无知无畏的状态时，他们是否知道，只有心存敬畏的人，才懂得感恩世界，珍惜世界。

金莲是怎样裹成的

说起小脚的缠裹,许多人都疑惑,一双好端端的脚,是如何被摧残成那种可怖模样的?尤其当今,一些年轻人都没有听说过裹脚的事情,所以讲述小脚的缠裹过程和方法,十分必要。

女孩子一般在年纪很小、双足没有完全发育成型的时候开始缠裹,因为双足一旦长大定型,再去缠裹,骨头太硬,就不容易变形变小,所以女子裹脚,最迟也是在 10 岁以内。黄河流域裹脚一般四五岁就开始了,而南方相对较晚,大约在七八岁开始。这除了北方人骨骼大,必须早早开始裹脚之外,更重要的原因是裹脚是从北方传到南方的,所以北方较南方而言,更看中女子是否有一双小足。到小脚盛行的时代,无论南北,缠一双小脚,对女人都十分重要。

裹脚初期,先要"上脚"。"上脚"是指在女童四五岁的时候,用布条将孩子的双足一层层紧紧地包裹起来,阻止其生长,这种脚称为"脚秧",意思是准备缠裹的小脚苗子。"上脚"一至两年后,开始正式裹脚,这也是裹脚最为血腥的阶段。大部分人家给孩子裹脚都请祖母或者专门的"脚婆"来裹脚,因为这种事情亲娘很难对亲生女儿下手。笔者在采访中了解到,在全国各地,裹脚基本上都有一个仪式,有些要请神灵相助,摆设香案,祈求神灵帮助孩子平安度过裹脚这一难关,有些则在特殊场所实施缠裹,也有祈求神力相助的意思。比如在甘肃皋兰县,女童裹脚的时候,要让孩子躺在牲口吃草的槽里。所有这些仪式,目的不外乎两个,一是让孩子平安,二是能缠裹出一双小脚。从这种仪式里可以看出,裹脚年代,人们都知道缠出一双小脚确实是不容易的事情。

"上脚"一到两年后,开始正式裹脚。"脚婆"准备好剪刀、白矾等物,将女童的双足在白矾水里洗净,剪掉指甲,然后用尽力气将几尺长的粗布条从脚趾开始,一圈圈地缠紧,缠完脚趾之后,将布条朝后使劲拉扯,绕过脚后跟再拉紧打成死结,这样,女童双脚就被外力拉成了一张弓形。但在这个过程中,也有些用力过大,女童的脚骨瞬间被折断的现象。等脚成弓形之后,缠脚布就被用针线密密麻麻地缝起来,一则是怕布条自然松劲,二则怕女童无法忍受疼痛,将布条解开。最后阶段,等双脚裹好,就要让女童下地行走,促使双足早日定型。这个时段的女童因为年幼怕疼,有时候不愿行走,就被家人用藤条等物抽打,赶着满院子跑,这种景象十分令人心痛。一个年幼的孩子,哭着叫着,满院子蹒跚行走,所以民间就有"小脚一双,眼泪一缸"的说法。缠裹后的小脚,一旦定型,模样十分难看,脚趾除大拇指之外,其余四脚趾全部压在了脚掌心下边,被压扁粘连在了一起,而脚背则被高高地拱起,状如弓背。

小脚被缠裹之后,大约过上一年左右,小脚就定型了,女童也适应了这种痛苦,双脚也麻木了。至此,女童开始了被封建道德约束的生活,与小脚一样被禁锢的,就是她们的思想了。

杨梅秀：梅花香自苦寒来

拍摄时间：2011年6月21日。

杨梅秀，甘肃省灵台县独店镇薛家庄村人，1921年出生，属鸡，时年90岁，7岁裹脚，17岁出嫁，育有2子，5个孙子，4个重孙，丈夫1970年去世，寡居41年。

独店镇居陕甘两省、泾（川）长（武）灵（台）三县交汇处，是世界历史文化名人、世界针灸鼻祖皇甫谧的休憩之地。史通商周，地接关中，民风淳朴，耕读传家。杨梅秀老人生于此，长于此，嫁于此。7岁时受农耕文化影响颇深的父母即给她裹了脚，但她不似别处女子，从此身在闺房，而是依旧不辍劳作，砍柴寻草、养鸡喂猪、甚至躬耕田亩。父亲除过面朝黄土背朝天，农闲季节，为维持生计，还常常做些小买卖，东去灵台，南走宝鸡，北走长武。从小杨梅秀就从父亲口中了解了家乡之外的风土人情。

出嫁后，杨梅秀一家和当地大部分人一样，靠天吃饭，时值战乱频繁，有限的粮食常被征走，日子过得十分艰难，她想起父亲给她讲过的生意经，遂和丈夫借债做些小买卖，一度从困境中走出。除此之外，老人还从娘家要了两只小猪，经多年精心料理，居然最多时繁殖数量达十几只之多，时西安遭遇日寇飞机轰炸，物价上涨、食物紧缺，老人和丈夫赶了12头猪，昼夜兼程，在西安三桥镇将猪卖给了一部队。回乡时，又收购了一些居家所需要的物件，乱世生活过的居然太平美满。

后世道愈来愈不太平，老人和丈夫遂在乡间开了一家豆腐坊，聊可度日。建国后，老人又成了生产队的社员，参与了轰轰烈烈的社会主义建设，虽是小脚，却也干劲十足，从不溜油耍滑。老人毕生勤俭，丰衣足食时不得意忘形，穷困潦倒时不萎靡不振，处事刚强，待人宽厚，常常教育子女要自立自强，其子女亦颇有乃母风范，种地经商两不误，日子过得很是红火。

东汉著名天文学家、诗人张衡曾说："人生在勤，不索何获。"小脚老人杨梅秀无疑是个勤劳的人，天道也眷顾了她，翻山越岭间、躬耕田亩间、锐意经商间饥荒荡然无存，阖家幸福安康。及至暮年，教育子孙，看护幼弱，勤俭依旧，不辍劳作。老人的故事告诉我们，只要内心强大，即使在乱世之中，小脚也能走出一片天。

215 最后的金莲

褚玉莲：教子问学无遗力

拍摄时间：2008年12月9日。

褚玉莲，甘肃省临泽县板桥乡西湾村人，1918年出生，属马，时年90岁，6岁裹脚，16岁出嫁，育有2子，7个孙子，1个重孙，丈夫1960年去世，寡居48年。

褚玉莲出生在临泽县一个贫穷的佃户家里，2岁那年，父亲以两升豆子的代价，请村里一个老秀才给她取了名字。穷人家的孩子有了名字，是一件值得骄傲的事情。因为有名字，和村里的其他女孩子不一样，所以打很小的时候，褚玉莲就十分懂事，从不调皮捣蛋，就连裹脚如此痛苦之事，也是一声未哭。村里的男孩子开始进私塾，褚玉莲偷偷地去听，居然认识了不少字，背会了不少文章，教私塾的老秀才非常惊讶，破例收了她做弟子，也是私塾里唯一的女孩子。读书明理，褚玉莲说话温婉，行为端庄，做事有远见，从不因鸡毛蒜皮之事与她人吵嚷，更难得的是，一生忍让大度、从不蜚短流长。这种秉性，保持了一生。

褚玉莲年少即有美名，提亲者络绎不绝，父母做主将她嫁给了人品很好、家风淳朴的丈夫。及至有子，专门腾出房间作为书房，抽空教儿子读书、习字。后来儿子上了学，每天放学归来，褚玉莲从不让他们做家务，只是督促他们好好读书。1960年，当地出现了饥荒，丈夫不幸去世，在饥饿和失去丈夫的双重压力下，褚玉莲也没有放弃对孩子们的希望。她一直认为，农村天地小，读书就像多长了几只眼睛，看得远一些。

老人一生耕作之余，必要读书看报，及至暮年，也要了解窗外事。受其影响，长子为人十分正派，在当地颇有君子之名；二儿子范虎年从事文学创作，是当地有名的文化人，他以母亲为原型创作的广播剧，曾在陇原大地广为传颂。

褚玉莲老人生性宽厚，志向高洁，虽生于阡陌之中，然特立独行，坚持自己原则和信条，有别于"凡人誉之，则自以为有余；凡人沮之，则自以为不足"之人，半世辛劳，为儿女目光远眺，独挑生计重担，劳作之余，不忘读书，此诚人之楷模也！

史惠香：半世起落旧军属

拍摄时间：2008年12月2日。

史惠香，甘肃省临泽县蓼泉乡人，1917年出生，属蛇，时年91岁，5岁裹脚，17岁结婚，育有3子，8个孙子，2个重孙，丈夫2000年去世，寡居8年。

老子《道德经》中有句传世名言："祸兮，福之所倚；福兮，祸之所伏。"祸福相生，是中国古代生存哲学的基本理念。从灾祸中吸取教训，可以得到幸福；从幸福中丧失警惕，或许潜伏着灾祸。孟子说："鱼，我所欲也；熊掌，亦我所欲也，二者不可兼得，舍鱼而取熊掌者也。"先贤对于得与失、起与伏的论述充满了智慧和哲理，但是对于凡夫俗子、普通百姓，在得与失的选择面前总会有一些迷茫。

早在十四五岁的时候，史惠香就是远近闻名的小脚，且知书达理，举止端庄，提起史家女儿，乡邻无不交口称赞，父母亲颇以女儿为荣。

17岁，父亲在众多乡绅子弟中挑选了他后来的丈夫。丈夫毕业于赫赫有名的黄埔军校，年方21岁，就已经是连长，一身戎装，英姿勃发，可谓前途无量。婚后不久，史惠香随丈夫在兰州安家落户，农家女进了大城市，坐享其成、衣食无忧，其乐悠悠。

数年后，丈夫升迁为营长，驻地恰是家乡临泽故土，史惠香也跟着回到了家乡，和公婆住在一起。丈夫虽恪尽职守，但因秉性耿直，被他人排挤；时值抗战，马家军不思报国，却抓紧搜刮民脂民膏，满腔热血的丈夫报国无门，又看不惯马家军的军阀作风，毅然辞职回乡耕田为生，后内战爆发，丈夫越发心灰意冷，从此不再做复出之念。

1950年，史惠香的家乡解放，土地改革开始，家里的土地被重新分配，史惠香也从少奶奶沦为普通百姓，开始和丈夫一起自食其力，参与劳动。1951年，"镇反"运动中，丈夫因为当过国民党的军官，受到审查，1956年"肃反"运动开始，再次被划入清查之列，整天不是无休止的交代问题，就是没完没了的批斗。史惠香想不通，就跑到政府说明情况，政府调查后确认他是于1944年即已经脱离马家军，且没有与人民为敌，是个有爱国思想的旧军官，从此再没有批斗，日子重归平静。1972文化大革命"清理阶级队伍"时，又一次被列为"国民党残渣余孽"，受到冲击。

2000年，历尽风雨的丈夫因病辞世。

史惠香老人17岁初为人妇，随丈夫居于都市，坐享其成，其乐悠悠。年稍长，与公婆为伴，举家和睦，安谧清净，爱子绕膝，岁月静好。35岁始，家中一波未平一波又起，整日担忧、夜夜彷徨，持续20载余。观其少年玩伴，嫁作农妇，虽生活清贫，却一生平静，无起无落……世事沧桑、变化无常。祸福相依，个中缘由，谁能懂得？

221　最后的金莲

最后的金莲　224

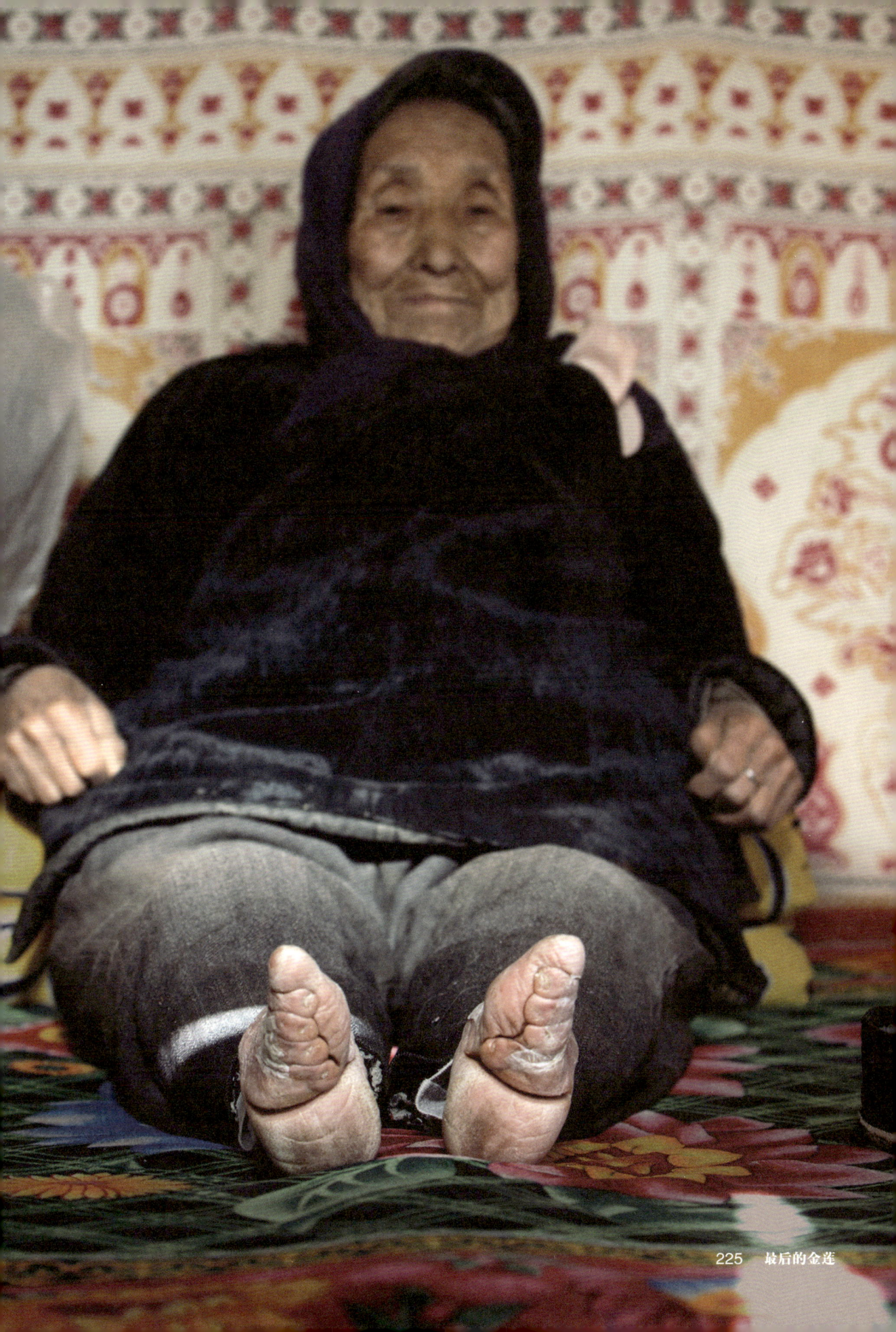

225 最后的金莲

于改生：心锁难开哀声穷

拍摄时间：2011 年 6 月 21 日。

于改生，甘肃省灵台县县城十字街人，1916 年出生，属龙 2011 年 9 月辞世，享年 95 岁，育有 1 子 2 女，3 个孙子，3 个重孙，丈夫 1960 年去世，寡居 51 年。

于改生 7 岁父母双亡，被送往谈家做了童养媳。一到婆家，第一件事就是裹脚，才裹脚时，疼得实在没办法，就推着石磨转圈，这样既能走路不摔倒，还能让双脚失去知觉，减少疼痛。

20 多岁，老人先后生下一子两女，然而就在小女儿 4 岁时，丈夫因病辞世，孤苦无依的她和三个孩子艰难度日。斗转星移，十多年含辛茹苦，三个孩子相继考上了大学，毕业后都有了一份不错的工作。儿女生活如意，对老人也十分孝顺，家里大小活计从不让她干，好吃好穿也都供得足足的。

然而舒心日子并没有过几年，20 世纪 90 年代末，老人唯一的儿子因病去世，白发人送黑发人，老人一病不起，几欲丧生。病愈后，她又强打精神，和儿媳、孙子一起盘算未来的生活，每天起早贪黑，尽力做些家务。2011 年 9 月，尝尽人生苦难的老人与世长辞，去世的前几天，还在帮孙子上街买菜。

人生有"三不幸"，是为"少年丧父，中年丧夫，晚年丧子"，任何人遇到其中一个，都是人生之大不幸，然而于改生老人却尝尽了这"三不幸"，其中之苦，正如金圣叹绝命诗"莲子心中苦，梨儿腹内酸"所含寓意。老人已矣，呜呼！冷雨瘦马月不明，荒村野道古庙倾，日出复得云漫天，心锁难开哀声穷，尽书此文化纸钱，一纸哀书过鬼门。但得阎君慧眼开，莫使于氏哀来生！

227　最后的金莲

王存香：泪血溶入儿女身

拍摄时间：2011年6月29日。

王存香，陕西省武功县苏坊镇岗上村人，1923年出生，属猪，时年88岁，7岁裹脚，18岁出嫁，育有5子4女，20个孙子，2个重孙，丈夫2000年去世，寡居11年。

自从有了孩子，王存香就像世界上所有母亲一样，一生都快乐着儿女的快乐，痛苦着儿女的痛苦。

因为子女众多，王存香老人需要付出比别人更多的精力才能勉强度日。虽然常常缺衣少食，但是儿女们得到的母爱却不比世间任何一个孩子少。她不分寒暑，日夜劳作；对待子女，大爱无疆。孩子们小的时候，相继上学，寒冬腊月，老人烧水做饭，在灶口把他们的棉衣棉裤烤热乎，才叫他们起床，出门前，手里再塞上热乎乎的馍馍；夏日炎炎，她每天从地里干完活，一回家都是先给孩子们熬点野果汤，让他们消食解暑；如果孩子们拿着考了高分的试卷开开心心回来，劳累了一天的她也会脸上笑开花；就是孩子们有时候淘气不小心划伤了手脚，她都会心疼得"脸上的肉一跳一跳"的。村里人都说，王存香的心思全在儿女身上。

眼看孩子们的孩子都快长大成人了，老人还是闲不住，终日忙前忙后，不是扫院种菜，就是养鸡喂猪。但是小脚的她毕竟年事已高，81岁的一天，干活时不慎摔倒，当她在医院里醒过来后，担心拖累子女，就用含糊不清的话语努力对医生说："让我死，我不能拖累娃娃。"出院后，当看着儿女们都舍不得她时，又用含糊不清的话语说："我要活100岁，看我孙子生娃娃。"后来她按照医生的要求，坚持自己锻炼，慢慢地能坐起来，还能坐在轮椅上让人推着走，儿女们为此也都十分欣慰。

病情有了好转，老人又闲不住了，整天转动轮椅，不是抬起胳膊擦桌子，就是弯下腰身拔草，还常常笑着对邻居说："立木顶千斤，麦秆顶三斤，我能给娃娃帮点忙就尽量帮点忙，就算闭上眼睛了，心里也就舒展了。"

相传慈禧太后在其母70寿辰时，题诗一首曰："世间爹妈情最真，泪血溶入儿女身。殚竭心力终为子，可怜天下父母心！"王存香老人的故事，正是天下父母的真实写照，然而坊间也有俚语："父母心在儿女上，儿女心在石头上。"倘若人人都能像父母对待儿女一样对待父母，何愁人间难得清明，大道不至？

李银胡：新婚旧事心有霾

拍摄时间：2008年8月6日，2009年7月7日。

李银胡，陕西省澄城县人，1918年出生，属马，时年90岁，8岁裹脚，17岁出嫁，育有2子3女，9个孙子，2个重孙，丈夫2005年去世，寡居3年。

20世纪20年代和30年代，关中匪患严重，据史料记载，仅小股土匪人数就不下七八千，更别说一些打着正规军旗号的部队，为筹措军饷，常常假扮匪徒，夜闯民宅，抢夺粮食与财物。李银胡老人的家乡澄城县更是因为军阀混战，属无所依，一时成了土匪恣肆的福地。

为躲避匪患，常常每十多户人家或一个村落修筑一座城堡，日落紧闭大门，日出开门外出，夜间还要组织人员站上城墙巡逻，遇到小股土匪，则以猎枪抵抗，遇到大股土匪，为免除抵抗带来的杀戮，常常由堡子里有威望的老者和土匪谈判，出钱出粮，以保全村平安。

李银胡17岁那年，嫁进了邻村一座堡子。结婚那天，她看见有许多青壮年站在堡子的围墙上，说是防土匪侵扰，没想当天夜里，土匪真的来了。半夜，李银胡被枪声惊醒，想叫醒丈夫，但丈夫喝醉了，怎么喊都起不来。按照村里的规矩，一旦土匪来了，家家户户都得出人。可公婆年迈，小叔年幼，无奈，在公公的安排下，她只好拿起一杆土枪，随着村里的人一起爬上堡子的墙头，就在那天夜里，她稀里糊涂地放枪时，竟然打死了一个土匪，为此她懊悔了一辈子，说那是作孽，并在晚年皈依佛门，为自己打死的土匪超度。

佛教以为，杀人偿命，又以为被杀者是因为前世之恶因，才有今生之恶果。李银胡老人在大喜之日杀死土匪，既为时势所造，也为情势所迫。如今太平盛世，处处善因善果，老人如若明白，当一驱心头阴霾！

张秀珍：陕北妮子关中婆

拍摄时间：2012 年 8 月 5 日。

张秀珍，陕西省周至县终南镇人，1920 年出生，属猴，时年 92 岁，6 岁裹脚，18 岁出嫁，育有 3 子 1 女，5 个孙子，3 个重孙，丈夫 2007 年去世，寡居 5 年。

当我走进张秀珍老人家里时，因为不小心滑倒摔坏了腿的老人正在床上休息。听说我想给她拍些照片，老人爽快地答应了。因为屋里光线不好，我提出能否让老人在院子里拍时，性格直爽的孙女说了句"没问题"，就一把抱起光着脚的老人，径直走出了屋子。

看见孙女不打招呼就抱着自己出门，老人一边咯咯地笑，一边用陕北味十分重的方言说："我孙娃子到底是我们陕北的妮子，性子和我一个样。"这时候，我们才知道老人原来是陕北人。老人告诉我，她 14 岁那年，在国民党队伍里开了小差的父亲托人捎信说，自己在周至开了个豆腐店，生意还不错，让妻子和儿子闺女到关中来落户，因为自己要照看小店走不开，让他们自己过来。收到父亲的信后，母亲和 19 岁的哥哥变卖了唯一的一孔窑洞，收拾了一些能用得上的东西后，就推着一辆独轮车上路了。

"整整走了四个多月，我和我妈都是小脚，疼得走不动，就让我妈坐在车车上，我在前边拉一根绳子拽，我哥哥在后边推，到周至的时候，我的鞋底都磨得没有了，就剩下一层裹脚布，真苦得没法说！"老人一边捻着棉线，一边给我讲着她走关中的故事。采访结束的时候，孙女又抱着她要进去了，老人在孙女的怀里回过头大声对我说："这一两年要死不了，我想回陕北一趟，娃娃们都答应了，打我离开，到现在还没回去过。"说这句话的时候，看起来瘦弱的老人声音十分响亮，根本不像一个 90 多岁的老者。

从陕北到关中，再回望陕北，淡定而乐观的张秀珍老人直言生死，却丢不下沧桑故园。其实无论是帝王的"威加海内兮归故乡"，还是游子的"少小离家老大回"，到了生命的最后一程，也要站上"望乡台"，无一例外地要回望故园。所有这些，都是人们寻找一个温暖的归宿而已。

最后的金莲　234

235　最后的金莲

张氏：指腹为婚定终身

拍摄时间：2012年8月23日。

张氏，陕西省周至县尚村镇人，1922年出生，属狗，时年90岁，9岁裹脚，17岁出嫁，育有3子3女，11个孙子，9个重孙，丈夫2010年去世，寡居2年。

张氏告诉我们，说她17岁那年，家里来了一老一少两个补锅匠。因为自己的脚没有裹好，太肥了，父母担心女儿嫁不出去，就把自己白送给了小补锅匠。

老人70多岁的长子讲，其实母亲和父亲还没有出生时，外公和爷爷就想着联姻，一生下来刚好一男一女，就定好了亲事，但后来收了聘礼的外祖父想悔亲，又不想退还聘礼，爷爷就带着父亲到外祖父家里把母亲强行带走了。母亲所说的一老一少两个补锅匠，老的是爷爷，小的就是父亲。爷爷和父亲带走母亲，外祖父因为理亏，就没有闹事。

但张氏这辈子一直生气自己没有办过婚礼，常常责问父母，后来父母被问得急了，就编造了她因为脚大被白送人的谎话，却让老人深信不疑，以至于后来告诉真相，她都不信。

"指腹为婚"曾为旧时的婚姻风俗，流行于全国广大地区。民国初年，陕西关中一带尚沿用此古风，今已完全废除，婚姻自由，父母之命不复在焉，自己婚姻，自己选择，自己未来，自己裁定，不亦快哉！

237　最后的金莲

肖袁氏：半世"围城"半世乐

拍摄时间：2012年4月1日。

肖袁氏，安徽省砀山县人，1916年出生，属龙，时年96岁，9岁裹脚，19岁出嫁，育有2子，5个孙子，4个重孙，丈夫2001年去世，寡居11年。

肖袁氏和当地大部分老人一样，勤劳质朴，一生经历无数坎坷和磨难。但和别人不同的是，她有些"不务正业"——喜欢打麻将，因此，和周围村庄的老人们也相熟，甚至村里的年轻人没事也和她聚在一起摸几圈。用时下流行的话说，老人"快乐指数"很高。

老人小的时候，父母在街面上开了一家茶馆，乡下人农闲时聚在这里，喝茶、搓搓麻将。在这样的环境中成长，肖袁氏不仅学会了打麻将，而且悟到麻将里的玄妙。后来家里来了打牌的，一旦"三缺一"，父母就让她上桌子，时间久了，手艺就越来越娴熟，还常常赢些零花钱。解放后，老人和村民一起，投身于轰轰烈烈的大生产，修水利、建农田、拓大道，也就慢慢忘记了围城之乐。

改革开放后，打麻将慢慢又成为一种喜闻乐见、老少咸宜的娱乐方式，老人让孙子买回来麻将，闲余时间坐在院子的树下和村里的老人们摸几圈，边聊天边打牌，谁家生了孙子、谁家闺女出嫁、谁家盖了新房都在"围城"之乐中得以了解。

采访完老人，忽然想起有人在牌场悟出的人生心得：一是人生如牌，启一手好牌，不见得能打出一个好结局；拿一手孬牌，不见得就要糟糕收场；不论发到你手中的牌如何得糟，你都要认真出牌，打出最好的结果。二是打牌需要技巧更要实力，你可以三十六计全用上，但无论如何，手中必须得有用得上、打得出的牌，要不你只有输。

239　最后的金莲

张玉兰：不舍佛前供莲花

拍摄时间：2013 年 3 月 9 日。

张玉兰，甘肃省临夏县莲花镇贾家村人，1926 年出生，属虎，时年 87 岁，6 岁裹脚，17 岁出嫁，育有 1 子 1 女，2 个孙子，1 个重孙，丈夫 2000 年去世，寡居 13 年。

张玉兰老人小时候，家乡有许多寺庙，常常有喇嘛活佛被村人请到庙里，弘扬佛法，广布善德。受村里一众善男信女的影响，老人自幼就笃信佛祖、膜拜观音。每日几乎都要去庙里擦拭殿堂的灰尘，清除院子里的杂草。还常常听村里的大人说，佛前青莲，出污泥而不染，身死根不灭，谁要在佛前供奉莲花一朵，就会功德无量。

但在地处海拔 1,900 米的黄土高坡上，自然不会生长莲花，后经居士指点，老人才知道用布料缝制莲花，也能供佛，遂跟着她人学会了绣莲花，并把做好的莲花每月都要供奉给寺庙。出嫁后，距离寺庙远了，但她依然不忘给佛前供奉莲花的事，每月初一，不管刮风下雨，都要把亲手缝制的莲花送到庙里去。

"文化大革命"开始后，各地都拆庙毁佛，老人给佛前供奉也被看成了是宣扬封建迷信，一度受到了"造反派"的批斗，家里缝制莲花的彩色布料和丝线也被没收，但她并没有停止内心的信仰，常常在夜深人静的时候，用白纸剪成莲花，一朵朵地收集好，放进黄河里，并祷告运动快些结束。改革开放之后，各地寺庙纷纷落成，原来地处黄河岸边的清净寺也在距离老人不远处修建了起来，善男信女又一批批地来到寺里，学佛法，弘善德，老人内心也十分欣喜，买了许多彩色的绸缎，每月照例绣好莲花，或供与寺庙，或赠与游人。

子孙陆续长大，农村的日子也一天好过一天，老人常教育儿媳、孙媳说，佛祖菩萨以慈悲之心关爱世人，世人也当以清净良善之心回报佛祖菩萨，多做善事，多行善德，多存善心，要像佛前的青莲一样，内心纯净强大，不着污垢，身死根不灭。在老人的影响下，她的子女也都笃信佛法，常以做善事为世间乐事，颇为乡邻称道。

张玉兰老人多年佛前供奉莲花，洗尽内心尘埃，以对佛法的信仰匡正自己的人生，同时也匡正了子女的人生。千百万默默无闻的农村妇女代代薪火相传人间至善，这种精神的力量对于和谐社会建设、良好风尚的形成、正能量的弘扬都有着积极的意义。

241　最后的金莲

243　最后的金莲

韩芳英：真假难辨蝴蝶梦

拍摄时间：2012 年 3 月 28 日。

韩芳英，山东省莱芜市方下镇孟官庄人，1929 年出生，属蛇，时年 83 岁，7 岁裹脚，15 岁出嫁，育有 3 子 1 女，9 个孙子，3 个重孙，丈夫 2007 年去世，寡居 5 年。

《庄子·齐物论》"蝶梦"曾经有一段有趣的描绘："昔者庄周梦为蝴蝶，栩栩然蝴蝶也，自喻适志也！不知周也，俄然觉，则蘧蘧然周也，不知周之梦为蝴蝶与，蝴蝶之梦为周与？周与蝴蝶，则必有分矣，此之谓物化。"庄子晓梦蝴蝶，难分蝴蝶与己，世间也有很多人对过往之事难分梦境与真实，韩芳英老人就是如此。

老人幼时，山东一地政治、经济相对稳定，全家过了几年太平日子，7 岁时和村里其他女孩子一样裹了脚，整日在田间地头攀爬玩乐，但好景不长，抗战爆发，当地学校奉命南迁，壮年男子几乎都从了军，家族亲属多有被召用者。韩芳英常常被父母半夜抱着东躲西藏。那时候周围几乎天天打仗，炮声轰隆、震耳欲聋。村子里几乎天天过队伍，人们都不敢出门，一阵子国军来了，一阵子日本人来了，再过一阵子共产党来了。七八岁的一个早晨，韩芳英和村里几个孩子相约到铁路边去挖野菜，腿肚子被日本人的流弹击中。村子里卖豆腐的老王将她救了下来，多年以后，韩芳英才知道，老王是游击队的一个头儿。解放后，老王到村子里还来过，给村里几个老人每人送了一顶日本人冬天戴的皮帽子。

解放后，村子里发生了天翻地覆的变化，分田改土、兴修水利、大炼钢铁、跑步学大寨，老人俱亲身经历，回忆起来，老人分不清这半个世纪的如烟往事，哪个是真实的，哪个是梦境。

韩芳英老人半世经历较常人更为跌宕，初裹脚，玩乐于田园巷陌；后乱世，腿部中枪，数载行动不便；年稍长，遇家门别离生死；及年长，逢百废待兴之时。半世辛劳半世苦，其中滋味谁知晓，老人将一切都看成了云烟，在她的世界里，梦境和真实最终皆成梦境，还不如将这浮生看作好梦一场。

245 最后的金莲

王德英：一年痛失六儿郎

拍摄时间：2012年4月4日。

王德英，甘肃省皋兰县石洞镇东湾村人，1923年出生，属猪，时年89岁，5岁裹脚，15岁出嫁，育有1子、3个孙子、1个重孙，丈夫2000年去世，寡居12年。

1923年农历12月14日，王德英出生在皋兰县石洞镇一个地主家里。因为她是第一个女儿，父亲对她的出生十分开心，专门办了满月宴。5岁那年，在她凄惨的哭叫中，父亲请来脚婆给她裹脚。15岁那年，一个远方姨娘来到家里给她提亲，做媒婆的姨娘将对方说得天花乱坠，父亲没有做进一步了解，就仓促答应了这桩婚事。

就在王德英即将举办婚礼时，父亲才知道，未来的女婿只是一个老实本分的长工，受骗的父亲十分震怒，但女儿婚配一事，早已遍告亲朋，如果反悔这门亲事，有悖于他做人的信条。无奈，父亲只好咬牙将掌上明珠下嫁长工杨慈东。

婚后，丈夫杨慈东就带着她去兰州打短工，两人在兰州时，受到了王德英父亲的接济，开了一间醋坊，日子慢慢地安定了下来。王德英从23岁起，接连生了6个孩子，日子原本安稳太平，但天有不测风云，20世纪60年代初，殃及全国的大饥荒使老人的6个孩子在一年内接连夭折。无法忍受丧子之痛的王德英老人疯了，村里人看到她的状况后都说她活不下去了，好在丈夫精心照料，才使她没有发生什么意外。4年后，病情略有好转的王德英又生了一个男孩，这个孩子的降生，使王德英的病情竟然慢慢地好了起来。老人的儿子告诉我，尽管母亲此后不再疯疯癫癫了，但只要一提起她夭折的几个孩子，就会浑身发抖。

雨中黄叶树，灯下白头人。人之苦痛，莫过于失去亲人，王德英老人负骗婚之辱，小脚伶仃80年余，承受丧子之痛半个世纪，常人必生不如死，但这位小小身躯的老人身上却迸发出巨大的能量，战胜了这些炼狱般的磨难，其身上闪烁着的人性光华，岂非当今放大苦难者、无病呻吟者的一方明镜？

247　最后的金莲

水永合：陋室祖孙两相依

拍摄时间：2012年6月20日。
水永合，甘肃省平凉市崆峒区白水镇人，1927年出生，属兔，时年85岁，8岁裹脚，17岁出嫁，育有1女，1个孙子，丈夫1999年去世，寡居13年。

在自家的土炕上，水永合老人一边做布鞋，一边给我讲述自己的故事。

很小的时候，村里传唱一首歌谣："缠小脚嫁秀才，吃白馍，就肉菜，不缠脚嫁瞎子，糟糠饽饽就辣子。"哪家女儿不裹脚，就找不到好婆家。

8岁那年，母亲给她裹脚，记得母亲用2寸多宽的布条紧紧地往她脚上缠，边缠边把脚指往下屈，疼得她哭天喊地，连嗓子都哭哑了，后来脚部感染，一根脚趾坏死断掉。每次母亲为她紧裹脚布，都要含泪给她讲一个理儿，说裹脚都是为了她好，让她受一时之苦，是为了她一生少吃苦。

17岁时，水永合嫁给财主家里的长工，丈夫因为人老实本分，勤快能干，财主就把他收为义子，替他出了所有的彩礼，并给他们一口栖身的窑洞。婚后，丈夫安心做长工，水永合则料理家务，并生了一个女儿。女儿长大后，两口子招了一个上门女婿，女儿生下外孙的第三年，因为和丈夫感情不和，离婚另嫁，把不到三岁的孩子扔给了老两口，憨厚的女婿也没有再娶，依旧和她们生活在一起。1999年，水永合的丈夫和女婿相继离世，从此她和外孙相依为命。问她和女儿是否再见过面时，老人摇头叹息，十几年前丈夫去世时来过一回，从此再没有见过，听说过得也不太好。

曾巩《谢杜相公书》云："以孤独之身，抱不测之疾，茕茕路隅。"水永和老人在女儿当初离她而去时的境况，也一定是"茕茕路隅"。所幸的是，憨厚的女婿、贤良的外孙为她奉养天年，慰其内心之孤独。只是女儿鸦鸟生翼，给老人留下孤独与痛苦的时候，想必也给她留下了难言的悔恨！

最后的金莲　250

王李氏：旧林七十八年前

拍摄时间：2012年3月28日。

王李氏，山东省莱芜市方下镇人，1916年出生，属龙，时年96岁，6岁裹脚，18岁出嫁，育有3子2女，9个孙子，5个重孙，丈夫2000年去世，寡居12年。

方下镇是莱芜市的一个小镇，位于莱城西10公里左右，是大棚蔬菜之乡，素有全市"菜篮子"之称。当地近年来大力发展绿色温室蔬菜，让大部分农民过上了富足的生活。在我采访的这个村庄，致富后的村子里所有的院落都极尽华丽，争纷呈现着现代农村的富足，只有一户院落看上去极为古旧，依然还是土坯围墙、土坯房子，96岁的王李氏老人就生活在这里。

老人自18岁至今，除去战乱逃荒，就一直生活在这个老屋，日出而作、日落而息，一晃快80年了，院子里的一切依旧是当年她嫁过来的模样。前些年，家人曾找人把屋子简单地修补过一次，劝她一起进城，但老人在这院子里住惯了，哪里也不想去，最后家人只好由她。

人老了，生活要求很低，子孙们轮流将衣物送回来，倒是衣食周全；偶尔生病，邻居们也很热心，帮她求医看病。这个祖上的老屋，在她的眼里，就像一棵树，长在这里，孩子们永远都是有根的人。

"羁鸟恋旧林，池鱼思故渊。"老人和记载她人生轨迹的"旧林"共度78载，这在信息化时代绝对算得上是一个人间奇迹。

253　最后的金莲

最后的金莲

刘氏：身轻步健百岁媪

拍摄时间：2012年4月1日。

刘氏，江苏省丰县赵庄镇大刘集村人，1908年出生，属猴，时年104岁，7岁裹脚，17岁出嫁，育有6子4女，37个孙子，18个重孙，3个玄孙，丈夫1987年去世，寡居25年。

丰县隶属江苏省徐州市，古称"丰邑"，因为是汉高祖刘邦故乡，有"千古龙飞地、一代帝王乡"的美誉。该县历史悠久、人文昌盛，不但名人辈出，且长寿老人众多。我镜头中的刘氏就是当地有名的寿星。老人如今已有104岁，看起来神清气爽，走起路来腿脚十分快捷。以至于在我拍照时，不停地追在她身后招呼着，担心她摔倒。

老人住在路边一幢新盖的院子里，听说要给她照相，便立即起身，带着我们朝不远处的老院子走去，快到老院子门口的时候，一根木椽挡住了她的去路，老人见状扔掉拐杖，弯腰抱起木椽，"哐啷"一声把木椽扔在了路边，然后摸出钥匙，三两下就打开了老院的大门。

"就坐在这里照，这房子是我盖的！"一进老院子，老人就抓来一把小凳子，几步走到一幢老屋前一屁股坐下去，随便理了一下头发，大声对我说。老人要和她亲手盖起来的老屋合影，也许因为她知道，老屋如老友，存储着她的全部历史，记录着她的真实人生。她的85岁的儿媳听说要给婆婆照相，找来梳子要给婆婆梳头，神态恭敬，细心周到。这个画面让在场的人都感慨了起来。

婆媳关系是中国家庭内部人际关系中的一个传统难题，民间曾有俗话说："婆媳亲，全家和。"在老人85岁的儿媳为她梳头的这个细微动作中，我忽然想，儿媳梳理的，是婆婆百年的华发，还是中国社会千年的家庭情结？如果婆婆老了，如果你也能拿得起那一把木梳，你是否会抬起臂膀，为你眼前的老人梳理头顶的华发，梳理一下这个"传统难题"？

257　最后的金莲

李列列：讷言敏行心如水

拍摄时间：2012 年 7 月 21 日。

李列列，陕西省眉县常兴姚柳村人，1924 年出生，属鼠，时年 88 岁，7 岁裹脚，18 岁出嫁，育有 4 子 2 女，9 个孙子，6 个重孙，丈夫 2001 年去世，寡居 11 年。

李列列生于中医世家，父亲医术精湛，医德高尚，从小就教育孩子们要"讷于言而敏于行"。在父亲言传身教下，兄弟姐妹们秉承了父亲沉着冷静的个性，为人稳重，说得少，做得多。

7 岁时，父母找人为她裹脚，虽然疼痛钻心，她也只是默默流泪，未吭一声。出嫁之后，因为勤劳诚实，踏实苦干，深得公婆欢心。后来有了子女，老人也像父亲当年教诲她一样，对孩子们要求很严，子女们个个真诚待人、公平处事，在乡邻间口碑很好。孙子们相继出世后，老人除了在生活上悉心呵护，在教育上也从不放松，孙子们有什么不当之处，她都会苦口婆心，耐心教导。她常说，人就像树木，不剪不成材。

2006 年，老人突患脑溢血，虽然抢救及时，保住了生命，但却失去了语言功能，村人都以为老人口不能言，内心必然焦躁，然而老人依然如故，早睡早起，十分安详。

列宁曾经批评过一种语言上的巨人、行动上的矮子，热情赞美过"行动的巨人"，李列列老人正是后者，她幼年受传统教育影响至深，身体力行圣人"敏于行而讷于言"之古训，一生勤劳朴实，恩泽三代。生活中常有一些语言的巨人，每日都在规划着人生，最终却一事无成，与老人两相对照，其意自明。

259 最后的金莲

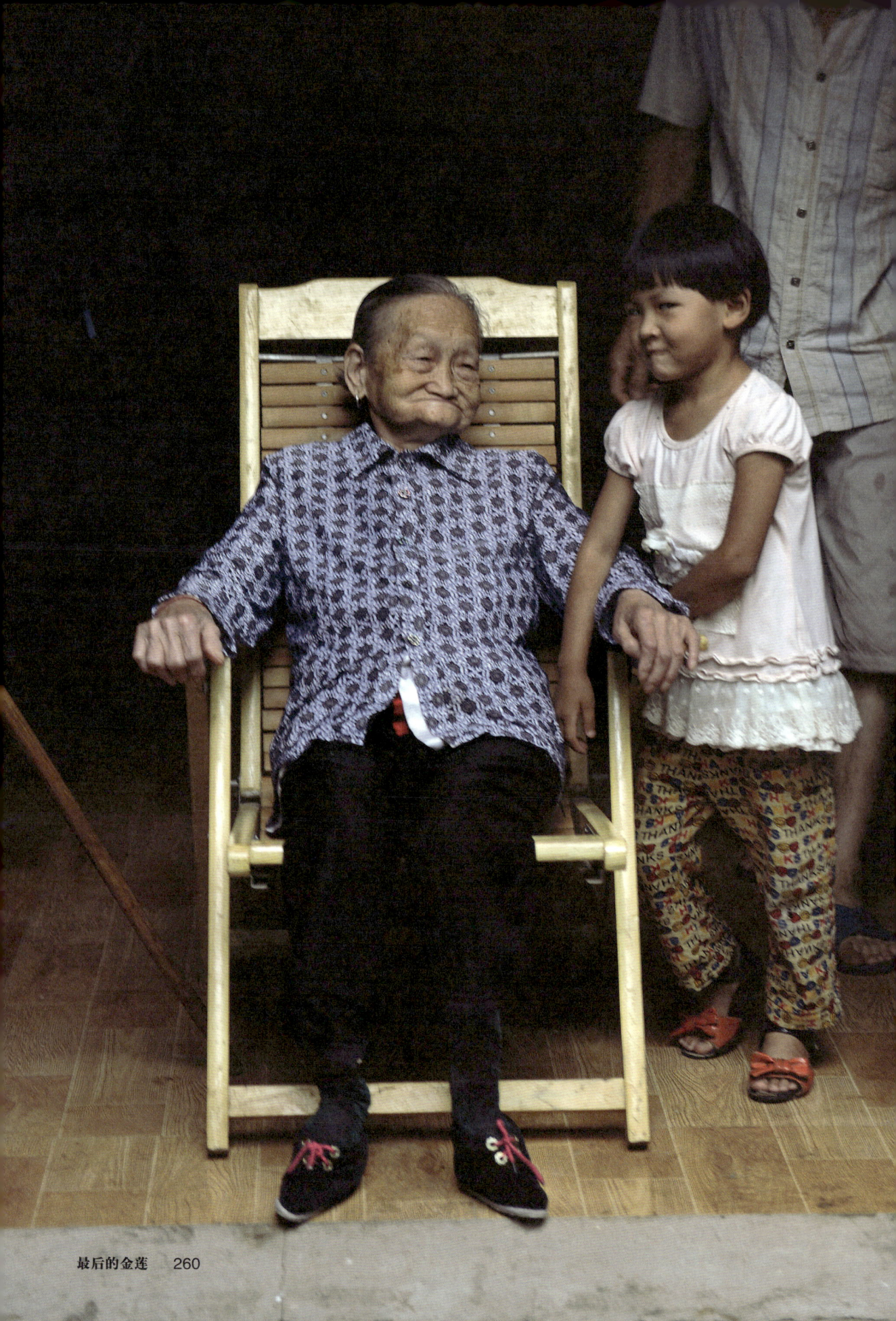
最后的金莲

何改变：华都因循守旧人

拍摄时间：2012年7月23日。

何改变，山西省夏县尉郭乡西董村二组人，1916年出生，属龙，时年96岁，7岁裹脚，19岁出嫁，育有3子，8个孙子，2个重孙，丈夫2003年去世，寡居9年。

夏县古称安邑，历史悠久，4,500年前，我国奴隶社会第一个王朝——"夏王朝"在此建都，战国时魏国也曾在此建都，号称"华夏第一都"，是中华民族的发祥地之一。这里民风淳朴，古风流传，当地许多上了年纪的人很排斥外来新鲜事物。我采访的主人公何改变老人就是这样一个人。

何改变老人生于"五四"前，父亲接受过当时的西学，为女儿起名"改变"，意在让她成为新式女性。然而7岁那年，因为邻家女伴纷纷缠足，孝顺的父亲尽管十分不愿意给女子裹脚，但因为拗不过祖母，只好请人给她裹脚。嫁人时，父亲曾经希望女儿能够自己做主，选择个好人家，但是又被祖母斥之为"伤风败俗"，最后依然和当地所有的女孩一样经历了父母之命、媒妁之言。

成年后，何改变和所有当地的已婚女子一样，生儿育女、相夫教子、侍奉公婆、日夜耕作，没有像父亲期待的那样，改变了古老相传的妇女命运。老人的一生，几乎完全符合上古流传下来的妇女规范，谨言慎行、宽厚仁慈、富有牺牲精神。同时也对家国天下漠不关心，时年中原大地风云际会，她却"不知道谁打谁"；抗战爆发，政府征粮，她说"没有粮了孩子咋办"；解放后，遇上60年代大饥荒，还曾经偷过粮食，"挖过社会主义墙角"。

对于新时代，老人有太多看不惯和不适应：看不惯女孩子穿短裙；看不惯小伙子留长发；看不惯年轻人动不动就离婚；看不惯饭馆子吃喝浪费风。电视里的假广告不适应；马路上的车太多不适应；城里人际关系很淡漠不适应；老人和子女分开住不适应。正是有了许多看不惯和不适应，老人对新生事物有着本能的抵触。尽管照相机在村子里早就普及了，但何改变从来没有照过一次相。90岁的那年，儿孙们想给她留一张影像，作为将来的遗像，老人坚持不肯，无奈，家里人只能请来一个画师，给她画了一张素描。

2012年7月23日，太阳西下的时候，我赶到了老人的家里，提前赶到的向导正反反复复地做她的工作，说拍摄小脚老人是为了给后人们留个念想，老人思索了半天，才勉强答应。

何改变老人没有能像父亲期待的那样成为新式女性，但她也带给我们许多思考：是原始部落精神回归下那个充满温暖信任的居住年代幸福呢，还是高楼大厦独门别栋中风雪夜归人的景象更动人？是奢靡攀比的社会更进步呢，还是勤俭节约应该成为社会风尚？如今科技发展了，社会进步了，为何越来越多的人却偏离了道德轨迹？老人一生不知生活的意义，却对它有充沛无法诉诸的努力，我们以冠冕堂皇的理由寻求进步，却常常找不准人性的底线！

263　最后的金莲

陈淑珍：一夕残照对空巢

拍摄时间：2012年6月20日。

陈淑珍，甘肃省平凉市崆峒区白水乡王寨村人，1922年出生，属狗，时年90岁，7岁裹脚，19岁出嫁，育有1子夭折，后抱养1子，1个孙子，丈夫1967年去世，寡居45年。

有人说，苦难是人生伟大的财富，但如果从头到尾都在苦难中度过，就是悲哀了。陈淑珍老人5岁丧父，6岁裹脚，7岁丧母，由其四叔将她抚养长大。婚后又和丈夫做长工，缺衣少食。25岁时有了自己唯一的孩子，却在十多岁时夭折，儿子死后两年，丈夫也因病离世。后经人介绍，抱养了一个儿子，一生便未再婚。

20世纪80年代初，陈淑珍的儿子娶妻生子，数年后感情不和离异，家里就剩下她和儿子、孙子三个人了。儿子外出打工、解决一家生计，陈淑珍在家抚养孙子，一直持续至孙子技校毕业。前几年，孙子经熟人介绍在新疆找了份工作，因路途遥远、工作繁忙，故而极少回家。儿子则在离家数十里外的一家砖厂打工，常年的重体力劳动，使他也疾病缠身，为节省开支，常常半月左右回家一趟。

如今老人年过九旬，但依然勤劳，土院清扫得十分干净，柴火也堆放得整整齐齐，家具简陋却纤尘不染。如今最大的难处是无力将水挑回，最大的心愿是孙子能娶媳妇，最大的遗憾是自己帮不上孙子的忙。多少年的苦难让老人对上苍无比敬畏，对所有不幸，直说都是"天意"。

据统计，在我国1.67亿60岁以上老人中，"空巢老人"占了一半。他们在心理上存在不同程度的焦虑、不安、孤独、失落、抑郁等情绪。与病痛等肉体上的伤害相比，缺乏精神慰藉对许多"空巢老人"来说是一种更大的伤害。如何让诸如陈淑珍一样的老人老有所养、老有所依，是每一个有良知的人应该关注和思索的话题。

265　最后的金莲

杨金环：马嵬坡下"杨贵妃"

拍摄时间：2012年6月29日。

杨金环，陕西省兴平市马嵬镇人，1917年出生，属蛇，时年95岁，8岁裹脚，19岁出嫁，育有3子，8个孙子，2个重孙，丈夫1989年去世，寡居23年。

杨金环老人的娘家距离唐贵妃杨玉环的墓地不到一里。老人小时候，常常去杨玉环墓地边上玩耍，等她知道古冢下这位叫杨玉环的女子是皇帝的妻子，而且美貌无边时，幼小的她曾为自己叫杨金环自豪不已。

杨金环六七岁的时候，村里和她一起玩耍的小孩子都叫她"杨贵妃"，后来叫顺了口，一直到她长大，大家还叫她"杨贵妃"。那时候她听到这个称呼十分开心。18岁时，杨金环出嫁，婚后大家依然习惯叫她杨贵妃。这个名字就整整伴随了她一生。

然而无论名字多么富贵，老人的前半生依然终日为过上一个安稳的日子愁断了肠。过去的年月，战乱不息，匪祸不断，整天东躲西藏；再后来遭遇大旱，曾经为一点食物甚至一株野菜和人争得头破血流。直至改革开放后，富庶的关中平原迎来了连年丰收，历尽苦难的老人才享受到了一点"贵妃"的待遇：可以吃饱肚子，可以穿着体面；村里通了水、电后，老人可以洗澡，还可以坐在铺着电褥子的炕上看电视，了解窗外的世界，还吃过当年贵妃吃过的岭南荔枝。

生逢乱世，无论贵妃杨玉环，还是民女杨金环，都不能躲避战乱之祸，逃脱流离之苦。杨玉环终不免马嵬坡下香消玉殒，令世人感叹不已；历尽劫难的民女杨金环却幸逢盛世，丰衣足食，儿孙绕膝。晚年祥和，贵妃有知，岂不要夸这人间幸事。

267 最后的金莲

薛氏：夜阑卧听河东去

拍摄时间：2012年8月7日。

薛氏，甘肃省临夏永靖县人，1921年出生，属鸡，时年91岁，7岁裹脚，16岁结婚，育有3子，7个孙子，3个重孙，丈夫2007年去世，寡居5年。

薛氏从11岁当童养媳后，就在黄河岸边的婆婆家里住了一辈子，听了一辈子黄河的声音。在她看来，黄河是一尊神，有七情六欲，有喜怒哀乐。30多岁那年的一个秋夜，她忽然发现黄河的水声与以往不同，声音沉闷急躁，而且时不时听到黄土坍塌的声音。薛氏摇醒了沉睡的丈夫说，黄河今晚生气了。丈夫醒来侧耳细听，感觉果然有些异常，就叫醒家人，牵着牲口从河滩爬到了半山坡的一个窑洞里。果然，天快亮的时候，河水上涨漫了河滩，许多人家遭了水灾，鸡鸭牛羊损失不少，唯独薛氏家里人畜安然无恙。还有一年，薛氏发现黄河水流异于往日，觉得不妙，就叫上全家人一起坐在院子外，结果那天发生了地震。

浩渺宇宙，地球如沧海一粟，苍茫大地，人类似蝼蚁一群，以人类之力量，只能认识自然，顺应自然，却断然不能改造自然，战胜自然。在这个意义上讲，那些如薛氏一样，以自己的变化顺应自然变化的人，才是智者！

杨菊娥："铁莲"嫁与"笨木匠"

拍摄时间：2012年7月23日。

杨菊娥，山西省夏县埝掌镇人，1922年出生，属狗，时年90岁，8岁裹脚，19岁出嫁，育有2子4女，17个孙子，6个重孙，丈夫1989年去世，寡居23年。

杨菊娥老人管盖房子的木匠叫"笨木匠"，管做家具的木匠叫"巧木匠"，她当年嫁给"笨木匠"，是因为一双"铁莲"。

"铁莲"杨菊娥19岁那年，因为脚大，上门提亲者寥寥无几，父母着急，自己心慌，直到当年秋天，一个老木匠带了一个小木匠来到家里修门窗。扫院子的杨菊娥一看进来两个陌生男人，丢下扫把就跑进了屋，结果这一跑，小木匠就对老木匠讲，这女子腿脚利索，能干活。老木匠领会了徒弟的心思，当天就给杨菊娥的父母提亲，正愁姑娘嫁不出去的父母当场允下了这门亲事。

婚后，小木匠慢慢地成了师傅，成了顶门立户的"笨木匠"，常常单独外出揽活，日子不宽裕，但也过得去。1989年9月，70多岁的丈夫因病离世，杨菊娥和小儿子就守在了丈夫修建的几口窑洞里，一直到了现在。

"这窑是他死的那一年的2月修好的，龙抬头才过。"杨菊娥指着其中一口向阳的窑洞说，窑洞门框上方雕刻有"1989-2-6"字样，"他就是闲不住，修个窑洞，还要在上面弄个字。"老人笑眯眯地说话，似乎丈夫就站在眼前。

窑洞起源于人类最早期的"穴居"。后来人们受到祖先这一启示，就在山体或丘陵中开挖洞穴，装上门窗，成为如今的"窑洞"。据研究，窑洞至今已有4,000多年的历史。今天，许多窑洞已经被新居所替代，不久的将来，窑洞都将成为农耕文化的遗迹，曾经蹒跚在窑洞里的小脚，也终将成为历史。

271 最后的金莲

樊玉莲：半世流离听福音

拍摄时间：2012 年 7 月 21 日。

樊玉莲，陕西省眉县槐芽镇十字街人，1922 年出生，属狗，时年 90 岁，8 岁裹脚，16 岁出嫁，育有 3 子，7 个孙子，5 个重孙，丈夫 1998 年去世，寡居 14 年。

樊玉莲 6 岁时，基督传教士布道正盛，人人都在传诵"因信得救"的福音。当地不仅修建了教堂，而且许多妇女受传教士的影响笃信上帝，在母亲的影响下，老人也开始信奉上帝。8 岁那年，家里准备为其裹脚，但教堂里的牧师认为裹脚是戕害孩子肢体，有违上帝意愿，但她母亲却认为，裹脚是祖先流传下来的规矩，上帝要信，祖先也不能不尊。在母亲的坚持下，樊玉莲被缠裹了小脚，成了一名年幼的小脚基督教徒。

自信奉上帝之后，老人每日都要虔诚地做功课，自我警醒，时常忏悔，使自己不做一件对不起上帝、对不起他人的事情，即使一粒米一滴水，她也不敢浪费，常常说食物是上帝所赐，浪费食物，就是不珍惜上帝赐予的恩爱；也从不和人争吵，说上帝珍爱世人，自己也应该珍爱世人。

出嫁后，尽管婆家无人信仰上帝，但她依然如故，每日都要面对圣像，检讨约束、忏悔自省。公婆丈夫见她自我约束十分严格，就对她信教不加干涉。后来有了子女，老人教育孩子也是和风细雨，即使孩子做错事，她也不急不躁、耐心说服，并劝导孩子们要信奉上帝，珍爱世人，热爱生活。"文化大革命"开始后，老人不能公开信教，就在家里每日祈祷，直至 2002 年，当地建起了教堂后，时年 80 岁的老人又走进了教堂。

村里人都说，老人一生笃信上帝，爱人自省，尽管一生十分忙碌辛劳，但从未见她有过一次抱怨，每日都是面带微笑，即使如今疾病缠身，也依然如此。

人世间最强大的力量就是信仰，信仰可以使意志薄弱者像岩石一样坚硬，可以使不名一文者像拥有世界般富有。樊玉莲老人一生珍爱他人，热爱生活，勇于付出，未尝不是宗教的力量。

273 最后的金莲

何菊莲：五十四岁始有名

拍摄时间：2011年6月4日。
何菊莲，甘肃省榆中县连搭乡石头沟村人，1926年出生，属虎，时年85岁，9岁裹脚，18岁出嫁，育有6子，14个孙子，丈夫2000年去世，寡居11年。

1926年，何菊莲出生于一个农户家中。当时，农村里的风俗就是生个男孩请先生起名，生个女孩子，就随便叫女子、女女，一直叫到出嫁。如果嫁给一个讲究的人家，会给她起一个名字，如果嫁给不识字的人，男人喊她就是"喂"，或者"娃他妈"。何菊莲小时候没有名字，一直就叫"何女子"。

1980年，国家统一办户口，村干部抓紧给村里十多个没有名字的老人起名，叫了半辈子的"何女子"被起名何菊莲。要不是办户口，当何菊莲知道自己起了一个非常好听的名字时，很不好意思，觉得自己一个农村老太婆，根本就不配有那么好听的名字。

在中国传统社会，千千万万如何菊莲老人者，她们身上有生活的重负、心情的郁闷、天性的压抑、情感的孤独、地位的卑微，但她们却忍让谦和、温柔顺从，为家庭奉献了一生。这种牺牲让人既欣赏又同情，既仰望又惋惜。

275　最后的金莲

郭学英："银莲"女子上战场

拍摄时间：2009年11月11日。

郭学英，甘肃省榆中县甘草店乡人，1928年出生，属龙，时年81岁，9岁裹脚，21岁出嫁，育有2子1女，6个孙子。

郭学英出生于书香门第，但从小生性泼辣，"不爱红妆爱武装"，喜欢舞刀弄棒。9岁裹脚时，因生性活泼好动，并不听从父母之言，她的脚也就长成了四寸"银莲"。

十几岁时，她泼辣的性格和不大不小的"银莲"骇走了很多前来提亲的人，直至21岁，才嫁了一个并不十分看重小脚的人家。新婚不久，即逢解放兰州的战役打响，老人和丈夫与当地穷苦百姓踊跃报名支援解放军，上了狗娃山战场。小脚女人上战场，部队安排她在后方运送弹药，郭学英除了积极参与运送军用物资之外，还抢着抬担架、打扫战场，并且掌握了一些简单的军事技能。

兰州战役结束后，因为她和丈夫不怕牺牲，支前有功，而获得了一枚军功章。老人后来在生产劳动中曾得过许多奖，但她觉得远没有这枚军功章分量重。

此后的岁月里，无论遇到什么生活坎坷，她都能从容面对；无论多大困难，她都能勇敢克服。还常说，战场上的炮弹片子和子弹乱飞，我都没有怕过，还怕这点困难吗？

郭学英老人年幼即爱舞枪弄棒，养成了乐观勇敢的秉性，新婚不久，又经历了一次伟大战役的洗礼，使她更加坚韧和刚强。在老人几十年沧桑岁月中，我们窥见的是中国劳动妇女金子般的品格，古来女子柔弱的形象在她身上得以改观。

277　最后的金莲

曾秀珍：心明喜开新教化

拍摄时间：2011 年 6 月 4 日。

曾秀珍，甘肃省榆中县连搭乡石头沟村人，1923 年出生，属猪，时年 88 岁，8 岁裹脚，16 岁出嫁，育有 3 子，4 个孙子。

打懂事起，曾秀珍就对念书十分向往，只要能识字，就是干再苦再累的活都心甘情愿，但是蒙昧的父母只让她做女孩子该做的事。即使她想读书，也只能走到十多里路外的私塾去，她那双小脚怎么可能每天都走到那里去？所以她特别羡慕两个哥哥，哥哥从私塾回来，她就常在他们跟前问长问短，两个哥哥有时也把学堂里发生的事讲给她，这让她明白了许多道理。

16 岁时，她嫁给了老实本分而又思想开明的丈夫刘君清。刘君清是一名郎中，走乡串户，见多识广，再加上他医术高明，前来求医问药者络绎不绝。曾秀珍勤劳俭朴，十分贤惠，村里人都说像曾秀珍这样的好媳妇是刘君清治病救人积来的福分。

20 世纪 50 年代，新社会给村民扫盲，开办了"明校"，小脚老人曾秀珍成了第一批学员，每天干活回来她都要到"明校"去上课。上了两年"明校"，老人的观念发生了巨大的变化，她敢当着村里人的面在河边洗小脚，而且时常以自己被摧残的双脚为例子，给年轻的女孩子们讲述新社会的好处。

因为老人明理，又有文化，再加上热心，20 世纪 50 年代和 60 年代曾经担任大队的妇女主任，丈夫对她的工作很支持。

70 年代后，儿子们陆续考上大学，参加工作，老俩口依然住在村里，安享晚年。儿子们要把他们接到城里去，但曾秀珍听了总是摇头说，城里是笼子，农村才是广阔天地，说的全是上明校时学的词句。

曾秀珍凤钦硕范，只因家道身性，未能遂愿。然景慕文章，崇尚风雅，时萦五内。"明校"创立，得遂平生。躬耕陇亩，披诵晨昏，眼明心亮，更新观念。少年一梦，半世圆之，理趣并得，泽被后世，此亦人生乐事矣！

281　最后的金莲

谁是史上第一个裹脚的女子

面对神秘的裹脚史，人们一直好奇，这个世界上第一个裹脚的女子到底是谁。古今一些研究过裹脚史的专家学者，都试图发现这个神秘的"裹脚第一人"。但在众多的研究结果中，有一半以上的都是带有浓厚唯心观的民间传说，无凭无据，即使个别有名有姓、似乎有历史出处的研究，仔细揣摩，也经不起推敲。

第一种说法是"涂山氏之女率先裹脚"。民间传说大禹治水时，娶了涂山氏女为后，涂山氏女是狐狸精，她的脚很小。这种说法仅仅提及了涂山氏女脚小，但并未说明，脚小与后来的女子裹脚有什么关联。是后来者效仿涂山氏之女，还是大禹之妻以部落首领的权力强迫女子裹脚，都没有讲清楚。其实这个问题在如今看来，是否清楚没有任何意义，因为这个世界上根本就没有狐狸精，所以这一说法，仅仅就是传说而已。

第二种说法是"始于商代"。是说纣王的妃子妲己是狐狸精变的，因为脚没有变好，用布条缠了起来，宫里的其她人看妲己受宠，就学习她的样子把脚裹起来。这个说法从道理上行得通，因为"人往高处走"，趋向权贵的生活状态是人的本性，但狐狸精变人，只是个传说，并不靠谱。值得注意的是，不管是涂山氏女还是妲己，她们有一个共同之处——都是狐狸精变的。而在中国民间，妇女们最痛恨的就是"狐狸精"，即使在当今，辱骂一个妇女为"狐狸精"，也是对她最大的贬斥。为什么民间传说把第一个裹脚的女子都要描绘成狐狸精呢？这说明，在普通百姓之中，他们对裹脚是怀有敌意的，从内心深处是抗拒的。让传说中的"狐狸精"做了第一个裹脚的女人，可见民间对第一个裹脚者的憎恶。

第三种说法是，江苏吴县灵岩山西施洞前的石头上有一双三寸的脚印，圆跟尖头，深寸许，因此判断这脚印是西施的，所以认为裹脚第一人是西施。这个论断如果当史料对待，显得很荒谬，西施就算再有力气，也不能在石头上踩出一双脚印来。但从这一说法可以推断，持这种说法的人是赞美裹脚的，因为西施是古代的大美女，将裹脚第一人诿嫁给大美女，反映出持这种论断者的心态。

第四种说法是"战国临淄女子"。清人赵翼说，临淄女子穿一种类似演出服饰的鞋，头是尖的，由此推断第一个裹脚的女子是临淄人。赵翼的错误在于以"鞋头尖锐"来判断临淄女裹脚。笔者在采访时发现，福建连江县的裹脚妇女，小脚不足三寸，但偏偏她们的小脚鞋是圆头的，所以凭"鞋头尖锐"判断妇女裹脚的说法不可信。

第五种说法是"秦始皇妃"。骆崇琪的《中国鞋文化》里，秦始皇选美注重小脚，由此有人推断，第一个裹脚的女子应该是秦始皇的妃子。这种推断的不合理之处在于，骆崇琪的说辞只能说明始皇喜欢小脚，至于喜欢的是天足中的小脚还是被缠裹变形的小脚，这并不清楚。

第六种说法是"汉代女子"。《采菲录》中记载,《飞燕外传》里说汉成帝患了阳痿,但只要捏住赵飞燕姐姐赵合德的小脚,就立马能治疗阳痿的疾患,由此推断第一个裹脚的女子是汉代女子。这个说法也不准确,也许汉成帝和赵合德之间有不为人知的其他嗜好,因为资料里没有说明赵合德曾经裹脚,所以这个说法不成立。

第七种说法是"晋代女子"。也是根据鞋子式样来推测的,推测依据是男子鞋头方,女子鞋头圆。又有说法是因为陶宗仪《辍耕录》中说过,晋朝女子鞋样式纤细。这个考证听起来有点道理,但男子和女子的体形差异,女子的脚比起男子,自然纤细,所以单纯以鞋子大小来推断女子是否裹脚,证据不足。

第八种说法是"隋女吴月娘"。说是一个叫吴月娘的女子行刺隋炀帝,将刀刃用布条裹在脚底,结果行刺未遂,投河自尽。民间为了纪念吴月娘,纷纷将脚裹起来。这个说法也不靠谱,像是章回小说家的杜撰。

第九种说法是"杨贵妃"。有古书记载,陕西兴平一个老太太捡到了杨贵妃殉难后的一只鞋,缀有珍珠,长仅三寸。这个理由听起来很有道理,但高洪兴在他的裹脚史里认为,杨贵妃鞋子被马嵬坡的老太太捡到不假,但许多史料并未记载鞋的大小。笔者以为,就算杨贵妃是裹脚的,但说她是第一人也未免有些太牵强。

第十种说法是"五代窅娘"。南唐后主李煜让宫女窅娘将双脚缠裹起来,在金制的莲花上跳舞,因窅娘舞姿曼妙得宠,宫里的其他人就效仿窅娘裹脚。这个也不可靠,其一,窅娘裹脚类似于今天的芭蕾演员裹脚,是为了方便站在莲花上,不被金属的莲花硌破脚,与美无关,所以不会被仿效。其二,五代十国战乱不断,民不聊生,一种颓废文化要想推行开来实在不容易,所以窅娘是裹脚第一人的说法也不可信。

综上所述,历史上到底谁是第一个裹脚的女子,是一个很难分辨清楚的问题。因为古代信息不发达,就算有第一个裹脚的女子,或许因为身份低微,缺乏影响而被人们不去提及,反倒后来学习别人裹脚,且有一定影响的女子会被人记住,并被误认为是裹脚第一人。从这个层面上讲,要研究谁是第一个裹脚的女子,本身就是一个很难立足的命题。再就是,女子裹脚,也许是某个地方人数相当多的女子在某件大事的引发下,发生的一件集体行为,因为人数众多,所以影响巨大,以至于引发了全国性的裹脚。笔者以为,对人类社会能产生如此巨大影响的群体性行为,应该和宗教等足以影响人类思想的行为有密不可分的关系,单纯地以某一个人的行为来影响整个社会,引发裹脚,实在有些不可能。当然,后来的文人推波助澜,权贵裹脚引发裹脚热潮等行为,只能是把裹脚引向深入、广泛的几个环节而已。所以,真正的裹脚第一人,绝对不是"某一人",而应该是"某一群人"。

段明慧：切切在心慈母训

拍摄时间：2012年6月11日。

段明慧，河北省蔚县黄梅乡下康庄人，1922年出生，属狗，时年90岁，6岁裹脚，18岁出嫁，育有4子1女，11个孙子，2个重孙，丈夫2001年去世，寡居11年。

段明慧6岁裹脚时，疼得哭天喊地，盼望疼痛的日子快些过去。粗通文墨的父亲安慰她说，忍得一时之痛，可解一世之忧，人生在世，无论大事小事，不能静心忍耐，终将一事无成。不料，父亲的话，竟成了她的处世哲学。

20世纪70年代末，老人四子当兵，开始嫌苦，想早日复员回家，老人劝他安守本分，多些历练，后来四儿子在部队勤恳工作，不仅练了心性，还学了一手好厨艺。20世纪80年代，改革春风吹遍神州，老人觉得这是发家致富的好时机，遂动员四子在109国道上开了一家小面馆，起初几年生意冷清，四子想另谋出路，老人则以父亲当年教诲自己的话语教诲儿子，四子听从老人劝告，殷勤伺候过往商客，生意日渐兴隆，最后扩为一小型酒店。新世纪初，国道边上酒店多了起来，小儿子又担心生意受到影响，想另择地段，时年八十高龄的老人又说，船多不占江，生意好坏在本事高低。四子依照老人意愿，尽力经营，数年后，酒店又得以扩充。

在老人的影响下，子女们个个牢记"静心忍耐"的处世哲学，无论经商、种地，不仅所获丰盈，还在方圆数十里留下了稳重有智谋的好口碑。

教育好子女，是每一个家庭、每一个家长的期望。然而在现实中，受诸多"实用文化"的影响，培养孩子"狼性"这一思潮被广为流传。段明慧老人以传统思想教育子女，收效十分显著，不知与那些"狼性"教育观相比，孰高孰低？

最后的金莲

焦翠英、田茹珍：一对亲家两"金莲"

拍摄时间：2012年6月20日。

焦翠英，甘肃省平凉市崆峒区白水镇人，1923年出生，属猪，时年89岁，10岁裹脚，19岁出嫁，育有3子2女，11个孙子，2个重孙，丈夫2000年去世，寡居12年。

田茹珍，甘肃省平凉市崆峒区花所乡人，1923年出生，属猪，时年89岁，9岁裹脚，19岁出嫁，育有2子2女，7个孙子，5个重孙。

跟随向导进入焦翠英老人家时，一身黑衣的老人已经站在院子里等着我们了。听说要采访她裹脚的故事，焦翠英老人一边笑着招呼客人，一边放下卷起来的袖子，理了一下头发，端端正正地站好让我拍照。就这时候，忽然有人大声说："谁给碎脚老婆照相哩，咋不叫我？"循声望去，一个穿着白色上衣的小脚老人拄着拐杖，摇摇晃晃地从屋子里走了出来。焦翠英老人给我们介绍，白衣老人叫田茹珍，是她的亲家，这几天来串亲戚。

看得出来，这对小脚亲家的关系十分融洽，即便当着许多陌生人的面，也不住地互相打趣。当田茹珍老人提出要去亲家的老院子转转时，焦翠英老人拿了拐杖，非得陪着一起去。后来焦翠英老人准备做饭的时候，田茹珍老人非得跟进厨房里帮忙。临别的时候，家里人搬出大红色的太师椅在院子里给两位老人留了一张合影，老人们笑着对我说，以后她们要是过世了，这张照片就留给娃娃们做纪念了，让娃娃们也学学她们的样子，和和睦睦地相处，把日子往好里过。

焦翠英和田茹珍两位老人的和睦融洽，之所以格外显得引人注目，不是老人们走得近了，而是我们走得远了；不是我们太忙，顾不上即将远逝的亲情乡情了，而是我们太闲，把人间的情意想得复杂了……

最后的金莲

289　最后的金莲

最后的金莲 290

最后的金莲　292

金桂芳：八旬难觅旧家园

拍摄时间：2011 年 12 月 13 日。

金桂芳，甘肃省武威市民勤县蔡旗乡人，1925 年出生，属牛，时年 86 岁，9 岁裹脚，17 岁出嫁，育有 2 子 2 女，4 个孙子，1 个重孙，丈夫 2000 年去世，寡居 11 年。

金桂芳 9 岁那年，父母为感谢婶子给她裹脚，专门做了杏仁粥请婶子吃，金桂芳因为脚疼不想吃，一个人躺在炕上哭号，无人理会。然而中午时分，刚吃完杏仁粥的婶子和父母他们一个个忽然呕吐不止、身上发紫，不多时竟然气绝身亡。被吓呆了的金桂芳不顾小脚疼痛，爬出院子哭号呼救。等公家来人验尸完毕，金桂芳才知道，全家人是误食苦杏仁死亡的。此后，经村人商议，金桂芳被送给人家当了童养媳。

婚后，金桂芳负责给家里做饭，常常在做饭前对粮食野菜反复检查，日子久了，家里嫌烦，骂她疯癫，但她并不在意。后来有了孩子，只要看见他们淘气爬树，或拿着树枝舞刀弄枪，就毫不留情地责罚，村里人见得多了，也私下里说她疯癫。2002 年开始，子孙满堂的老人忽然慢慢少了言语，即使偶尔说句话，也是颠三倒四，后经医院诊断，确定为老年失智症。

但尽管她生病后喜欢乱转，却从不走出村子，倒也不会走丢。只是有时候，看见村里来了陌生人，就会犯病，要反复盘问人家，还要拿出馒头开水，逼着人家吃喝。也每天要拿上扫把，不顾尘土飞扬，直至把村里的道路打扫干净。

生老病死是自然规律，金桂芳老人以八旬高龄患病也不值得大惊小怪。只是老人在患病之后，却要强行给陌生人给吃给喝，还要给村子里天天扫道路，是老人确实病了，还是她的精神回不到她舍弃不下的从前，以至于把陌生人看成乞讨的难民，把村庄看成自家的院子？

潘月珍：闭门濯足八十年

拍摄时间：2012 年 6 月 20 日。

潘月珍，甘肃省平凉市崆峒区白水乡王寨村人，1925 年出生，属牛，时年 87 岁，9 岁裹脚，17 岁出嫁，育有 2 子，5 个孙子，3 个重孙，2010 年丈夫去世，寡居 2 年。

中国古代对于女性有许多行为规范，作一个淑女应该"坐不分膝、立不摇裙、笑不露齿、怒不高声、行不露足"，尤其行不露足之中，潜藏了女性诸多秘密和尊严。物换星移，今天的"足"在人们心目中已经不再神秘，处处不是凉拖，就是高跟，甚至光脚丫走路也无人大惊小怪，满大街的"足道"里，无论男女都可以去舒舒服服地捏个脚。在我采访过的许多小脚老人中，大部分老人似乎对裹脚一事不再羞涩，但也有些老人，她们依然"谈足色变"。

潘月珍老人就是谈足色变者一类。裹脚 78 年以来，她每次洗脚都要在屋子里反锁好门，等洗完脚，缠好裹脚布，穿上鞋子，把洗脚的脏水倒了，才让别人进屋。老人有时关门洗脚，孙子以为她在屋子里偷吃好东西，追到门口连哭带喊让奶奶开门，老人也不为所动。

潘月珍老人践行了中国传统女性的道德规范，一生性格和顺，却固执地保留了一颗对脚的私密之情和戒备之心。在她行走过的八十多年里，那隐藏在小脚鞋里的秘密也伴随了她的一生，疼痛也罢，美丽也罢，丑陋也罢，且把门关起来一盆清水洗尽，往事一挥而洒，旧梦瞬间成云烟，却把世界关在门外，与别人无关。

297　最后的金莲

王玉兰：老骥伏枥九旬媪

拍摄时间：2012 年 4 月 4 日。

王玉兰，甘肃省皋兰县石洞镇庄子坪村人，1922 年出生，属狗，时年 90 岁，6 岁裹脚，21 岁出嫁，育有 3 子 2 女，11 个孙子，5 个重孙，丈夫 2008 年去世，寡居 4 年。

6 岁就裹了小脚的王玉兰尽管没有如父母所愿"嫁入秀才家"，但自小养成勤劳朴实的秉性，使她坚信"好日子是自己过出来的"，所以凡是家里大小事务，她事必躬亲，农家日月倒也一直安稳。

20 世纪 90 年代，政府号召农民种果树，村里其他人嫌麻烦不愿干，王玉兰却坚持让儿子把县城边上几亩地全种上了苹果树，并让在果园里修了几间简易砖房，搬进生活用具，自己带头住下来专心伺弄果园。果树长大后，每年能卖个好价钱，城里的人还经常到园子里来掏高价摘果子。老人看有生意可做，又让儿子把果园里的砖房改成餐馆，一个简单的农家乐在老人的鼓动下开张了，家里的经济条件也很快发生了很大变化，仅两三年光景，就成了当地小有名气的富户。

后来当地果园多了起来，年近九旬的她又让儿孙去县城开餐馆，自己则带领媳妇们帮助操持家务。但她担心孩子们有了钱把持不住，依然坚持定期过问"家庭财政"，并要求子孙不得见钱眼开，要诚信待人；不得数典忘祖，要保持好勤俭节约的家风。

臧克家曾经热情讴歌过一种"吃的是草，挤出来的是牛奶"的伟大的人，勤劳简朴的王玉兰老人，正是它的躬身践行者。挪动着小脚将 3 子 2 女抚养成人，晚年含饴弄孙之余，依然"壮心不已"，多少以青春赌明天的大脚女子，该在这位小脚老人面前羞赧？

最后的金莲

郭本善：细雨流光春未老

拍摄时间：2012 年 3 月 28 日。

郭本善，山东省莱芜市方下镇韩官庄村人，1920 年出生，属猴，时年 92 岁，6 岁裹脚，19 岁出嫁，育有 4 子 2 女，15 个孙子，2 个重孙，丈夫 1989 年去世，寡居 23 年。

来到郭本善老人家里时，向导早在等候，听说是采访郭本善老人的，好客的村里人也聚拢过来，争先恐后地讲述她的故事。几位老人告诉我，他们还是小孩子的时候，郭本善就嫁到了村子里，在他们的记忆中，从来没见她生过气。即使大饥荒年代，也充满乐观和信心。在大家印象中，老人根本就没有不快乐这个概念，许多人都放不下的事情，在她这里只是一笑。

老人一生，除了两件事记忆最为深刻之外，其余大小事务，均如云烟过眼，过了就忘了。事情之一是 1947 年，她曾经见到过陈毅元帅，时莱芜战役结束，当地百姓夹道欢迎，陈毅元帅坐在一辆敞篷车上向当地百姓挥手致谢，"那么大的官，愣是没架子。"此后老人觉得，当官的和百姓一条心了，百姓就不挨饿了。另一件事，是山东解放后和包干到户后的两次分地，第一次分地，老人非常高兴，动员全家起早贪黑地干活，很快就脱离了衣食之困。第二次分地之后，老人带着子女种粮食蔬菜，不但脱贫，而且致富。

提起裹脚的往事，老人的回忆很淡很淡，好像那是个习以为常的事情，不屑于去描述。

郭本善老人的内心无疑是强大的，世间凡人所历之九死一生，在她都可以云淡风轻。这种修炼有其天然的性格，也有大半生时势锻造的原因。看惯了大浪淘沙，便有了淡泊宁静。这是多么好的人生况味，虽身处偏隅，日薄西天，却闲庭信步，笑谈人生。有了此种乐观和达观的心境，宛如一棵劲松的青翠，人生处处都是春天。

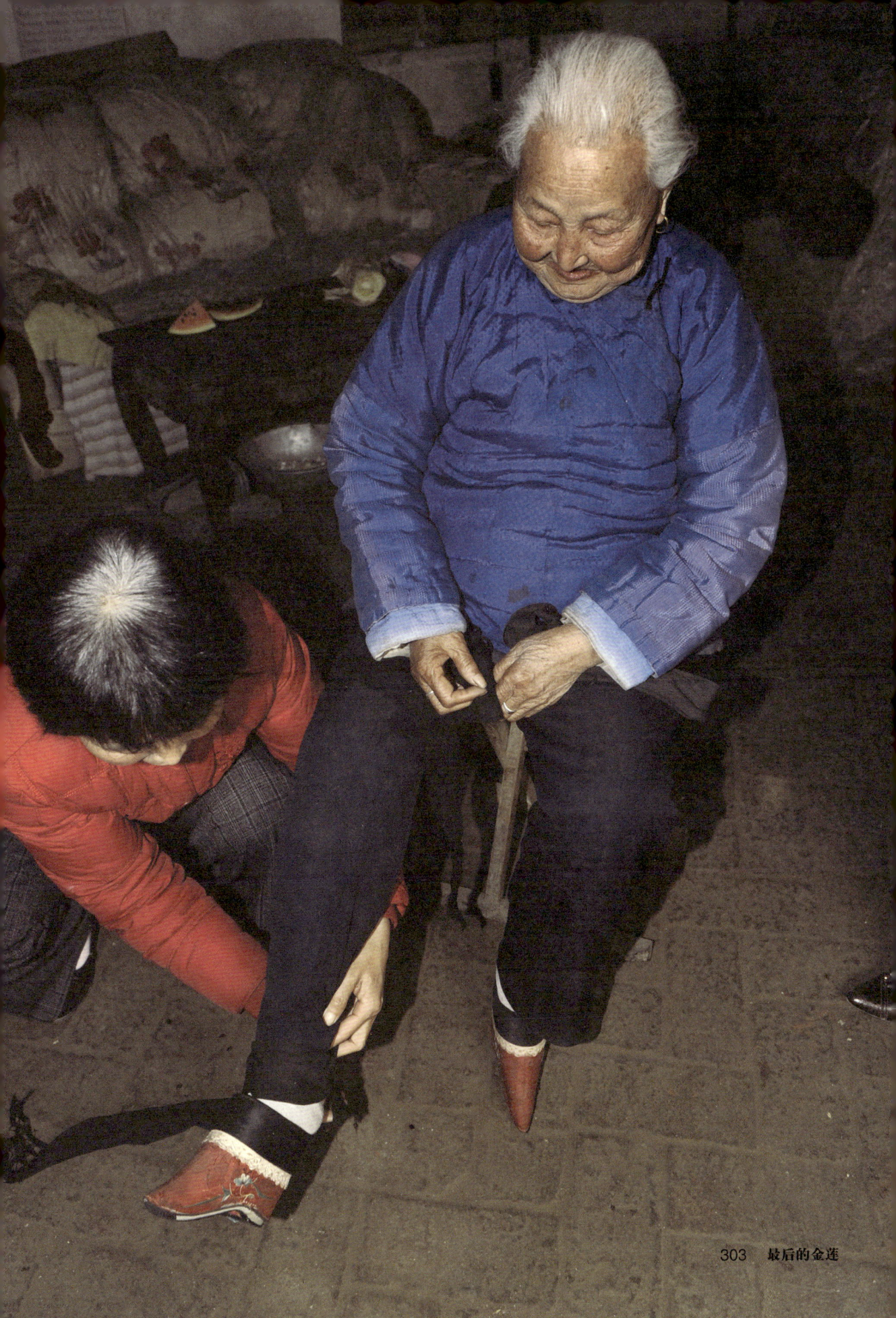

303　最后的金莲

裹脚的偏方

在裹脚的年月，人们为了能让女子缠裹出一双"金莲"，挖空心思地寻找各种裹脚"妙招"。如今看起来，这些妙招个个极尽荒唐残忍。但在当时，却又堂而皇之、正大光明。

裹脚是为了让双脚变小，但总有天生大骨架的女子，也有缠脚时不得方法的，于是就有了大脚。但大脚不美，还要被人讥笑为"船一样大的莲"。这个时候，就有一些"急公好义"的人出来，解决"莲船"的问题，让天下女子都有一双"三寸金莲"。

成书于南宋初年的《枫窗小牍》说，金朝女子裹脚有"瘦莲金方"，明代徐长文《四声猿》也提到了"漱金莲方子"，《阅微草堂笔记》记载内监购买"软骨药"。康有为"请禁妇女裹脚折"也有记载："或加药水，日夕熏染。"种种迹象表明，在裹脚时代，人们为了使坚硬的脚骨变软，容易缠裹，曾经乞灵于药方，而这些药方，一般都叫"瘦金莲方"、"妙莲散"、"软骨药"。

至于这些药方是否真的灵验，目前没有史料证实，但据高洪兴的《裹脚史》记载，裹脚的药方至少有十六种。李荣楣《中国妇女裹脚史谭》曾经讲："用猴骨熬汤，日日熏洗，骨头容易变软。"但《验方新编》指出："这种猴骨熬汤的方子，使脚骨终生柔软，不能走路，千万不可用。"《验方新编》言之凿凿，看起来这种方子一定是有效用的，只是脚骨柔软，不能走路。在古代，曾经有"抱小姐"一说，说是女子裹脚太小，不能走路，就连入厕也得有人抱着。《图画日报》也有记载，过去有些小脚妓女因为脚太小，不能走路，则由龟奴将其驾在肩上外出。这些史料所记载的"抱小姐"，有可能是用了这种药方，虽然这只是推测。但可以肯定的是，这种"抱小姐"，连入厕都要人伺候，和残废到底有什么区别，她的尊严又在哪里？还谈什么美与不美。

由"喜莲生"撰写，"说见保莲"女士自述的《裹脚概说》记载的药方就有五幅，按"说见保莲"女士的说法，只要用这些药，脚骨自然就变软了。药方让脚骨变软，这种方子至今没有人敢临床试验，也没有必要实践，它的存在，只是裹脚时代人们痴狂的一种表现而已。与药方相近的，则是用物理的办法，借助外力来使双足变小的办法，听起来也令人毛骨悚然。《妈妈经》对裹脚的要求是"不烂不小，越烂越好"。就是说，缠裹小脚，必须要让双足溃烂，而且是"越烂越好"！云南作家杨杨在他的《摇晃的灵魂》一书中讲，他的母亲小时候裹脚，姥姥为了让母亲的小脚早日溃烂，给脚底下垫上织布用的"射通"，然后再用布条丝丝缠裹，让脚骨慢慢地被"射通"压迫断。这还不算，为了使双脚溃烂，还要给脚底下垫上瓦块、碎瓷片，等双脚溃烂了，姥姥从墙缝里抓来一种叫"湿湿虫"的虫子，放在溃烂处，再用布包好，不几日，一双脚就烂得脓血交流。

裹脚让双足溃烂，目的是为了让脚长出新的肉芽，让以前的老肉全部坏死，新长出的肉芽又白又嫩，这才合乎"金莲"的标准。

还有一种办法，就是等双脚溃烂之后，宰杀一只动物，剖开动物的肚子，将这双溃烂的双脚立即塞进动物腹腔，让滚烫的血液给这双烂脚再一次腐蚀，然后迅速缠紧裹脚布。不几日，这双脚就溃烂得无法形容，有时候脚骨都露了出来。

以这种残忍的手段裹脚，对人的折磨是可想而知的。在裹脚过程中，有些女孩活下来了，有了一双小脚，但有些女孩也因此命丧黄泉，做了裹脚路上的冤魂。

赵兰淑：因孝灵堂定终身

拍摄时间：2012年4月4日。

赵兰淑，甘肃省皋兰县石洞镇中堡村人，1926年出生，属虎，时年86岁，5岁裹脚，19岁出嫁，育有3子4女，15个孙子，5个重孙，丈夫2000年去世，寡居12年。

赵兰淑3岁生母去世，4岁父亲再娶，5岁继母为其裹脚，17岁父亲去世，与叔父和继母一起为父亲守灵。失去父亲的赵兰淑在灵堂里悲痛欲绝，几次哭得差点昏死过去，许多吊丧的人都被感动了，她的公公就是其中之一。

父亲下葬后，公公找到几位叔父，开门见山地讲，这次吊丧，发现赵兰淑是个孝子，脚小人清亮，个子也高，干脆就嫁给自己的儿子杨银崇吧。四个叔叔一商量，觉得没爹没娘的孩子实在可怜，只要嫁个好人家，也算告慰哥嫂在天之灵了，遂一致同意。

赵兰淑的婚事就这样被定了下来，聘礼，一石麦子（250公斤）。19岁那年，给父亲戴孝满两年后，在几个叔叔的操持下，赵兰淑嫁给了杨银崇。公公果然没有看错，婚后的赵兰淑足不出户，孝敬公婆，相夫教子，勤俭持家，待人和气，公婆皆高龄而逝。

在教育子孙后代上，赵兰淑始终坚持孝义为先，常常要求儿孙不忘先人之德，每逢祭日，都要率全家老幼坟前祭奠，其身教言传，对晚辈影响极深。

孟子曰："人人亲其亲，长其长，而天下平。"《增广贤文》里有句格言："妻贤夫祸少，子孝父心宽。"传统社会，孝为百善之先，人类文明发展到今天，孝的话题应该依然不过时。

307　最后的金莲

最后的金莲　308

侯转转：被迫裹脚在学堂

拍摄时间：2012 年 7 月 21 日。
侯转转，陕西省宝鸡市常兴镇白家村人，1924 年出生，属鼠，时年 88 岁，7 岁裹脚，19 岁出嫁，育有 2 子 1 女，5 个孙子 5，2 个重孙。

侯转转老人出生于秦朝著名将领白起的家乡。尚在母腹时，就和本村一姓白的人家指腹为婚，两孩子出生后，正好一男一女，两家遂交换了生辰八字，正式给他们定下了"娃娃亲"。

老人 4 岁那年，两家父母把她和"丈夫"白兴贵一起送进了白家村集资开办的私塾。当时，白家村私塾里任教的不仅有本村一名秀才，还请了一名接受过新思想的先生，老人在私塾里既读《三字经》、《幼学琼林》，也学天文地理、加减乘除；秀才讲三纲五常，先生讲个性解放。在这种教育环境中，孩子们一阵懵懂，一阵清醒，最后渐渐有了自己的认识，开始讨厌秀才、喜欢先生，先生也常常给孩子们灌输"男子读书知天下、女子放脚走天涯"的思想。

侯转转 6 岁时，家里就开始盘算着给她裹脚，她知道后，就在放学时赖在学堂不回家，不是被父母找回去，就是被先生送回去，先生也常常劝父母不要残害骨肉，裹脚耽误她一生。父母尽管嘴上答应，却几次都找来亲朋，要给侯转转裹脚，亏得她机灵，一见架势不对，就一溜烟逃往学堂，找先生庇护，此后父母一直没有再提裹脚之事。

直至 7 岁的一天，侯转转正在听老秀才讲课，父母婶婶等人忽然拿着裹脚家什和香烛闯进学堂，一把抱起侯转转走进老秀才的房子，点起香烛，不由分说就给她裹了脚。1968 年，缠了大半辈子小脚的老人当着丈夫白兴贵的面，解开了裹脚布，开始"做起了自由人"。

侯转转老人裹脚的故事，正是新旧思想交锋的一幕话剧。尽管白家村有集资办学的远见，也有包容新思想的胸襟，但最终，新思想在旧观念面前因一步之差而落败。古人常常教诲我们"退一步海阔天空"，但在侯转转老人的故事中我们看到，某种时候，进一步往往却是柳暗花明。

张仲芳：古佛青灯伴余生

拍摄时间：2011 年 6 月 5 日。

张仲芳，甘肃省榆中县连搭乡麻家寺村人，1926 年出生，属虎，时年 85 岁，10 岁裹脚，20 岁出嫁，育有 3 子，3 个孙子，丈夫 2000 年去世，寡居 11 年。

20 世纪 20 年代和 30 年代的中国，遍地硝烟、满目疮痍，榆中一带也不例外，常常炮火连天，百姓过着"感时花溅泪，恨别鸟惊心"的生活。弱小的草根们纷纷把活命的希望寄托给神灵，张仲芳家乡的寺庙里每天都有许多祈福的人。

张仲芳的丈夫是位地道的农民，没什么手艺，只知道日出而作，日落而息，渴饮饥食，春种秋收。婆家附近也有一个寺庙，叫白马寺。早先时，这里香火鼎盛，村民常常到这里祈福，希望五谷丰登，六畜兴旺，人丁平安。

"破四旧"开始后，白马寺也未能幸免。在革委会震天的大喇叭声中，张仲芳夫妇也参与了拆除寺庙的活动。不久，她的二儿子因肝癌病逝，这给张仲芳夫妇以沉痛的打击。她坚信，这是自己当年拆除寺庙造的孽，神佛怪罪，把二儿子抓去当了"阴兵"。于是天天以泪洗面，对神忏悔。

"文革"结束后，村子里又相继有几个年轻人去世，村民为了保佑平安，就集资重建了白马寺，还在村子各处修了些小庙供村人祈福发愿。有了庙，就不能断了香火。平时，张仲芳和村里其他老人一起常常在庙里打扫卫生，买些香火，供来庙里烧香的人使用，自己在家也是吃斋念佛。

老人一共有三个儿子，大儿子早年当兵留在了外地，二儿子去世，老人担心三儿子再出什么事，就让他搬出了这个村子，到别的地方去"避难"，这处老宅里就留下了她一个人。她本来就是小脚，行动不便，现在又寡居，村里见她可怜，就给她申请了低保，每月能领 50 元钱。

弱小的民众无以抗争现实的残酷，膜拜神灵成了他们几乎唯一的选择，张仲芳老人少年受此祈福之熏陶，及至爱子亡故，无以摆脱锥心之痛，遂选择寺院祈福、对神忏悔，此亦不得已而为之；及至年老体弱，儿孙不在身旁，舐犊之情无以寄放，寺院遂成为灵魂安放不二之选，谁又说这不是一种生活的方式呢？

813　最后的金莲

朱生花：一身疤痕半生难

拍摄时间：2012年7月21日。

朱生花，陕西省眉县常兴镇姚柳村人，1922年出生，属狗，时年90岁，6岁裹脚，20岁出嫁，育有2子1女，现有孙子7人，重孙6人，丈夫2008年去世，寡居4年。

朱生花老人年幼时，饥馑连年，灾荒不断。因为饥饿，年仅4岁就跟着村里的孩子掐野菜、摘野果充饥。一次，她掏松鼠洞时，被松鼠咬伤了手指，留下了一块疤痕；5岁那年，跟着一群孩子爬树捋榆钱，结果掉下来摔破了脑袋，后脑勺留下了一块铜钱大的疤痕；6岁时，父母不顾他人规劝，借钱请人为其缠足，小脚从此畸形，摇晃一生，成了抹不去的印记。

婚后，公婆年迈，小姑年幼，生活的重担就压在了她和丈夫身上，为养家糊口，她常常起早贪黑，下地耕种，拣柴拾荒。一次砍柴时，不慎滑落山坡，身上多处划伤，后虽痊愈，但伤疤终身无法褪去。有了孩子之后，当地不断爆发战事，老人常常在枪炮声中夜半惊醒。为躲避兵祸，每次有枪炮声响起，全村人都要跑到土地庙前一地道避难，这样躲避战祸的事情大约持续了两年多，一直有惊无险。老人26岁时的一个黄昏，忽然听到一阵枪声，她遂带着小姑子向地道跑去，但等她们赶到时，人和牲口早就把地道挤得满满的，她们只好躲在洞口。晚上，一阵炮弹过后，土地庙被击中，一块被炸飞的石头击中老人眉头，从此又添新疤。

一身疤痕半生难，一世故事半辛酸。一人身负一时事，百人百世作史观。多事之秋，离乱之人，纵然身上没有一处伤痕，心里也是伤痕累累，何况朱生花老人身上多处疤痕，时时刻刻向她昭示着生存的艰难。

315　最后的金莲

最后的金莲　316

丁月英：诗书继世传佳话

拍摄时间：2011年6月5日。

丁月英，甘肃省榆中县小康营乡，1925年出生，属牛，时年86岁，10岁裹脚，19岁出嫁，育有3子，现有孙子8人，重孙1人，丈夫2009年去世，寡居2年。

丁月英老人由于母亲疼爱、父亲娇惯，直到10岁才缠足。12岁那年，家庭发生重大变故，做生意的父亲被人骗走了全部家当。由于负债累累，她被父亲卖到大户人家当了丫鬟，跟着主家的小姐读了一些书，识了一些字，成了当时农村少有的"文化人"。

19岁那年，她被主家许给一个长工为妻。起先，婆家因为丁月英丫鬟出身而心怀芥蒂，婚后，丈夫发现她不仅吃苦耐劳，而且识文断字，夫妻情笃，日胜一日。丁月英先后为丈夫生下3个儿子，她相夫教子，勤俭持家，和睦四邻，宽厚待人，颇有孟母之风。在她的教导下，3个孩子忠厚善良，各有所长。

解放后，她由于出身贫寒，受地主奴役，被选为贫下中农代表，常常要给群众做忆苦思甜的报告。"文革"开始，"破四旧"时，她又成为反封建礼教的典型。

1978年改革开放后，3个儿子都相继过上了好日子：大儿子曾是处级干部，现已退休；二儿子是农民，跑车、务农，衣食无忧；三儿子部队退役后落户新疆，家庭事业双丰收。丁月英老人现在与二儿子一同生活，有时也到大儿和小儿子那儿住一阵子。闲暇时，常常给孙子讲上学念书的好处，讲做人处世的道理，诫勉他们努力学习。在她的教导下，8个孙子已有5个考上了大学。

丁月英老人少年家变，沦为仆人，幼小年龄即通处事机变之道，于操劳之余习文识字，又明人世穷通之理，侍奉丈夫，教诲子孙，终改门风，晚景幸福。正是"一世好妻子，十世好儿孙"这句俗语的最好解读。

最后的金莲　318

曾桂香:"金莲"不成侍青丝

拍摄时间:2011年6月4日。

曾桂香,甘肃省榆中县连搭乡石头沟村人,1923年出生,属猪,时年88岁,12岁裹脚,20岁出嫁,育有2子1女,7个孙子,1个重孙。

曾桂香老人的父亲是一个长工,她出生后,重男轻女的父亲很失望,并不关心她的成长。6、7岁时,同龄人纷纷裹脚,家里劳力缺乏,父亲还指望她干活,故而一拖再拖,迟至12岁,在村里人的百般劝说下,实在推不过去了,父亲才给她裹了脚,也不管能否裹小,只求对付众人。

因为小脚不小,曾桂香经常是被嘲笑的对象,多年都觉得气短不如人。但是她有一头乌黑浓密的头发,好歹能赢得村人的一些夸奖,这让她看到了头发的意义。每年秋收后,她都要用胡麻油浸润一下头发,然后再一遍一遍地梳理,直至头发上的油不粘手,才扎成麻花辫。

因为头发越来越好,发辫越来越长,村里人便不再注意她的大脚,孩童还唱起了"桂香桂香辫子长,长大嫁个牵牛郎,牵牛郎,不牵牛,牵着辫子进洞房"。村人的赞美,孩子的童谣,让她十分自豪。

因为头发好,老人从不轻易修剪,大半辈子,只剪短过两次,一次是40岁,一次是60岁,都因为发辫实在太长了,盘在脑后就成了比脑袋还大的发髻,只好剪短一些。

丈夫龚显章一辈子很为老人的头发自豪,常常说:"不管是啥东西,只要好好务弄,都能成气候,务弄头发要先养好气血,气血足,头发才好!"

曾桂香老人因为没有一双"标准金莲",便立志要让头发比别人的更长更黑,失之东隅,收之桑榆。80多年的岁月静静流过,黑发变成了银丝,不变的,是老人一颗依然爱美的心,和静静坐在旁边看着她梳了68年头的骄傲的丈夫。假若当初老人成就了标准的"金莲",不知这些骄傲和自豪是否还有?

最后的金莲　320

左志花：孤苦无依举步艰

拍摄时间：2012 年 7 月 23 日。

左志花，陕西省眉县常兴镇郭河三组人，1921 年出生，属鸡，时年 91 岁，6 岁裹脚，14 岁出嫁，育有 1 子，因病走失，一个孙子，丈夫 1978 年去世，寡居 34 年。

左志花老人生于战火频仍、饥馑连年、疾病肆虐的年代。3 岁时，父亲患病去世，半年之后，母亲又感染伤寒，撒下她抱恨辞世，年迈的爷爷奶奶抚养她长大。6 岁时，爷爷请三婶为其裹脚，三婶可怜哥嫂遗孤，裹脚时十分用心，左志花因此有了一双尖尖小脚。9 岁时，奶奶病重，临终前叮嘱爷爷要善待孙女，在百年之前一定要给她找个好婆家。14 岁时，爷爷病重，就将她许配给了一个本分农民，婚后仅一个多月，爷爷即撒手人寰。

婚后丈夫对她很好，两人携手共度艰难，日子清贫却能糊口，倒也安心。天有不测风云，丈夫 60 岁刚过就因胃病辞世，留下了她和儿子。祸不单行，儿子结婚后第 7 年，不慎从高处坠落，摔伤脑部精神失常，后来也走失了，虽经多方打听，四处寻找，终无下落。

如今老人和儿媳孙子一起度日，虽说衣食无忧，但想起走失的儿子，常常泪湿沾襟。

左志花老人一生漫历人生三大不幸，幼丧双亲，年迈的祖父母将她养大，婚后虽努力勤俭，终不能抵挡病魔侵扰，57 岁时丈夫离世，及至晚年，爱子走失，痛上加痛，背负重重困苦，从不间断为家庭、人生接力，抚养孙子，看护家园，这种直面痛苦和挫折的勇气和智慧，于当今时代，尤其发人深省。

最后的金莲　322

最后的金莲

韩金英：宁死裹脚九龄童

拍摄时间：2011年8月28日，2012年8月26日。

韩金英，甘肃省白银武川乡崖渠村人，1920年出生，属猴，时年91岁，9岁裹脚，14岁出嫁，育有4子，11个孙子，6个重孙，丈夫1988年去世，寡居23年。

韩金英老人打小时候，就十分羡慕女孩缠脚后的样子，觉得小脚十分好看，渴望能早早裹脚。9岁那年，她央求父亲为自己裹脚，但她的父亲十分反对裹脚，起先一直不肯，最后韩金英竟然以死相逼，父亲无奈，只好给她找了一个脚婆。裹脚的时候，当父亲听到韩金英脚骨被扭曲时发出的"咔吧"声时，忍不住转身出了门，但年仅9岁的韩金英虽然疼得直掉眼泪，却始终没有哭出声。裹完脚后的很长日子，她每天忍受着钻心的疼痛，心里却十分高兴，自己终于有了一双"美丽的"小脚。讲述完自己的故事，老人起身时，抬起脚仔细地拍去了绣花小脚鞋上的灰尘。

时隔一年，再去看望老人时，她的话语少了许多，走路也不如去年利落，那双绣花小脚鞋，也沾满了泥巴，就连坐在身边的时髦女郎，也似乎没有力气去多看一眼。

《大般若经》卷七一："能如实一切法相而不执著故，复名摩诃萨。"又如《菩提心论》："凡夫执着名闻利养资生之具，务以安身。"韩金英老人无疑是执着的，其一念之念，一念执着，一念之间，日升日落。朝朝暮暮中，小院外花开花落。今天老人的四世同堂，当慰藉其执着之苦。

325　最后的金莲

最后的金莲　326

327　最后的金莲

最后的金莲

329　最后的金莲

331　最后的金莲

最后的金莲

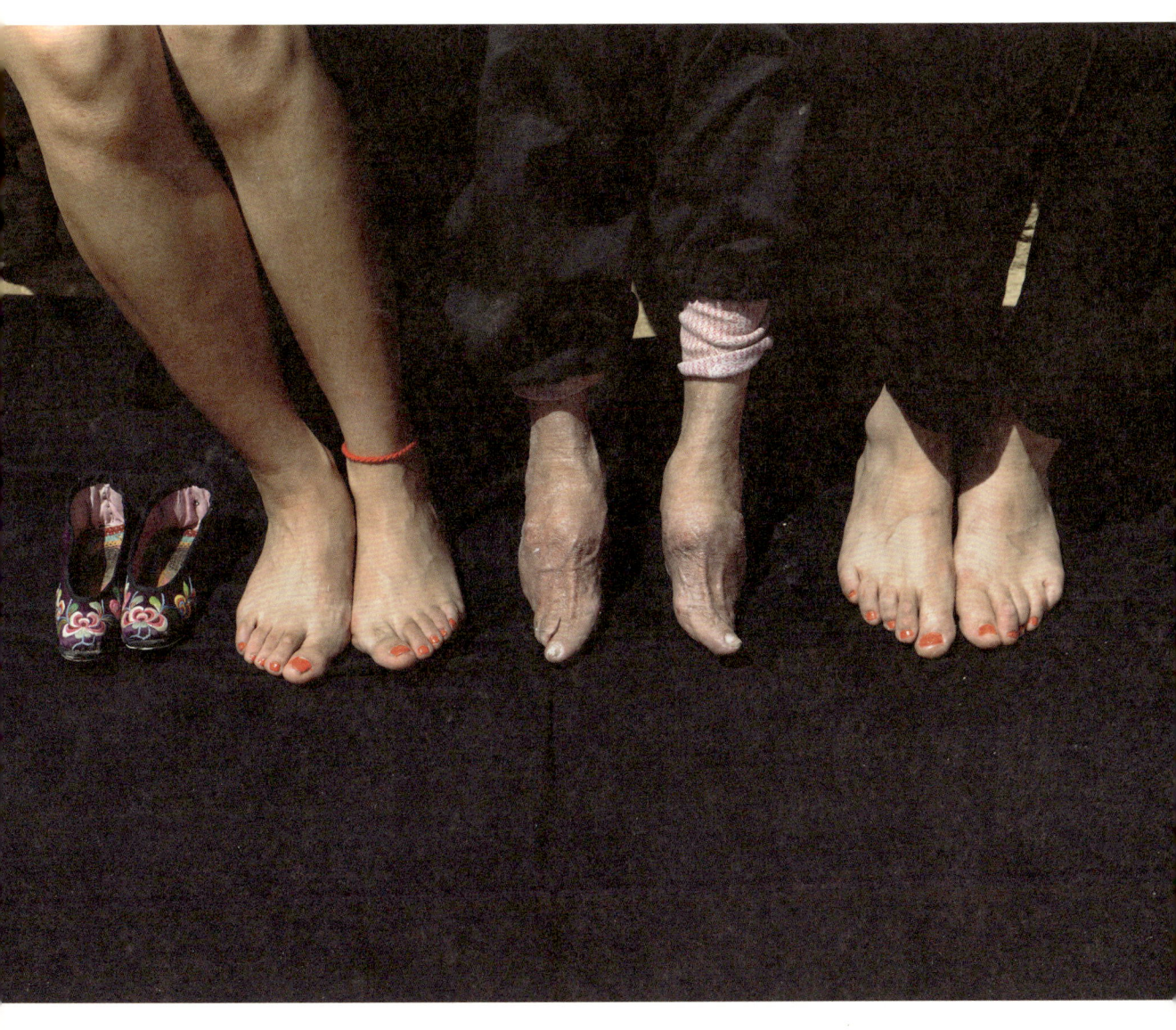

333　最后的金莲

郝淑云：八旬老妪始放足

拍摄时间：2011 年 7 月 2 日。

郝淑云，陕西省西安市临潼区交口镇人，1917 年出生，属蛇，时年 94 岁，6 岁裹脚，17 岁出嫁，育有 3 子 1 女，8 个孙子，丈夫 1980 年去世，寡居 31 年。

郝淑云 6 岁时，父母请人为她裹脚。小脚定型后，村里人都夸她"小脚周正，贤淑懂事"。为此，郝淑云视小脚如性命，每到夜深人静，都要洗净双脚，缠紧裹脚布，以防小脚变大。17 岁时，她因纤纤细足、温婉端庄而嫁给了邻村一个老秀才的孙子。婚后，丈夫与"守女德、知礼仪"的郝淑云举案齐眉、相敬如宾。

时关中多战事，家里日子每况愈下，日显窘迫，原来从未下地劳作的郝淑云为生计故，只得起早贪黑下地劳作。在春种秋收的岁月里，郝淑云深感小脚不便。每天从地里回家，双脚不仅疼痛难忍，还恶臭难闻。开始，她还坚持每夜洗脚，紧裹脚布，但时间长了，她也顾不上洗脚裹脚了。有时候，甚至会问自己："女人裹脚，除了疼痛不便，到底有什么用？"

流年似水，郝淑云对小脚的疑问不但没有随着岁月的流逝而淡漠，反倒越积越浓。2001 年秋天的一个下午，已经 84 岁高龄的老人忽然郑重地对子孙们宣布："裹脚布缠了我整整一辈子，我受够这糟践人的罪了，今天我就把脚放开，我罪我受，我福我享，谁要笑话就笑话去！"在子孙惊诧的表情里，老人镇定自若地解开裹脚布，随手扔进了垃圾堆里，赤脚穿了一双拖鞋摇摇晃晃地进了屋子。

郝淑云老人尽管在 84 岁的高龄才自行放足，但依然是智慧和勇敢的。人生中常常有许多我们不敢破除、也从未想过破除的陈规，就像老人脚上的裹脚布一样，禁锢着我们的思想，但只要顿悟，即使亡羊补牢，也可换一个风清月朗。

335　最后的金莲

李梅宗：鸿飞那复计东西

拍摄时间：2012年4月4日。

李梅宗，甘肃省皋兰县石洞镇中堡村人，1927年出生，属兔，时年85岁，6岁裹脚，18岁出嫁，育有1子3女，7个孙子，5个重孙，丈夫2003年去世，寡居9年。

  李梅宗老人的心态宁静得像一泓秋水，无论多么重大的人生事件，在她眼里，不过是一场云烟。

  6岁那年，根本不知道裹脚是怎么回事的她被全家人在一个黄昏时压在炕上裹了脚，对那天的印象，老人只记得"太阳快下山了，鸡站在墙上打鸣"。对于缠足的痛苦和恐惧，她没有一丝记忆。长大后，村子里的女孩子都是小脚，她那双不大不小的"三寸金莲"没有人夸赞，也没有人嘲弄。18岁那年出嫁，不算大也不算小，既没有小孩子离娘的孤单，也没有大龄女渴望夫婿的急切。丈夫是新婚之夜才看见的，和村里的小伙子没有什么区别，黑黑的，憨憨的。"男人没啥不一样的地方，除了干活，就是吃饭。"在老人的眼里，所有的男人都只知道干活吃饭。孩子们小的时候，和大多数人家一样都是野生放养式抚养教育，没有操过什么心。生活困难的年代，吃得很差，顿顿粗粮和野菜，反正大家都一样。

  改革开放后，家里开始过上好日子，白米白面随便吃，她依然觉得没有什么值得炫耀的，因为家家户户都丰衣足食，况且穷有穷的乐，富有富的难。

  老人的淡定如同将世间万事都看透了，苏轼《和子由渑池怀旧》云："人生到处知何似，应似飞鸿踏雪泥。泥上偶然留指爪，鸿飞那复计东西。"对李宗梅老人而言，世事纷扰，沧桑变化，不过是门前柳上绿，山后夕阳红而已，不必慨然，亦不必在意。在灯红酒绿、夜夜笙歌的太平盛世，如果我们的内心还有许多难以消散的块垒，何不读读李梅宗？

337　最后的金莲

李存梅：恪尽本分悦平生

拍摄时间：2011年6月23日。

李存梅，甘肃省灵台县什字镇南沟村人，1925年出生，属牛，时年86岁，7岁裹脚，17岁出嫁，育有1子3女，5个孙子，3个重孙。

李存梅小时候，母亲、姑姑、姨母就轮番教导她将来出嫁后如何做人做事。在长辈的教导下，她牢牢记住了"早起洒扫庭除，晚睡问候公婆；夫穷不着破衣，子饥不得哀嚎；怒不可高声，喜不得恣肆"等基本处事准则。17岁那年，她嫁给了本村杜家，尽管婆家家规甚严，但李存梅过门后，一切都按照儿时的教诲待人处事，因而深得公婆喜欢、妯娌尊敬，丈夫杜正才更是对她疼爱有加，让她安心伺候公婆，从不让她下地劳作。

后来公婆相继衰老，李存梅更像亲生女儿一样，床前端水，床后熬药，早起问寒问暖，晚睡铺床盖被。公婆过世之前，对儿子杜正才讲，此生不可怠慢儿媳李存梅。杜正才牢记父母遗训，此后无论岁月多么艰难，都不让妻子受罪受气。不管是土改被分了家里的地，还是"文革"遭受批斗，他都没有冲李存梅撒过一次气。后来子女陆续长大，老人的日子也越过越好，如今老两口常常牵手漫步黄昏，村里人皆羡慕。

《诗》云："投我以木桃，报之以琼瑶，匪报也，永以为是好也。"李存梅老人恪尽本分，侍奉公婆，相亲妯娌，终赢得了公婆疼爱、丈夫尊重，老人也因此愉悦终生。其实经营人间情谊，与此同理！

周巧梅：夫因兵死守蓬茅

拍摄时间：2011 年 6 月 22 日。

周巧梅，甘肃省灵台县什字镇南沟村枣林社人，1925 年出生，属牛，时年 86 岁，7 岁裹脚，16 岁出嫁，育有 3 子 1 女，9 个孙子，3 个重孙。丈夫 1995 年去世，寡居 16 年。

20 世纪 40 年代，周巧梅的丈夫躲避壮丁时，不慎坠入山谷殒命，留下她和 2 个幼小的孩子。当时家里没有可以依靠的任何人，老人只好迈动小脚，带着孩子们艰苦度日。

小脚女人带孩子，其中的苦难可想而知。春种时，她背着小的，带着大的，拿着锄头一点一点地挖地撒种；秋收时，把孩子们在地头的阴凉处安顿好，顶着烈日一把一把地收割。深山挖野菜、老林拾柴薪、山沟独挑水、磨坊夜推磨更是几乎每天都要做的功课。有一次砍柴时，不慎滚落山坡，直至放羊人发现后，才得以保全性命。1950 年，一位躲避兵祸流落本地的河南小伙经人介绍入赘周巧梅老人家里，她才不需要再干那些重体力活。

自春秋战国始，"征夫"始终是中国百姓的噩梦。周巧梅老人的丈夫为免作征夫而命陨深谷，正应了唐诗《山中寡妇》："夫因兵死守蓬茅，麻苎衣衫鬓发焦。桑柘废来犹纳税，田园荒后尚征苗。时挑野菜和根煮，旋斫生柴带叶烧。任是深山更深处，也应无计避征徭。"再看如今中国，好男儿苦求报国，奇女子偏爱武装，此情此景此盛世，可曾再有离人泪。

341　最后的金莲

莲鞋的式样

说起"金莲",不得不说与之紧密相连的"莲鞋"。在裹脚时代,"莲鞋"被赋予了太多内容,从外观上讲,它以各种式样、各色图案夺人眼目,更有人按照莲鞋的样子,制作烟袋、酒杯等。从内涵上来讲,因为"莲鞋"被莲迷们引申为女性的性器,因此该物变得隐秘不可告人,而一个女子的小脚鞋被丈夫之外的人触摸或者捡走,那这个女子就如同失了贞操一样,为人不齿。

综合全国各地的"莲鞋",它们大体都有几个共同的特点,那就是"小、尖、弯、高"。小,指的是莲鞋的尺寸短小,有些地区的小脚鞋跟婴儿的鞋子大小差不多;尖,指的是小脚鞋的头必须是尖的,因为女性裹脚,仅留一个大拇指朝前杵着,其余脚趾都被压在脚掌下边,所以鞋子就特别尖;弯,指的是鞋底朝上凸出,整个鞋子如同一张弓;高,指的是鞋底要增高,这种式样的小脚鞋,尤其在京津、福建一代较多,但甘肃、陕西、宁夏,包括山东、河南等地,鞋底都是平的,这主要和这些地区小脚的形状有关。

历史上的各种小脚鞋都有自己的名字,顾名思义,读者大概也能了解到这些鞋子的式样。"错到底",是元代的一种小脚鞋,但式样如何,没有记载,只说这种鞋是两种颜色构成,估计是平民鞋。"翘头弓鞋",是沿袭了五代之前女鞋特点的小脚鞋,底部成弓,鞋尖高翘。"高底鞋",就是鞋底很厚的小脚鞋。"靴子",是在弓鞋的基础上加上鞋腰,多为贵族女子所穿,主要在满清时期京城和津门一代。"网子鞋",就是鞋口缝制有网的鞋。此外,还有"月亮门、蝴蝶履、凤头鞋"等大约十余种,都是一些造型相对奇特的小脚鞋,都是根据款式命名的,但并不多见。再到20世纪80年代之后,有些地区出现了根据小脚女人的双足定制小脚皮鞋的行业,但这个行业随着小脚女人的不断谢世,慢慢地退出了市场,笔者在甘肃兰州附近采访的时候,就曾发现过这种皮质的小脚鞋。2012年3月份,笔者在以小脚出名的云南通海六一村采访时,曾经把六一村的小脚介绍到全世界的作家杨杨,给笔者展示了他收藏的几十双小脚鞋,每一双都精工细作,其中有一双小脚鞋上边绣的不是鲜花等图案,而是十分规范的英文字母。杨杨讲,这双鞋估计是19世纪修筑滇越铁路的时候,英法等国的技术人员到来,带来了曲里拐弯的英文字母,被心灵手巧的小脚女子看见,做了绣鞋上的图案。

客观地讲,就小脚鞋的式样和花色,不得不惊叹都是一些凝聚了人们智慧的艺术品,可叹的是,这种"艺术品"和烟枪一样,都是一种颓废文化的表现,即使形式再美,其实质不过是将女性双足视为玩物的证据而已。

六一村自从被杨杨《摇晃的灵魂》带向世界之后,来村里采访小脚老人的国外媒体络绎不绝,当时杨杨的母亲尚健在,每次有媒体到来,老人都要亲手做一双或红或绿的绣花小鞋,做礼品赠送,在老人辞世之后,还有一双绿色的绣花小鞋由杨杨保留。在采访完六一村即将离开的时候,杨杨拿出了那双小鞋赠与我,算是对我跋山涉水寻访小脚老人,留住这段历史的勉励和肯定。这双小鞋,怕是人类历史上最后一双精工细作,却从来没有被穿过的"莲鞋"了。

林珍妹：点点金莲步步危

拍摄时间：2012 年 1 月 25 日。

林珍妹，福建省连江县苔菉镇北茭村人，1922 年出生，属狗，时年 90 岁，6 岁裹脚，17 岁出嫁，育有 4 子 1 女，7 个孙子，5 个重孙，丈夫 2000 年去世，寡居 12 年。

和谢金妹、邹月娥两位老人相比，林珍妹老人的一生要幸福得多。6 岁裹脚，17 岁被丈夫娶进海边礁石上的一座石屋，婚后，丈夫出海打渔，老人在家缝缝补补，这样的生活一直持续到 2000 年丈夫去世。

我见过全国各地的各式小脚鞋，我听过许多小脚老人凄惨的裹脚故事，但第一次见到林珍妹老人时，她那一双和三岁小孩一样大小的小脚还是让我震惊了。老人 6 岁裹脚时，脚婆把她吊在房梁上，让脚尖触地，而后，再用几尺粗布，绕着脚趾一直缠到脚脖子，这才结束。等下地之后，脚掌无法挨地，只能像芭蕾舞演员一样，以脚尖触底，腾挪行走，后来，由于身体的重压，脚骨从脚掌处断裂，此时，又逼迫穿上一双三寸大小的鞋子。其实所谓穿鞋，不过是将脚尖塞进鞋子，而被折断的脚掌后半部，就被竖了起来。

老人居住的石屋底下就是海，因为雾气大，屋子的地板常年都是湿滑的；整个黄岐半岛的麻石板一年四季同样也是湿滑无比，生活在这里的小脚老人在这湿滑的石板上"笃笃"地由春敲到秋，由冬敲到夏，麻石板上，踩不稳的小脚不知道使自己摔倒过多少次。

很久之后，我都能想起那个遥远的渔村和那个摇摇晃晃的老人，那个在岩石边听了一辈子涛声的老人。她的一生平淡无奇，乏善可陈，在漫漫历史长河里，她可能连一朵浪花都算不上，她的日夜，只能在观沧海中度过，她的窗外，唯有"山岛竦峙，树木丛生，百草丰茂"……

347　最后的金莲

最后的金莲

王仕珍：脚踩木板伺稼穑

拍摄时间：2011年6月27日。

王仕珍，湖北省枝江白洋镇双庙村，1916年出生，属龙，时年95岁，10岁裹脚，18岁出嫁，育有2子1女，5个孙子，4个重孙，丈夫2000年去世，寡居11年。

10岁那年，王仕珍开始裹脚，因为家里穷需要劳力，所以父母亲对她裹脚的事没有看得太重，只是把两只脚的大拇指压在脚掌下，然后再裹起来就完事。

每年插秧时节，男人都赤脚下田，王仕珍也跟着父母下地干活，虽说她不是正宗的小脚，但脚板还是比正常人要纤细一些，动辄就深陷泥淖。为此家里人想出了"给脚上绑一块木板"的办法。脚下绑了木板，尽管不容易陷入泥中，但每迈出一步，木板都吸在泥上拔不出来，为此她常常因为把握不好平衡而摔倒在田里，糊一身泥水。

这种情况一直持续到了20世纪60年代，一直到妇女光脚干活无人笑话为止。

在乡村劳作面前，裹脚布和木板包含了很多话题，也见证了畸形礼教分崩离析的过程，老人可以穿着拖鞋在南方炽热的夏天里尽情凉快，而那些嘲弄的笑声和蔑视的眼光也已不再。社会的宽容一如这原野的生物丰富而多样，再也没有可笑的统一标准，只是那些木板和裹脚布，可载得动许多愁？

351　最后的金莲

赵淑珍：老在荒宅无人问

拍摄时间：2012 年 6 月 11 日。

赵淑珍，河北省蔚县南岭庄乡小贯头村，1922 年出生，属狗，时年 90 岁，6 岁裹脚，19 岁出嫁，育有 4 子 2 女，5 个孙子，2 个重孙，丈夫 1980 年去世，寡居 32 年。

赵淑珍 6 岁裹脚时，脚部感染几欲死去，贫病交加的父母并不看重女孩，任其自然，结果"阎王放了她一条生路"，自己活了过来；22 岁生育第一个孩子时难产，结果又大难不死，大人小孩最终平安无虞；丈夫去世后为赚钱养家，小脚女人上工地当小工，结果房顶掉下砖块砸中头顶险遭不测，又被神奇地救了回来。

老人半生，饱经忧患，时至晚年，太平盛世，本当含饴弄孙，尽享天伦，但却因种种原因，独自居住在一个荒芜破旧的院子里，聊度残年。黄昏时分，和老人道别，她坚持要送我们出门，快出村口时，再回首，见那残垣断壁处，一抹斜阳下，荒径凄凉，孤影子然！

犹太人有一句谚语："母亲给孩子东西时，孩子笑了，孩子给母亲东西时，母亲哭了。"在赵淑珍老人的小院里，也曾有孩子们的欢声笑语、你追我赶；今天在那凄凉的小院里，除了墙倒屋缺，满目荒芜之外，却再也没有了笑声。

353　最后的金莲

王玉秀：心底无私天地宽

拍摄时间：2012年4月4日。

王玉秀，甘肃省皋兰县石洞镇中堡村人，1919年出生，属羊，时年93岁，8岁裹脚，13岁出嫁，育有2子，7个孙子，2个重孙，丈夫1980年去世，寡居32年。

王玉秀老人生于"五四"时期，幼年虽然裹了小脚，却接受过一些启蒙思想。后逢乱世，加之天灾，可谓尝尽人间奇苦。苦难和动荡的生活使她养成了善良而坚韧的品格。如若有人上门行乞，纵然仅有一瓢稀粥，也一定要分一点出去；村里婚丧嫁娶，只要知道，都要忙前忙后；即使对待村里的孩子，从不问亲疏远近。乐善好施，积德行善，方圆数十里，皆闻其名。

皋兰县石洞镇东山之麓，有一建于元代的石洞寺，三面村落，烟树簇拥，田园毗连，麦绿菜翠，瓜果瓢香，生机盎然。1989年恢复佛教活动，年过古稀的王玉秀欣然接受戒律，皈依佛门，成了寺里一名俗家弟子（俗称居士）。从做居士第一天起，她就开始吃素念佛，至今从未间断，还经常劝导儿孙及村子里人要行善做好事，且处处以身作则。每逢初一、十五，老人必要迈动小脚，扶杖参加寺庙里的法事，法事结束后，还要带上供果挨家挨户散发，让大家吃点贡品，以保吉祥。村长告诉我，老人心底十分宽豁无私，一辈子做什么事都为他人着想，是出了名的活菩萨。性格非常好，从没见过和人生气，村里人都喜欢她。

陶铸名句"如烟往事俱忘却，心底无私天地宽"反映了革命者的高尚情怀，此句也同样适用于一个人觉悟后的境界。王玉秀老人古稀之年皈依佛门，静修灵魂，以一己之力、羸弱之躯为全村传递福祉，20年不辍，其心至善，其情至伟！

刘玉兰：云开雾散见月明

拍摄时间：2010年12月1日。

刘玉兰，甘肃省武威市凉州区金羊镇五一村人，1924年出生，属鼠，时年86岁，9岁裹脚，18岁出嫁，育有1女，丈夫1969年去世，寡居41年。

刘玉兰老人的丈夫曾经在解放前的国民党机关做事，但是他早年就已经加入了共产党，常常以其合法身份作掩护，为其他的地下党员偷偷地传递情报，刘玉兰也知道丈夫的所作所为，也深知其危险性，每次紧要关头，都能给丈夫巧妙地作掩护。那时候，丈夫接头的暗号就是一只鹰的标志。

因为是单线联系，所以除了接头的人，没有人知道刘玉兰丈夫的真实身份，从20世纪50年代开始，将近20年的时间里，丈夫受到了无数次的审查、揪斗和批判，虽然刘玉兰每次耐心抚慰，但丈夫终于变成了精神病，并于1969年在家中含恨死去，死去的前夜，他让老伴找来墨汁，刘玉兰以为丈夫要留遗嘱，结果丈夫却在大门内的墙上画了一只鹰。

自从丈夫死后，刘玉兰就遭受到了生活和精神的双重压力：因为小脚行动不便，常常挣不到工分而饿肚子；村子里的人一见她，就远远地躲着，生怕被她牵连。

1980年农历6月17日下午，公社派人找到她说，经过多次调查，查实她的丈夫确系武威我党地下工作者，冤案应该昭雪。刘玉兰听到这个消息后，百感交集。后来公社召开大会，宣布恢复刘玉兰丈夫的党籍，并确认她的"干属"身份，每月补助100元钱。

2010年12月1日，老人说起过去的坎坷际遇时，时而潸然泪下，时而展颜微笑。采访结束，临出院门，我看到大门旁边斑驳的墙面上，画着一只鹰，颜色暗淡，已略显残缺了。

白居易曾诗："周公恐惧流言日，王莽谦恭未篡时。向使当初身便死，一生真伪复谁知？"来阐明真伪邪正需要日久方验。从这个意义上说，刘玉兰老人在有生之年，终于盼来了云开雾散见月明的日子，也算幸运了！

359　最后的希望

彭秀英：逃亡千里膝代足

拍摄时间：2011年5月13日。

彭秀英，甘肃省古浪县大靖镇民权乡东关村人，1924年出生，属鼠，时年87岁，7岁裹脚，18岁结婚，育有4子3女，13个孙子，丈夫1962年去世，寡居49年。

迁徙曾是人类旧石器时期的一种普遍生活方式。在农业文明时代，如果不幸遭遇战火或者天灾，也会出现大规模的迁徙或者逃亡。"迁徙"和"逃亡"的唯一区别是，逃亡的主体能回归旧家园。本文主人公就是逃亡者之一，其悲壮的历程催人泪下，过去未来，恐无出其右者。

1959年，甘肃古浪旱灾经年，食物奇缺，树皮被人剥光，野菜连根都被人挖走。时值冬天，被饥饿折磨得无法忍受的彭秀英与丈夫既不愿在毫无希望的日子里坐以待毙，更不愿奄奄一息的孩子们劫数难逃，遂一起带着几个幼小的孩子离开家园，往新疆方向逃亡，他们听说，新疆好歹可以找到点吃的。

这一去，辗转北上三千里，一步步频频回顾、热泪暗弹；这一去风霜雪雨十数载，一日日汗流如雨、关山难度；这一去他乡黄土掩身骨，一声声葬夫悲歌、愁人肠断。

3,000里逃亡路，小脚走不快，丈夫怀里抱着女儿，背上背着儿子，再加上饥饿，根本没有力气帮扶她，大多数时候彭秀英用一双膝盖在地上爬行，戈壁滩上遍地的碎石磨穿了裤子，磨开了皮肉，她只能咬牙忍着。路上如果讨不到吃的，饿极了逮住虫子也吃。两年后，等她们到达吐鲁番的时候，彭秀英的一对膝盖上全是厚厚的老茧，用手一揭，就掉下一个碗状的硬壳。在这里，丈夫和她找到了活计，给葡萄园做工，一家人就算安顿下来。

20世纪70年代末，在吐鲁番的彭秀英收到了家乡的来信：家乡现在要包产到户了，能吃饱肚子了。彭秀英在早已病死的丈夫坟前烧纸叩头，背起西域的馕饼、拖一根棍子、拿几个破碗、又一路跪爬，乞讨到了家乡。

村里人讲，当年逃荒并没有对老人造成多大的刺激。反而是10年前她的二儿子因为胃病去世，老人几乎被击垮。整天落泪自责，抱怨当年生活条件太差，才让儿子落下胃病。

彭秀英以膝代足，爬出了一个小脚女人和她全家的求生之路。古道西风里，那微小的身躯进不了历史的画卷；长河落日下，那苍凉的身影也如晚霞一般转瞬即逝。但苦到骨子里却坚韧不拔、不言放弃、相信胜利的中国百姓，身上张扬着的上古时代炎黄给我们留下来的龙族精神，在中华民族史诗般的文明长廊里，一如星空闪耀，长盛不衰！

361　最后的金莲

陈佃枝：无趾之足痛终生

拍摄时间：2012年6月12日。

陈佃枝，河北省蔚县西合营镇穆家庄村人，1925年出生，属牛，时年87岁，7岁裹脚，20岁出嫁，育有1女，3个孙子，2个重孙，丈夫1998年去世，寡居14年。

1925年，陈佃枝出生在河北省蔚县一个贫困农家，时值军阀混战，地处战争要冲的蔚县"城头变幻大王旗"，频繁的战事致使"白骨露于野，千里无鸡鸣"，许多家庭妻离子散、家破人亡。

陈佃枝7岁时，父亲去世，母亲无力养活孩子，在一个夜晚留下她和12岁的哥哥离家出走。乱世兄妹，无以为继，哥哥哭着把她送给村里一户富农当了童养媳，自己则做了地主家的长工。做童养媳半年后，婆婆给她裹脚。因为想给儿子缠出一个标准的小脚媳妇，不会裹脚的婆婆只管以浸湿的布条狠心死缠，并不理会陈佃枝撕心裂肺的哭号，以至于她双脚脚趾全部被扭断，等到后来揭掉裹脚布时，才发现十趾均已坏死。疼痛和感染使陈佃枝昏迷了几天几夜，婆家以为她死了，将她弃于荒野，不想这个苦命的孩子生命力极度顽强，在荒郊野外昏迷了数天后居然爬回了婆家。活过来的陈佃枝过着比牲口还苦的生活。20岁那年，蔚县来了八路军，他们知道老人的遭遇后，将她从婆家救出，老人这才脱离苦海。

在此后的日子里，陈佃枝老人因为双脚无趾、足弓断裂，无法掌握平衡，居家岁月，只能做一些最简单的活计。解放后，新政府照顾她当了一名饲养员，一当就是几十年。如今蔚县，人富地肥，百业兴旺，老人常能想起当年遭受的折磨，但更多的，却是感慨来之不易的太平盛世。

缠足时代，有"娇男不娇学，娇女不娇脚"的说法，陈佃枝老人人脚两不娇的遭遇，相信读者诸君，从这双"金莲"之中，能清楚地窥见被隐藏的人性。

363　最后的金莲

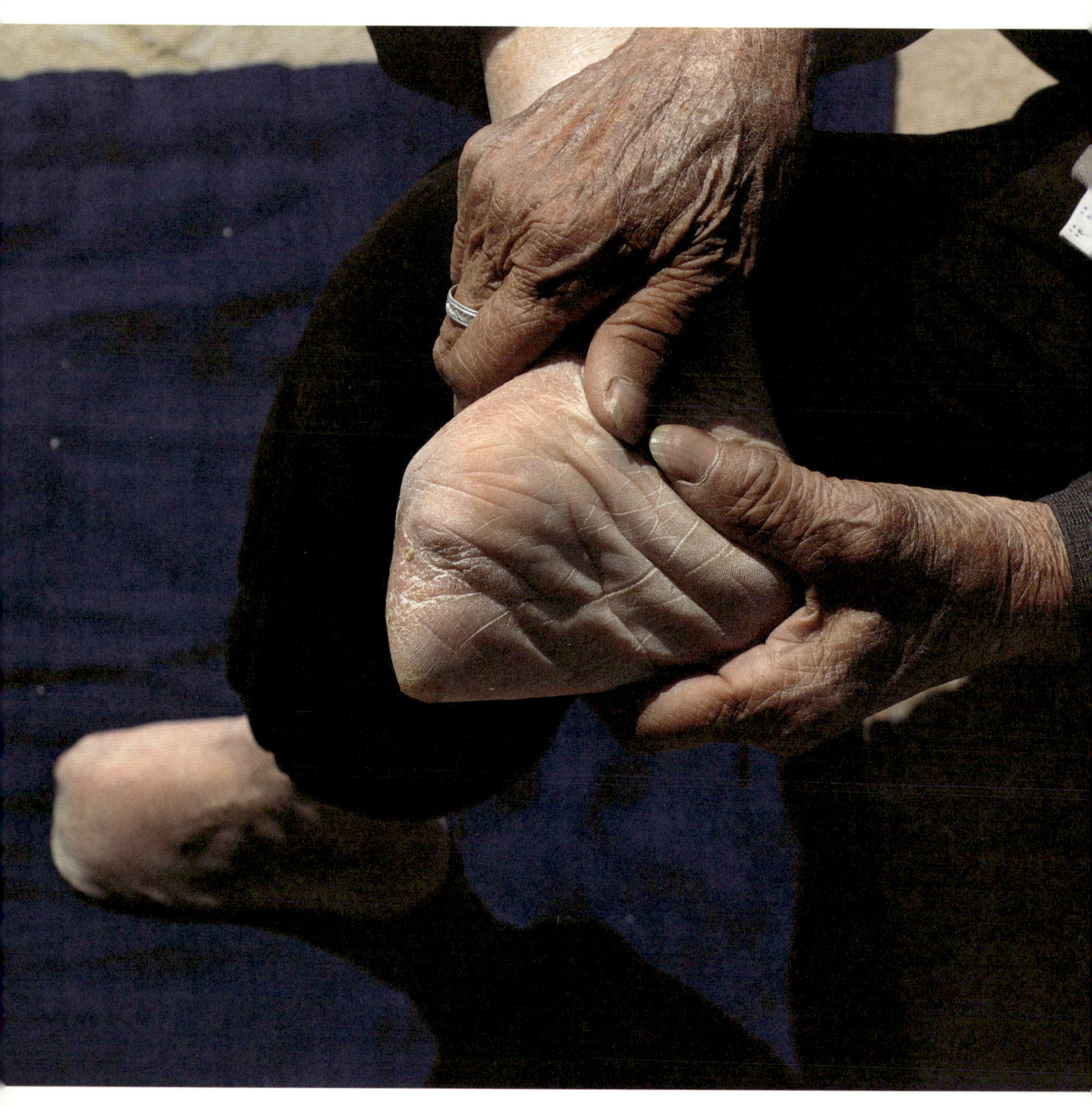

365　最后的金莲

最后的金莲　366

钟兰香：最是黄昏不了情

拍摄时间：2008年12月5日。

钟兰香，甘肃省武威市民勤县蔡旗乡人，1927年出生，属兔，时年81岁，7岁裹脚，15岁招上门女婿，20岁时因第一个丈夫病逝再嫁，育有3子，7个孙子，3个重孙，丈夫2006年去世，寡居2年。

钟兰香的父亲曾是当地一名颇有名气的皮匠。从当地常见的绵羊皮到十分稀有的沙漠狐狸皮，在他的手中，都能做成十分精美的皮具。因为父亲的好手艺，生于乱世的钟兰香小时候过着衣食无忧的生活。皮匠父亲尽管不缺银钱，但妻子自从生了钟兰香之后，却一直无法怀孕。无奈，在钟兰香12岁那年，父亲一边给她传授做皮子的独门手艺，一边操心给她招上门女婿。15岁那年，一个逃荒到武威的小伙子被她父亲相中，和她成了亲。婚后，钟兰香和丈夫在父亲的帮助下，扩大了皮子作坊，雇了伙计，生意十分兴隆。

1956年，实行公私合营，钟兰香家里的皮子作坊被政府兼并办了皮革厂，钟兰香和丈夫重新做了老实本分的农民。"割资本主义尾巴"后，钟兰香就再也没有做过皮子活。1980年，改革春风扑面而来，老人又想经营一家皮子作坊，但自己年纪大干不动，子女嫌做皮子又臭又累，也没有人愿意跟她学这门手艺，老人为此十分伤感，常说"钟家的聚宝盆丢了"。

传承和创新历来是一个热点话题。钟兰香老人有"钟家的聚宝盆"，却在工业化文明中被最终丢弃，在经济建设的同时，有多少传统手工业被以各种名义丢弃了。也许，这些被丢弃了的文明，就像一架疾驰的马车上的"辖"，弃辖减负，何异削足适履。

369　最后的金莲

李月华：夕阳斜照满院红

拍摄时间：2011年5月13日。

李月华，甘肃省古浪县民权乡杜庄村人，1923年出生，属猪，时年88岁，10岁裹脚，19岁出嫁，育有5子，11个孙子，9个重孙，丈夫2000年去世，寡居11年。

在20世纪的沧桑岁月里，动荡的社会让李月华形成了隐忍贤良、勤劳质朴的性格。为了经营好自己的小家，老人常常日出而作、日落而息，一生勤勤恳恳、任劳任怨。即使在花甲之年，孙子相继出世，依旧竭尽全力，操持大小事务，不是给他们准备四季衣物，就是跟前跟后嘘寒问暖，忙得不亦乐乎。就连重孙出世，老人也没闲着，给孙媳千叮咛、万嘱咐传授育儿之道。

如今，子女们日子个个安定温暖，老人除了最小的孙子未曾婚配而略感遗憾之外，其他都十分满意。如今小孙子眼看年届而立，还没有找到合适的对象，这令老人十分着急，常常念叨说："孙儿不知道成天忙啥，快点结婚，生个娃娃，我走了心里就不牵挂了。"

二儿子说，老人现在眼睛快看不见了，但还坚持在家里养了几只羊，想攒钱给小孙子娶媳妇。按母亲的话说："一只羊现在能卖一千多，四只羊就近一万，还有一只是母的，下了羊羔还能接着养，喂大了就卖了，将来给孙娃娶媳妇，不添斤，添个两。"

红尘滚滚，人海茫茫。有些人像太阳，以光和热普照大地，滋润万物；有些人则像藤条，只会缠附树上，吮吸着母体的营养。李月华老人无疑是太阳，身老眼盲，依旧如夕阳斜照，光辉满地，经久不衰。不知那些躺在父母怀里，挥霍青春、放纵欲望的藤条们，是否看到了他们没有高度的人生？

371　最后的金莲

庞贾氏：相依为命风雨情

拍摄时间：2012年4月1日。

庞贾氏，安徽省砀山县人，1923年出生，属猪，时年89岁，9岁裹脚，18岁出嫁，一生未育。

走进庞贾氏破旧的小院时，一眼就看见了小屋前的老人。早晨的阳光从围墙外的树缝中投射过来，洒在老人的身上，她的盲眼老伴坐在她身边一个木凳上，手里捏着一把系了一根细绳的木棍。

自从十多年前丈夫眼睛看不见之后，庞贾氏没有离开过他一步。有时忽遇骤雨，丈夫眼盲心焦，一着急就乱跑，庞贾氏就拽着他东躲西藏，即使自己被淋得浑身湿透，也从不抱怨。有时自己不在，丈夫想自己出门，结果几次差点遭遇车祸，都是她追着拽回来救下命的。有时做好饭，丈夫着急想吃，常常把手伸进碗里，老人为此还责怪自己让丈夫饿了肚子。

送别时，庞贾氏不住地问我："都老了，他眼睛又瞎了，万一俺死在他前头了，剩下他一个人可咋办？"一语才出，数次哽噎。

庞贾氏和丈夫相伴70余年，丈夫眼盲，十余年寸步不离，悉心照顾。虽无儿孙之乐，白头偕老也算一种福分。这个相濡以沫的故事让我想起一首诗："当你老了，头发白了，睡思昏沉，炉火旁打盹，请取下这部诗歌慢慢读，回想你过去眼神的柔和，回想它们昔日重的阴影；多少人爱你青春欢畅的时辰，爱慕你的美丽，假意或真心；只有一个人爱你那朝圣者的灵魂，爱你衰老了的脸上痛苦的皱纹！"当你老了，盲了，为你牵心牵引道路的人会是谁呢？

373 最后的金莲

王姜氏：朱集有女称"妲己"

拍摄时间：2012年4月1日。

王姜氏，山东省单县朱集镇姜新庄人，1911年出生，属猪，时年101岁，7岁裹脚，17岁出嫁，育有1子1女，6个孙子，3个重孙，2个玄孙，丈夫1970年去世，寡居42年。

王姜氏老人出生的朱集镇历史悠久，名人辈出，深厚的历史文化背景培育了当地淳朴善良、勤劳质朴的民风。

王姜氏小时候，因为水灵可爱，家人就以美女"妲己"之名给她取名，并不理会"妲己"狐精恶名。后来老人快出嫁时，婆家觉得"妲己"这个名字不吉利，就按照习俗直接叫她王门姜氏了，但许多人已经叫惯了"妲己"，常常以此名称呼，老人也不在意，有呼必应。老人一生十分勤劳，播种耕作样样在行，直至70岁后，才很少躬耕田亩。闲不住的老人喜欢在屋子周围种上果树花草，浇水施肥，精心伺弄。儿子曾经长期和她一起生活，但后来体弱多病，加之年事已高，村里人才把他们分开照顾。今天满村庄的果树，有许多是老人种植的，我们去采访时，正值人间四月，天高云淡，那些果树枝繁叶茂、含苞待放，十分喜人。

后查史料得知，朱集镇所处单县历史悠久，名人辈出，孔子弟子宓子贱曾在此主政，李白在此访友赋诗，杜甫、高适多次登临吟咏。以朱集悠久之历史，丰厚之文化，竟有人为王姜氏取名妲己，是妲己之恶于斯地无涉，或是以斯地之智以为妲己本无恶行？

375　最后的金莲

田桂娥：不辞羸痛卧残阳

拍摄时间：2008 年 11 月。

田桂娥，甘肃省张掖临泽县人，1919 年出生，时年 89 岁，属羊，8 岁裹脚，16 岁出嫁，育有 3 子 1 女，5 个孙子，3 个重孙，丈夫 1988 年去世，寡居 20 年。

田桂娥的父亲是一个"庄稼把式"，撒种扶犁、收割碾场样样在行。在这样的家庭环境中，她从小就养成了热爱土地、热爱劳动的好品质。11 岁那年，父亲用大半生的积蓄，买了三亩薄地，田桂娥为此十分兴奋，常常天不亮就起床，肩扛破筐，手执小铲，漫山遍野去捡拾牲畜粪便，给地里积肥。村里人都夸她是个过日子的好孩子。

16 岁出嫁之后，婆家地无一垄，她又颠着小脚和丈夫去给人家扛长工，一分一分地攒钱，打算将来买一份自己的地。后来成了新中国的社员，村里许多人干集体活都磨洋工，老人却舍不得让地糟蹋着，照例像伺候家里的土地一样伺候生产队的土地。因为勤劳，她得的"工分"很高，每年分的粮食基本能维持全家温饱。

包产到户后，土地承包给了农民，老人激动得彻夜难眠，每天都要带着子女早早起床，不是积肥，就是松土，忙得不亦乐乎。后来农村的日子越来越好，机械化耕作解放了大批劳动力，家里的儿孙都去了城里打工，十多亩地就靠老人一手经营。

民间有"土吃人哭天喊地，人吃土欢天喜地"的说法，简单阐明了人和土地的关系。农耕文明培育了人与土地不可分割的深厚情感，田桂娥老人一生依恋土地，即使年届九旬，依然不辞羸痛，要照顾她的十多亩土地，这正是中国农民依恋土地的一个缩影。然而当前社会，据说大片农田因为无人耕种而荒芜，因为工业污染而废弃。然而不知是否想过，没有了土地，满天的星斗，不会再明亮闪烁；成吨的黄金，终不过是一堆沉重的负担。

379　最后的金莲

诗词中的金莲

　　诗歌是最古老也是最具有文学特质的文学样式，它来源于上古时期的劳动号子以及祭祀颂词。数千年来，文人骚客莫不以诗歌寄情咏志，诗歌也因此被奉上了高贵的殿堂，清雅圣洁。然而，咏哦风花雪月、红梅青松的诗歌，也曾在一千多年前的宋代开始，专门对着女人被缠裹的一双小脚，大唱赞歌。

　　女人被缠裹的小脚，尽管美其名曰"金莲"，但其形丑陋、其味恶臭，是不争的事实。没有好看的外表，也没有任何象征意义，却能被祭上诗歌的殿堂，这实是当时社会的一种病态审美情趣使然。但文学往往有超常的预见性，曾经咏哦"金莲"的诗词，虽然依附于"金莲"而生，但它却在"三寸金莲"消逝之前，就率先淡出了。

　　据史料记载，中国诗词史上专咏缠足的第一首诗词，是唐宋八大家之一的苏轼。苏轼自号东坡居士，曾潜心参禅，但一首咏足的《菩萨蛮》，也使人们看到了他并不清静的心："涂香莫惜莲承步，长愁罗袜凌波去；只见舞回风，都无行处踪，偷立宫样稳，并立双趺困；纤妙说应难，须从掌上看。"

　　东坡居士先是看到了裹脚女子婀娜多姿的行走姿态，心里已经有了吟诗的冲动，再看到那些女子们站立不稳、双脚来回倒腾的焦灼模样之后，就盯着那一双小脚，发出了"说应难"，还是拿到"掌上看"的无奈。以苏轼的才情，面对一双小脚，竟然也激动得江郎才尽，找不出适合的句子表达感情，至于那些诗文一般的人，估计看见那一双小脚，也只有瞠目结舌了。

　　苏东坡有豪放的性格，随心赞叹一双小脚，也许仅仅代表的是他个人的心情，不见得是一种风尚，但是元代曾以李白自拟的大诗人李炯，曾经受命于皇帝，应制而作的《舞姬脱鞋吟》，足以看出，女性一双被缠裹的小脚，在元代，已经居庙堂之高了，而且堂而皇之地登上了诗歌的殿堂，与风花雪月一起成了"风雅"的代名词。

　　"侍儿解带罗袜松，玉纤微露生春红。翩翩白练半舒卷，箨箨（tuo,竹笋上的皮）初抽弓样软。"皇帝与大臣一起观看舞姬脱鞋，还让大臣写一首诗来相戏，而大臣也凑到那臭哄哄的脚跟前，仔细观察之后，夸赞那双被裹脚布勒得发红的臭脚是春天花苞出头的润红，而且揣测那双脚就像剥了皮的竹笋一样白嫩绵软。李炯是臣子，不可能伸手去摸皇帝舞姬的那一双小脚，对那双脚的感觉，也只是揣测，但无论是真实感受还是揣测，对一双小脚极尽夸赞之能事，还是一目了然的。

　　舞姬们跳完舞蹈，被缠裹的小脚不疼是不可能的，这也让李炯看到了，于是他满怀怜悯地写道："金莲窄小不堪行，自依东风玉阶立。"舞姬娇弱到了什么程度？一阵风吹来，她们就能依靠在风上歇息，元人对女性审美的标准，从这里也看出了一二——他们是喜欢女性弱不禁风的，女性怎样才能弱不禁风，最好的办法就是缠足缠得越小越好。如果可以揣测，元代也许是女性缠足走向极端的开始。

　　朝堂之上，君臣相戏，而主题就是"三寸金莲"，一双小脚，君王不仅赞赏眷恋，就连被整个社会尊崇的文人士大夫也倾其腹中才华，竭尽赞美，平民女子，怎么能不竞相仿效，去缠裹一双变形变小的双脚呢！而那些"学得文武艺，卖与帝王家"的文人，又怎么可能不以"金莲"为题，大肆"赋比兴"呢！"金莲"与"诗词"，就在这样的相互影响中，彼此不断推向高潮。

也许达官显贵咏足是为了消遣，至于一些贫寒的文人应该不会对这种畸形文化趋之若鹜吧？其实不然，在宋代，一位叫刘改之的诗人，也曾填写过《沁园春·咏美人足》的词。刘改之一生清贫，郁郁不得志，后与辛弃疾相交相知，才过了几天安稳的日子，这个狂放不羁自称"谪仙"的诗人，看着那一双被绣花鞋包裹的小脚，竟然也温情地说："销金样窄，载不起盈盈一段春。"在这个备受后人尊崇的豪放诗人眼里，女人的那双小脚，小得让人不敢想，一想，就是钢铁也得熔化，而且柔弱得连一段春光都载不起。一个豪放的文人，在一双小脚面前，竟然也有了如此细腻的情怀，这不得不让人感叹。

苏轼、李炯、刘改之他们从宋到元，无论是看见了一个小脚女子，或是看舞姬脱光了小脚所做的诗，至少都有"远观而不可近玩"的基本道德，而且，都是赞美女子双脚的"柔弱"。如果说那个时代至少对"金莲"还有怜惜的情感，尊重应该是大于调笑的，但到了明代，"三寸金莲"就赤裸裸地被文人调笑戏弄了，甚至是赤裸裸地猥亵。风流才子唐伯虎的《排歌》，就反映了唐伯虎对小脚的渴慕，也代表了那个时代看待小脚的声音。

"瓣月生芽，尖瘦帮柔满面花。从别后不见她。双凫何日再交加？腰上搂，肩上架，背儿擎住手儿拿。"这首诗写到，唐伯虎与一个女人好久不见了，把自己和这个女人比喻为一对在水面上嬉戏的野鸭，但是他对这个女人的思念，却一直停留在了一双脚上边。不管她要如何亲昵这个女人，最直接的，还是"背儿擎住手儿拿"，他要将这女人背在背上，然后用双手"拿"住她的双脚。在这首流传甚广的诗歌里，唐伯虎亵渎之心一目了然，而他也不遮不掩。由此可见，在那个年代，公然凌辱女性，以观赏玩弄妇女双足为乐，已经成了一种风尚。

当诗词对小脚的态度由矜持到随心所欲的时候，现实中那双小脚早已经成了人世间的玩物，而且，只要有男女暧昧的文字里，总能捕捉到小脚的影子。《西厢记》里写崔莺莺偷情前后，都着重描写了双脚，《金瓶梅》中描写潘金莲的浮浪，也在脚上用墨……由诗词而戏曲，以至于小说，文人对"三寸金莲"的无边赞美，最终形成了"雅俗共赏"的大众化的调侃。

及至清末，虽说也有诗词赞美"三寸金莲"，但那只不过是一些莲迷们在这种特殊癖好的召唤下，在有限范围内的一种文字游戏，而民间，则已经对这种几尺麻布包裹下变形的小脚，开始厌恶了，小脚不再是美的象征，而成了丑陋的代名词。这个时候，小脚只能配顺口溜、打油诗一类的俗文了。一副不知年月的《图画日报》，有个"营业写真"的栏目，画的是清末卖包脚布的情景，上边配写的文字，虽然短，却实在有些意思："包脚布，的四方，买来好包脚一双，日间袜里勿觉着，晚间脱开臭得慌，我闻丑陋之人，貌如包脚布，满面皱纹多污秽，此人若将包脚布来卖，面孔倒好，权把招牌做。"

《图画日报》对小脚的真实面目没有太多描述，但从其字里行间，大家都能感觉得到，所谓"三寸金莲"，其实就是一个"多皱纹、多污秽"，"臭得慌"的一双变形的脚丫子而已。清末，"三寸金莲"慢慢淡出了诗歌的殿堂，至此，咏哦小脚的历史也终结了。

刘万英：标准"金莲"因庶出

拍摄时间：2011年5月13日。

刘万英，甘肃省古浪县裴家营镇孟家庄村4组人，1924年出生，属鼠，时年87岁，6岁裹脚，17岁出嫁，育有3子1女，7个孙子，1个重孙，丈夫2008年去世，寡居3年。

刘万英的父亲曾经有两房太太，一正一偏。正房掌管家里日常开支，偏房只能对其言听计从。刘万英的生母是父亲的偏房，从出生始，在娘家就没有什么地位，正房大娘以"死女子"作为她的乳名，一直叫到她出嫁。

刘万英6岁时，父亲让大娘给她裹脚。开始裹脚时，她疼痛难忍，哭闹着不配合，大娘就用绣花针扎她的脊背和屁股，威胁她不许哭。脚裹好后，刘万英晚上疼得无法入睡，生母可怜她，就偷偷地给她解开裹脚布。父亲和大娘知道后，十分震怒，不但体罚生母，还让刘万英此后和大娘住在一起。和大娘住在一起的半年里，刘万英害怕她用针扎自己，就再不敢哭闹，她的双脚也就成型了，成了标准的"金莲"。

嫡庶有别是2,000多年中国封建社会的独特人文景观。因庶出之悲，幼年刘万英乖巧懂事，百般讨好父亲大娘，希望没有针刺，没有呵斥，可谓步步惊心。及至成年嫁人，惧怕和懦弱成了她最主要的秉性，人性之悲，盖如斯也！

刘郭氏：贞节牌下守德女

拍摄时间：2012年4月1日。

刘郭氏，江苏省丰县赵庄镇大刘集村人，1920年出生，属猴，时年92岁，7岁裹脚，17岁出嫁，育有2子3女，11个孙子，3个重孙，丈夫1990年去世，寡居22年。

刘郭氏7岁时，由名医父亲裹脚，所以老人裹脚时没有任何风险，即使双脚流脓流血时，也没有发烧病倒。17岁结婚时，老人要求婆家按照当地风俗，让她坐在披了红绸棉被的骡子身上，露出一双穿着绣花鞋的小脚，在婆家的村子里转两圈"夸足"，以标示自己是正宗小脚。

婚后不久，即逢战乱，徐州一地生灵涂炭、户户萧条，刘郭氏一家随村人东走西奔，躲避战乱。逃亡路上，都是保命第一，但老人不仅要保命，还十分看重女德，吃东西躲在丈夫身后；夜晚歇息也要远远地避开人多处；丈夫为此说她太愚，老人从不辩解，却照样我行我素。

建国后，老人一家才过上了平安日子。后来子孙满堂，本可以安享清福，但她却说"老天生人，不吃闲饭"，不是帮孙子带孩子，就是帮着晾晒山药，整日忙得不亦乐乎。

采访时，曾见赵庄镇有一明朝万历年间古迹名曰"烈女坊"，至今保存完好，下刻横幅"旌表人民卜息聘妻齐氏烈之门"和"烈女坊"。两根石柱上刻有一副对联："赤志矢贞冰清玉洁深堕泪，黄麻褒烈名高二墨永雄风。"看到这个贞节牌坊，再读刘郭氏老人的一生，似乎一切都顺理成章了。

385　最后的金莲

杨树荣：驴槽裹脚拒鬼神

拍摄时间：2012年4月4日。

杨树荣，甘肃省皋兰县石洞镇蔡家河村人，1922年出生，属狗，时年90岁，7岁裹脚，19岁出嫁，育有2子3女，7个孙子，4个重孙，丈夫2010年去世，寡居2年。

90岁的杨树荣老人性格十分开朗，当问起她为何有一双如此小巧的小脚时，老人笑着讲："村子里都是女人裹脚，就我的脚是我爹裹的，男人裹脚小得快。"

旧时裹脚，常常有人在裹脚后因为足部感染，轻则肢体残疾、一生无法行走，重则感染身亡。杨树荣7岁时，由父亲抱在驴槽里给裹了脚，据说是因为裹脚女子神鬼惦记着，放在驴槽里，神鬼以为女子让驴吃了，就不再纠缠，也就不会因足部感染身亡。对于为什么男人裹脚小得快，老人只是笑。一边的村干部说，其实男人裹脚小得快，是因为男人手劲大，裹脚布缠得紧。

19岁时，杨树荣嫁给了当地一个读过书的小伙子。起初，小伙子很喜欢她的三寸金莲，对她一直很好，解放后，丈夫受到新社会新思想的影响，慢慢地讨厌起小脚了。在丈夫的影响下，老人也慢慢觉得脚还是大了好。

时移世易，美的标准也发生了变化，世界越是向前发展，人类对于美的定义就越是多样化。但无论如何多元化，审美都必须以不损害身心健康为前提。后来我了解到，驴槽裹脚，是为了把哭闹挣扎的小孩用驴槽卡起来，以便于裹脚方便，杨树荣老人在鬼神的谎言里，对脚的审美一步步在发生变化，我们但愿那些畸形的审美不再、谎言不再！

387　最后的金莲

周凤英：春色满园关不住

拍摄时间：2009年7月9日。

周凤英，甘肃省榆中县连搭乡薛家营村人，1921年出生，属鸡，时年88岁，8岁裹脚，19岁出嫁，育有5子，13个孙子，5个重孙，丈夫2002年去世，寡居7年。

周凤英小时候，家资颇丰，后来爷爷迷上了大烟，日熏夜抽，最终抽得家徒四壁，妻离子散，父母带着她寄身破庙，一家全靠父亲出门打零工艰难度日，往往是吃了上顿没下顿。食物不济，缺少奶水，周凤英从小就严重营养不良，2岁时，体重还不如一个健康的一岁孩子，连爬都困难，更不用说走路了。有好心人劝周凤英的母亲将她送人，但女儿是母亲的心头肉，周凤英的母亲始终没有放弃她。村里人都说周凤英大难不死，必有后福。

8岁时，按当地习俗，她被裹了脚。19岁时，她嫁到了甘肃省榆中县连搭乡薛家营村。丈夫是做皮革生意的，规模不大，勉强度日。周凤英嫁到婆家后，量入为出，勤俭持家，艰苦度日，相夫教子，事无巨细，身体力行，家庭情况慢慢好转。解放后，重农抑商，丈夫生意做不下去而回乡务农，周凤英从无抱怨，反而更加体贴关心。

周凤英先后生下五个儿子，她对五个儿子的管束特别严格，有时就连当丈夫的都觉得太过严厉。在她的教导下，五个儿子都小有成就：大儿子现在70岁了，在兰州当过干部，退休了；二儿子在乡农机站，也退休了；三儿子开砖窑，老四给老三帮忙；老五在武威开了一家玻璃器皿店，五个儿子个个有出息，周凤英的生活成了全村里数一数二的小康之家。

2000年，几个儿子觉得母亲苦累半生，共同出资建造了一座木质结构的房子供她养老，并添置了很多城市里人才会有的生活电器，儿子们还给她买了她喜欢听的秦腔碟片。看着老人幸福的晚年，村里人都夸儿子们孝顺，她却总是乐呵呵地说，她是享了政策的福。

夏衍说："种子不落在肥土而落在瓦砾中，有生命力的种子决不会悲观和叹气，因为有了阻力才有磨炼。"这正是周凤英老人的真实写照。虽然老人把晚年得福归结于政策英明，虽曰天命，岂非人事？

389　最后的金莲

391　最后的金莲

刘英：心轻万事皆鸿毛

拍摄时间：2011 年 5 月 1 日。

刘英，甘肃省榆中县连搭乡薛家营村人，1924 年出生，属鼠，时年 87 岁，7 岁裹脚，17 岁出嫁，育有 2 子 6 女，11 个孙子。

刘英老人缠足后，养在深闺，自小受父母耳濡目染，形成了达观开朗的性格，"与人为善、吃亏是福"这样的观念很小就在她的脑海里根深蒂固。

丈夫杨银川是当地大地主杨光祖的二儿子，小她一岁，人很腼腆，不爱说话，也不喜欢出门，就喜欢一个人坐在炕上抽水烟、喝茶看书，要不就是到牛棚里看看牛，马圈里喂喂草，从来不和村里人多说话。为此家门户族里的人都背地里说他架子大。为了帮助丈夫处理好人际关系，从那时起，她非常注意自己待人接物的态度，见谁都是一张笑脸，谁家有困难，她都心甘情愿忙前忙后，不遗余力予以帮助，时间久了，家门户族都说杨家的二媳妇是好人，这越发让她觉得做人就该是那样。

刘英老人在生活中非常简朴，常常教育子女要懂得节俭，教育他们遇事不要发愁，相信"世上没有过不去的火焰山"。对待夫妻关系，要懂得相互理解和包容，没必要争你高我低，遇到晚辈家庭矛盾，老人主张大事化小、小事化了。

伊壁鸠鲁认为，对于人生来说，真正的快乐不是在于肉体，而在于精神的快乐。他主张一种对身体有益的、简朴的生活方式，强调"知足是一种大善"。刘英老人一生勤劳质朴，笑口常开，若以伊壁鸠鲁观点，当为大善。

393　最后的金莲

赵玉英：霜打华发与泪干

拍摄时间： 2011 年 5 月 13 日。

赵玉英，甘肃省古浪县大靖镇东关村人，1919 年出生，属羊，时年 92 岁，9 岁裹脚，18 岁结婚，育有 2 子，5 个孙子，3 个重孙，丈夫 1999 年去世，寡居 12 年。

赵玉英 18 岁时嫁给了老实巴交、勤劳善良的丈夫韩玉柱，婚后第二年即生下长子。韩家三代单传，头胎即得男婴，全家人高兴极了，为此，全村人一起带着大锅盔前来庆贺，赵玉英一家几乎用大半年的口粮办了酒宴招待大家。

那时缺吃少穿，缺医少药，大儿子动不动就生病，为了她平安长大，赵玉英成天磕头烧香，到处祈求菩萨。眼看长子一天天长大，可以顶门立户了，全家人乐开了花，给他说媒相亲、娶妻生子，一切看起来都很圆满。然而天有不测风云，结婚才 3 年，长子就不幸因病去世。起初，丈夫和小儿子一直隐瞒着她，告诉她儿子去外地务工去了。但纸里包不住火，当从邻居处得知儿子去世的消息后，赵玉英从早哭到了晚，几次晕死过去，乡村医院的医生抢救回来几回。整整半年时间，老人看见长子拿过的锄头、铁锨哭；看见儿子儿时的伙伴哭；看到儿子穿戴过的衣帽哭。这样眼睛就彻底哭瞎了。

四十多年过去了，一辈子心都在儿女身上的老人再也没有看见过窗外的桃红柳绿，再也没有看到过月圆月缺。"前几天还说，她死了就能找到我哥了。"老人的二儿子说起母亲为哥哥哭瞎了双眼的事情时，神情悲伤。

赵玉英老人四十年日夜思念儿子，泣血锥心，悲恸欲绝，长夜漫漫，不知春夏秋冬，正可谓："膝前冷落夜漫漫，日日哀歌如经年，四十春秋窗前过，霜打华发与泪干。"每一个人，爱惜自己，其实就是爱惜母亲；爱惜母亲，就是爱惜一个家，爱惜一个世界！

395　最后的金莲

杨珍梅：新嫁身有腹遗子

拍摄时间：2011年5月4日。

杨珍梅，甘肃省榆中连打乡麻家寺村人，1925年出生，属牛，时年86岁，8岁裹脚，21岁出嫁，育有1子1女，34岁改嫁后，育有2子2女，5个孙子，1个重孙，丈夫2006年去世，寡居5年。

杨珍梅母亲给她裹脚时，每缠一层，就要抹一些清水，以防滑收紧，不管女儿如何哀哀痛哭，做母亲的也毫不怜惜，说是"娇女不娇足"。自小杨珍梅就很懂事，除了帮助母亲在家干活外，拔草、养猪、喂牲口这些活也是抢着干，父母对她十分依赖，以至于她21岁才结婚，这在当时是难以想象的。

婚后的日子和周围的人家没有什么区别，大家都很贫穷，但是彼此友善。回想起那个时光的热闹场景和和睦的邻里关系，老人很怀念。有了一儿一女，眼看第三个孩子也快出世，丈夫却在饥饿和疾病中离世，在1959年的大灾之年，很难想像34岁的杨珍梅在身怀六甲的情景下如何生活下去，友善的乡亲们几番商量，决定一儿一女让族人领养，她自己则改嫁。族人帮她选择了现在的丈夫，此后杨珍梅和他一起生活至2006年。

第二任丈夫是一个十分靠老实、豁达善良的人，不仅让她把肚子里的孩子顺利地生了出来，还尽可能不让她下地干活，对她很是照顾。

老人现在眼不花，耳朵有些背，还能做一些诸如养鸡、喂羊、扫院这些简单家务，孩子们对她都很好。

杨珍梅老人是不幸的：生于战乱、长于饥荒，先夫早亡、亲子分离。然而她又是幸运的：初遇友善邻人、后逢家族仁者，后夫善良体贴、子女温良孝顺，晚年始得幸福安康。在生命遭遇挑战和古来守节的道德之间，善良的族人和勇敢的杨珍梅老人选择了前者，无疑使得这世上少了无数声叹息！

397　最后的金莲

399　最后的金莲

金桂花：藜藿充肠苎作衣

拍摄时间：2011年5月1日，2012年6月4日，2013年1月2日。

金桂花，甘肃省榆中县连搭乡人，1922年出生，属狗，时年89岁，育有4子4女，9个孙子，1个重孙，丈夫2010年去世，寡居2年。

金桂花打从记事起，就喜欢吃野菜。小时候，为了节省粮食，母亲常带她去挖野菜，什么荠荠菜、辣辣菜、苜蓿、槐树芽、洋槐花、香椿、小蒜、野葱、苦苦菜、灰灰菜、荞麦芽、地软、野木耳、蘑菇等，她不仅全部认识，而且也知道了做法与吃法，每年有野菜的季节，常常要挖许多野菜回来晒干，以备冬季之用。

三年自然灾害时期，村上饿死了好些人，金桂花凭借闲暇时积攒的野菜，竟然让全家几口人得以活命，从此一生对野菜情有独钟。

改革开放后，儿孙们凭借诚实劳动相继步入小康，各家饭桌上一年四季时鲜蔬菜、鸡鸭鱼肉不断，但是在金桂花老人的心目中，这些东西都没有野菜可口。隔三岔五，她总要做一两样野菜，让儿孙们吃。时至今日，金桂花老人依然保持着挖野菜、攒野菜、吃野菜的习惯。

"世间华美无心问，藜藿充肠苎作衣。"野菜之于农村，家常菜肴；野菜之于城市，山珍海味。金桂花老人一生，勤俭持家，初食野菜，仅为果腹，久而久之，成为习惯。正是这种习惯拯救了一个家庭，也让老人拥有了晚年的健康。今日神州大地，食品危机之下，处处倡导绿色食品，从某种意义上，老人食野菜之习惯，岂非开绿色食品之先河，岂非受食品危机之困者的启示？

403 最后的金莲

405　最后的金莲

407　最后的金莲

金莲种种

所有关于小脚的资料显示，"三寸金莲"是从某一个地区的某一群人中传向全国各地的。但在流传的过程中，人们对待"三寸金莲"的态度不尽一致，所以导致各地的"三寸金莲"在缠裹的时候出现了"标准、式样"的不一致性，这突出体现在所缠小脚的大小上。

清朝光绪年间余知趣的《裹脚图》讲，四海之内，裹脚最小的是广东，四川次之，其次是湖南、湖北、山东，再次是山西。民国年间的《小脚铭》又记载，裹脚最小的是广东，山西大同，甘肃兰州，湖南益阳，四川成都的也小。为什么有些地方裹脚小，有些地方裹脚就大？

笔者推测，凡是相对稳定富庶的地区，"金莲"这种颓废文化就有其扎根的基础，一个地区动荡频仍，这种文化自然不好扎根。比如江苏扬州，史料记载："这地方的小脚外号'黄鱼脚'，听起来小，但最小的也有5至6寸，不过就是窄一些。"但是同为一省的盐城，"小脚三寸都不足为奇"。这里边一个主要的原因是，"天下富庶"的扬州，在每次的王朝更替中都是遭受兵刀之灾最为严重的地区，这一特殊原因导致了裹脚时代，扬州人对待女子的裹脚，并不十分重视，甚至有"敷衍了事"的现象。这是因为频繁遭遇战祸，女子需要大脚帮助逃生，和平时期需要大脚下地恢复生产。与之相左的是，在福建的黄岐半岛，广东揭阳，甘肃兰州，湖北枝江等地，因为相对稳定，这里都是想尽办法使双足变得最小。笔者采访时发现，兰州的小脚是典型的"弓形"足，将脚尖朝脚掌部位下压，导致脚掌和脚后跟挨在一起。而福建则是以脚尖触底，缠裹小脚成型后，妇女一辈子只能像跳芭蕾一样惦着脚走路，这样的小脚形状类似"莲蓬"。

其实不管北方南方，不管贫穷地区富庶地区，缠裹小脚的形状虽然有所不同，但一个共同之处就是，裹脚是女人人生的一个既定程式，即使在天灾人祸不断的日子，女人需要一双大脚来劳作或躲避战乱，裹脚的标准可以降低，但程序绝对不能简化。

聂兰英：放足始知我是我

拍摄时间：2008年12月2日。

聂兰英，甘肃省武威市凉州区双树乡东沟村人，1924年出生，属鼠，时年84岁，9岁裹脚，16岁出嫁，育有1子3女，5个孙子，2个重孙，丈夫1961年去世，寡居47年。

聂兰英9岁裹脚，16岁出嫁。过门后，婆家嫂子劝她放足，说日子艰难那是天意，但裹脚是人糟蹋人哩。在嫂子的坚持下，婚后不久，她就放脚了。一开始，解开裹脚布的裸足很不习惯走路，迈一步都疼得冒汗，但半年后就习惯了，能走山路，还能小跑。说起她放脚的故事时，老人笑了道："我嫂子说，老天爷生人，你是你，我是我。女人裹脚，你就不是你，我也不是我了。"

放脚之后，聂兰英就把嫂子当成了主心骨，家里大小事务，都要和她商量。嫂子是一个虔诚的佛教徒，她劝聂兰英跟自己信佛。聂兰英就听了嫂子的话，从那以后，也开始吃素念经，每天坚持颂几十页经卷。其实老人所说的"经卷"，只是满篇只有"阿弥陀佛"字样的佛书，但即使如此简单的"经书"，她也十分重视恭敬，每次诵读，都要用手指着经书上的"阿弥陀佛"每一个字，不漏一个。

在老人看来，经书上一字一菩萨，一句一佛祖，千万遗漏不得。从出嫁到今天，除了坐月子不便碰触经书之外，其余时间，她都要坚持每天诵经。老人说话时，始终保持着平缓的调子，没有高低起伏，这也许是诵经久了，心思安静的缘故吧。就在送我们出门时，她忽然说了一句："路上开车慢点，天黑了就住下，世上都是路等人，人不要撵着赶路。"

《水浒》中鲁智深圆寂时，曾作诗一首曰："忽地顿开金绳，这里扯断玉锁。咦！钱塘江上潮信来，今日方知我是我。"聂兰英老人在嫂子的帮助下，扔掉裹脚布，这正似鲁智深的"顿开金绳，扯断玉锁"。人生在世，有多少"金绳玉锁"羁绊身心，以至于"你不是你，我不是我"。

肖秀香：小脚竞跳的士高

拍摄时间：2012年3月27日。

肖秀香，云南省通海县六一村人，1926年出生，属虎，时年86岁，6岁裹脚，15岁出嫁，育有2子，5个孙子，1个重孙。

云南省通海县六一村有许多传唱的歌谣，其中一首古老歌谣唱道："金凤花，包指甲，姑姑包，我也包，姑姑嫁，我不嫁，我帮姑姑提手帕，提到六一街，见到个老奶奶，脚又大，嘴又歪，提着歪箩上大街，隔壁有个老大嫂，一声比一声哭得惨，我问她呀哭哪样，她说这双大脚裹不小，我说隔壁有个老铁匠，请他打把修脚刀，削的削来雕的雕，再加一个小皮条，中间勒个细花腰。"从这些传唱的歌谣中可以看到六一村的文化中否定大脚、畏惧大脚、蔑视大脚的影子。这种女人被迫缠脚的情况一直到延续到共和国成立前后，六一村的女人们还在缠缠放放，放放缠缠。

20世纪80年代，肖秀香和村子里十多个小脚女人一起组织了一支"老年的士高"舞蹈队，几乎每天都要跳上几场。这些自编的士高节奏规整、步伐简洁，洋溢着令人感动的生命力和幽默感。

舞蹈队才组建，村子里有人在背后就指指点点说，年轻人跳的士高倒也罢了，六十多岁的小脚老太还要扭着屁股跳这种"有伤风化"的舞，纯粹是瞎胡闹。这些流言肖秀香她们也听到了，但她们根本不在乎，反倒要让"小脚的士高舞蹈队"的运行规范起来。很快，她们在一个退休教师的带领下，自编自导了"小脚的士高"，而且天天要在村口的水塘边上放着音乐跳。1998年10月18日，六一村小脚老奶文艺队代表玉溪市出席全省首届老年文艺汇演，其《金莲曲》荣获表演二等奖。她们的事迹流传很广，政府也开始支持，大家才慢慢地接受了这件事。

2012年，我采访老人的时候，她站在被阳光涂抹成金色的老墙下，十分自然地跳起了她的的士高，后来我以"王桂芬"的名字把老人跳舞的图片在《香港文汇报》发表，几周后，有朋友来电，说老人本名"肖秀香"，并非"王桂芬"，至此，我才知道前期的采访竟然张冠李戴了，内心十分歉疚，总觉得像是亏欠了老人一样。2012年秋，致电朋友问及老人的身体状况，答曰"安好"，不知为何，我竟然长长地舒了一口气。

一双蛰伏在裙裾下一千年的小脚，忽然被一种叫"的士高"的音乐唤醒，并且以令人感动的幽默感劲舞黄昏。在老人的故事中，你是否发现：释负，你将无所畏惧。

413　最后的金莲

最后的金莲　414

415　最后的金莲

最后的金莲

417 · 最后的金莲

最后的金莲 418

419　最后的金莲

王志英：归来笑拈梅花嗅

拍摄时间：2011年5月13日。

王志英，甘肃省古浪县大靖镇东关村人，1917年出生，属蛇，时年94岁，6岁裹脚，18岁出嫁，育有3子1女，14个孙子，6个重孙，丈夫1975年去世，寡居36年。

王志英54岁的时候才开始信佛。那时候，"文化大革命"开始了，但在这个被秦长城拒在西边的大靖镇，因为民风淳朴，"文革"并没有对它产生太多影响，镇中的小庙因此得以保全。王志英每次去小庙烧香时，没有人阻止，也没有人揭发。

40年来，老人对佛祖的信仰更多是出于对神灵的敬畏和对未来生活的期望，但佛教对人的教化作用在她身上还是十分明显的。走进老人的屋子，尽管她早就双目失明了，却神态安详、语调谦恭，摸索着从炕上坐起来，招呼我们坐下。当问起她裹脚的故事时，老人轻轻地笑了一下："裹脚嘛，就是受罪，受罪也是福气，活着受点罪，才知道活着好。"这是一个94岁的佛子的话，不知道是听他人所讲，还是近百年生活的体悟。为什么受罪了才能知道活着的好？是苦难过后才知道平安的珍贵，还是在遭受罪孽的苦痛中才能保持对世界清晰地认知？

宋代一比丘尼悟道诗云："尽日寻春不见春，芒鞋踏破岭头云。归来笑拈梅花嗅，春在枝头已十分。"王志英老人无疑已经找到了灵魂安放之所。在都市繁华的巷道，每个人都在忙，或忙名利，或忙生死，却不曾停下来想一秒：万丈红尘中奔波忙碌的你我，心中的天国到底在哪里？

421　最后的金莲

王秀莲：柳暗花明又一村

拍摄时间：2012年3月18日。

王秀莲，宁夏回族自治区隆德县陈靳乡陈靳村人，1925年出生，属牛，时年87岁，7岁裹脚，16岁出嫁，24岁再嫁，育有3女，7个孙子，2个重孙。

王秀莲老人7岁时，当地政府严禁缠足，但父亲依然逆风而上，选择吉日，摆设香案给她裹脚。16岁那年，王秀莲嫁给指腹为婚、小她4岁的丈夫，公婆去世后，她只好挑起养家重担，夏天顶着烈日到山上挖药材，回家后还要准时做好饭菜；冬天背着筐子给地里送粪，实在走不动就在雪地上爬行，棉裤常常被雪水湿透。

土改时，穷困已久的老人盼来了救星，她积极参与政事，被推荐当上了县里的妇女专干。当了专干后，老人每天都要走村串户忙公务，为此，县上专门给她一头毛驴，让她乘驴办理公务。但小脚女人上驴背，得要人抱上去，老人怕难为情，每到一地，就在驴背上散发文件，传达会议精神。

新政府、新政策，新干部、新作风。因为平日工作忙，老人居家时候比较少，为此丈夫十分不满，常常恶语相加、拳脚相向。及至后来，上一趟班，就挨一顿打。妇女专干遭遇家暴，县领导十分重视，动员她离婚争取自由。后来，在她的努力和抗争之下，终于摆脱家庭暴力，重组家庭，丈夫对当过妇女专干的她十分看重，就这样，老人在新家里安稳地过了大半辈子。

有人说，身份是人的第二人格。在千年的缠足历史中，妇女处于依附从属地位，并无自己独立的身份，也难有独立人格。王秀莲老人由受尽苦难的小媳妇到县上的妇女干事，这一翻天覆地的变化，正是中国妇女拥有独立身份和独立人格的开始，从这个意义上讲，唯有自由，才是解放。

423　最后的金莲

425 最后的金莲

南秀英:"小脚姨太"遭陪斗

拍摄时间:2009年11月21日。

南秀英,甘肃省张掖市临泽县蓼泉镇人,1923年出生,属猪,时年86岁,6岁裹脚,16岁结婚,育有3子、7个孙子、11个重孙,丈夫1964年去世,寡居45年。

南秀英6岁裹脚,14岁,因为脚小而出名。

16岁,本村在北京上过大学堂、见过大世面的田福宝相中了她,托媒人前来提亲,南秀英的父母很快答应了这门亲事。婚后,田福宝被县长邀请到县城里的新式学堂去教书,教书期间,又被动员加入了国民党。在此期间,南秀英只专心在他们的小院里洗衣做饭,相夫教子。丈夫有时向她炫耀自己是"国之栋梁"、"党国精英",南秀英也只是一笑置之,并没有在意丈夫的身份。

1963年底,当地搞"四清"运动,有人向组织揭发了田福宝国民党党员的身份,甚至以讹传讹,说他是"国民党的区分部书记",作为"漏网的反革命分子",田福宝遂被揪出来批斗,后来又有人检举南秀英解放前衣着时髦、披金戴银,过着腐朽糜烂的生活,类似于地主、恶霸的"姨太太"。不久,南秀英也被揪出来陪斗,并被冠名"姨太太"。

批斗会上,有人曾把粪桶挂在她和丈夫的脖子上,说是"臭味相投",小脚女人立足不稳,常常摔倒在地,粪尿就会沾染一身。1964年9月16日晚上,精神崩溃的田福宝自缢身亡,南秀英天天陪斗的状况才得以终结。

此后,她只要走在村里,常常被人戳三点四,嘲弄取笑,但老人早就习以为常,并不在意。直至20世纪70年代末,落实政策时,丈夫的历史问题最终定性为错案而得以纠正,当日,老人在丈夫的坟头痛哭了一天。荒冢草长阴阳路,不见梦里人归来。丈夫已被平反南秀英就强打精神,继续日复一日的生活。

南秀英老人的遭遇,在那个特殊时代,并非个案。好在鸡鸣东方,天下大白,落实政策对南秀英他们虽说姗姗来迟,但对一个国家来说,这已经是一次堪称伟大的转折了。回顾历史,读读老人,我们唯有祈愿煌煌中华,改革永不止步!

427　最后的金莲

最后的金莲

金莲与性

　　女子裹脚,是古代一种畸形的审美情趣,也是一种"规范"女子行为的另一种"伦理道德"。但从近年来一些民俗学家的研究来看,"金莲"也曾经是古人行淫的性器之一。作家杨杨曾坦言,人类活动大都有繁多的形式,唯有性生活枯燥单一,所以古人在这种理念的驱使下,将小脚也用来当成性器。正如《裹脚史》的作者高洪兴所言:"把性视为人们所以裹脚的根本动机,那是有违于历史事实的,同样如果说裹脚与性毫无关系,或者说有但无足轻重、可以忽略不计,那也是不客观的。"

　　一双骨头变形、僵硬粗燥的小脚,却是激起男子性欲的"妙物",这听起来似乎是奇谈,但在裹脚时代,确实是不争的事实。林语堂就曾经有过论断,说"裹脚自始至终都代表性意识的自然存在"。《中国艳情》一书的作者,荷兰学者高罗佩也说:"小脚是女性的性感中心,在中国人的性生活中起到极为重要的作用。"当然,这些仅仅只是论调,至于一双小脚,是不是对性生活能起到作用,这还需要论据说话。六朝小说《飞燕外传》曾记录:"汉成帝得疾,阴绥弱不能壮发,每持昭仪足,不胜至欲,辄暴起。"昭仪指的是古代出了名的美女赵飞燕的姐姐赵合德。汉成帝患了阳痿这个难以启齿的隐疾,但只要捏住赵合德的脚,就能"暴起",这显然是小说的夸张,不能当着历史事实,更何况,汉代不裹脚。所以这只能说明汉成帝对女性的脚有特殊嗜好,而且还是天足,因此也不能证明"三寸金莲"与性的关系,但却预示了"脚"与性的关系,也表露了六朝时期社会对脚与性的一些观点。既然脚与性有关,而"三寸金莲"又是按照男人阴私的心理造就的,由此可以推断,"三寸金莲"一定隐藏着与性有关的秘密。

　　一双小脚,除了在心理上对男性有性暗示之外,其生理结构与性有什么关系?学贯中西的大儒辜鸿铭曾经这么认为:"中国女子裹脚之妙,正与洋妇高跟鞋一样作用。女子裹脚后,足部凉,下身弱,故立则婷婷,行则窈窕,体内血流至三寸即倒流往上,故觉臀部肥大,大增美观。"辜鸿铭的论断,没有科学依据,但这么一个名宿大儒,说出这种话,确实代表相当一部分人的观点。至少能说明的是,裹脚是为了增进女性的性感,但当时,西方医学研究证明,女性裹脚与性丝毫没有关联,如果说有,则是有心理暗示。因为裹脚使女性与男性区别更大,加上所缠之足,女性竭力保护,不让外人观看,就更增添了男子对女性双足探奇的好奇心。性是个奇怪的东西,既是本能,也是意识,只要有意识的成分,那么女性裹脚对男子造成的心理暗示,就是为了激发男子的性意识,这种说法行得通。当然,这种情形,最多反映出的是古代莲迷们空虚、无聊、荒唐颓废的精神状态,现在的人对这种恶俗的丑态是鄙视厌恶的。

　　至于"金莲"被当着实质上的性器官,高罗佩在《中国古代房内考》里曾经证实：在中国，小脚确实曾经是被视为"性器官"的一部分。西方世界崇尚科学，他们的声音应该比较可靠。

小脚既然与性有关，那么小脚与性之间的关系是如何体现的？从一些文学资料来看，主要在于其意识形态中的暗示作用。在古代，只要一个男子轻轻地捏拿一下女子的双足，如若女子并不反对，则表明该女子对男子的暗示表示同意。古代小说对这些事情均有描述，比如《西厢记》、《金瓶梅》等，都有过男女勾搭之前，先在"三寸金莲"上下功夫的说法。红顶商人胡雪岩曾经在妓女的脚底搓鸦片丸子，然后再吸食。所有这些，足以证明过去，女子的双脚确实只是被莲迷们用来发泄、凌辱的一个器具。《剑津玩莲记》曾有过这样的说法，认为一双"金莲"，汇集的是女性全身的百般好处："如肌肤白腻，眉儿弯秀，玉指之尖……而气息亦胜腋下胯下及汗腺香味。"这种认识，确实令人作呕，一双扭曲变形的脚，怎么可能像眉毛一样弯，像玉脂一样雪白细腻，而偏偏就有人喜欢，并且喜欢它散发出来的臭味。

这是扭曲了的性取向，但这确实是裹脚时代男子的所作所为。如果要揣测这种变态的心理，应该与封建社会对人们禁欲有密切的关系，因为对性的禁锢，整个社会在缺乏引导与教育的情况下，以一种近似邪恶的心思神秘地揣测女性，最终导致了全社会挖空心思地发掘女性、折腾女性，寻找整个社会宣泄的闸口。

既然小脚是性的信号，在裹脚时代，一些轻浮的女子常常用小脚做哑语，成为勾引男人的一种常用方法。《葑菲闲谈》记载轻浮女子勾引浪子的做法，一般都是"有时故意一缩，有时故意流露，有时故意整一整，有时故意蹴一蹴"，而那些浪荡子一旦见了这种模样，"魂魄都散了"，"立把钢肠傲骨英气一齐消"。由此可见，一双小脚在男子心目中的地位，因为小脚成了"性器官"，那么与小脚有关的鞋袜自然也是神秘不可侵犯的。据资料记载，在古代，一个良家妇女要维护好贞操，即便是小脚鞋也不敢让外人看见，更不敢丢失，一旦小脚鞋不慎丢失了，她们都要百般掩饰。而捡到这鞋子的男子，就像和这名女子有了私情一样，到处张扬。

双脚本来是用来行走的，在一个古怪的时代，它却被几尺麻布包裹扭曲变形，女性被摧残不说，竟然还将双脚与性扯在了一起。整个自然界的更替枯荣不可能与性没有关系，但强行将双脚与性扯在一起，这应该是人性的不幸！所幸的是，大约在晚清时期，随着西方文化的交流，西方赤脚女子越来越多，这种观念也随着"三寸金莲"的枯萎慢慢淡化了。

李泉芳：花椒入药裹小脚

拍摄时间：2011年6月5日。

李泉芳，甘肃省榆中连搭乡石头沟村人，1916年出生，属龙，时年95岁，4岁裹脚，17岁出嫁，育有1子4女，8个孙子，2个重孙，丈夫2001年去世，寡居10年。

李泉芳小时候，父亲在榆中县开过车马店，为此结识了许多朋友。3岁那年，父亲一个朋友给了他一个裹脚的秘方，说使用这个方子，孩子裹脚时不会疼痛。

春天来了，父亲带了几个人到山里去采摘花椒叶子，回来后把花椒叶放在锅里煮。而后，就让李泉芳把脚泡在煮了花椒叶的水里。父亲每天采新鲜的花椒叶，李泉芳每天泡脚，这一泡就是半个多月。起初泡脚，李泉芳只觉得双脚麻痒，到后来，整个小腿都麻木毫无知觉。父亲见时机成熟，就请来脚婆，裹脚那天，李泉芳自己一点疼痛感都没有，半月后，她的双腿慢慢有了知觉，这才下地走路，至此，她的小脚在没有疼痛中裹成了。

裹脚时节，脚被花椒叶麻醉没有知觉，但在老人九十载的风雨人生里，小脚带来的肉体和精神之痛，不知花椒叶可麻醉否？

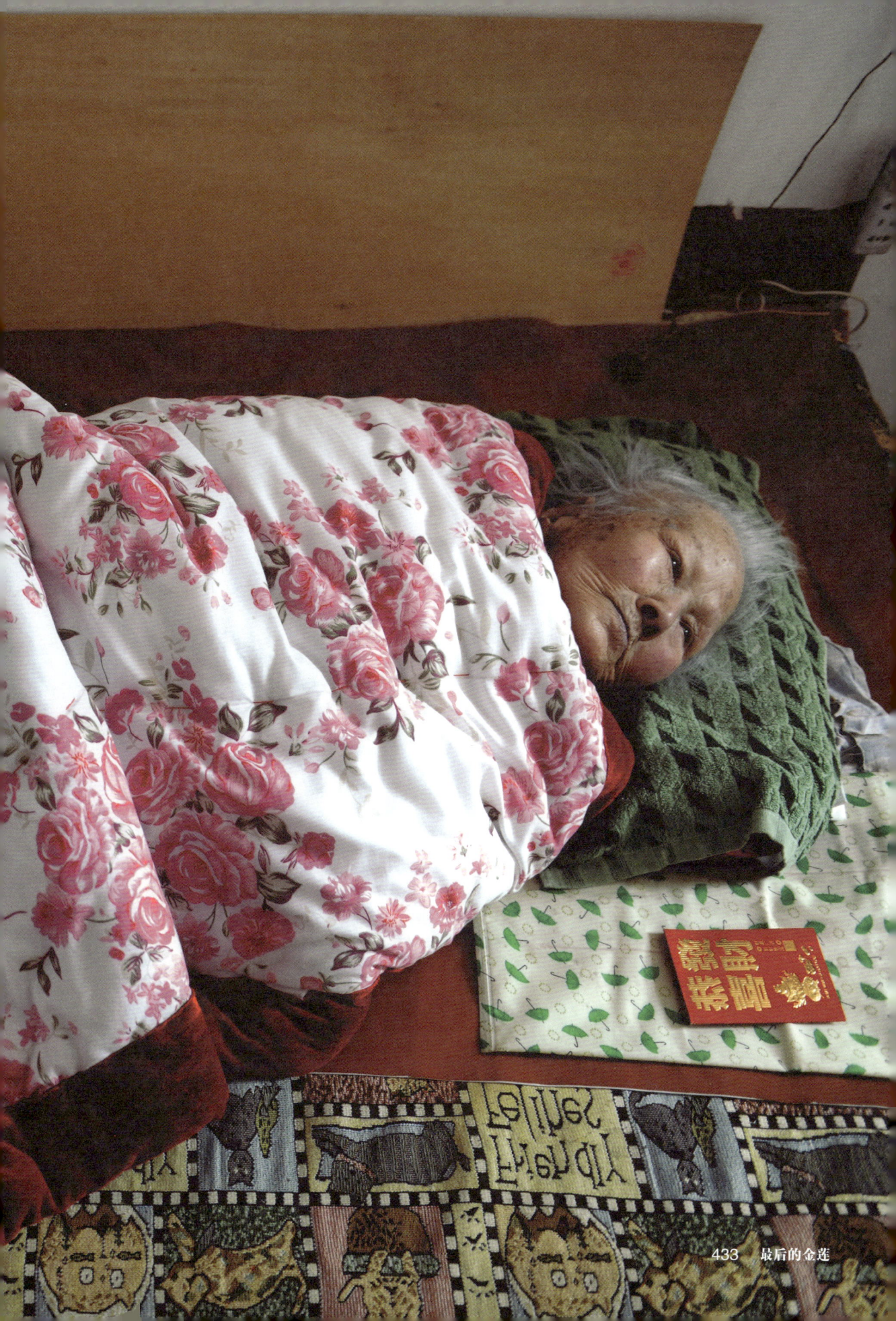

433　最后的金莲

路月菊：一女一世一布衾

摄时间：2012 年 3 月 18 日。

路月菊，宁夏回族自治区隆德县沙塘镇新民村人，1926 年出生，属虎，时年 86 岁，8 岁裹脚，17 岁结婚，育有 4 子 2 女，11 个孙子，7 个重孙，丈夫 2000 年去世，寡居 12 年。

路月菊家在六盘山下，因为大山阻隔，交通不便，各类货物十分紧缺，8 岁时，父亲托人从甘肃平凉捎来 7 尺长、1 尺宽的一块黑布，剪开后给她做了裹脚布。这条没有补丁的裹脚布，是她第一件"新衣"。

出嫁时，老人想要两条新脚布，但婆家买不到大布料，就用零碎布块拼接了两条，她怕拼接得不结实，就只好继续使用原来的裹脚布。24 岁时，第二个儿子出生，公婆丈夫十分高兴，给她做了一身新衣，还买了 8 尺白布，用颜料漂成黑色，给她做脚布。有了新的裹脚布，老人十分开心，然而漂染的布料，洗过几次就褪成了白色。白色不吉利，因此过不多久又需要重新漂染，就这样漂漂洗洗，两条裹脚布白了又黑、黑了又白，一裹就是 20 余年。直至 20 世纪 80 年代，老人才有了不用拼接、也不用染色的裹脚布。

2012 年农历二月二刚过，年过八旬的老人忽然发病，几次差点救不过来，家里赶紧给她做了奈何桥上才用的红绸裹脚布，这一次的裹脚布是她最奢侈、最昂贵的裹脚布。

第一件"新衣"、生子之后的"奖励"、白色裹脚布、临终前红绸裹脚。路月菊老人裹脚布的故事，折射了旧中国妇女的人格价值与生存环境，正是："一女一世一布衾，裹脚裹心裹侬身，红绸裹脚人终了，白布包脚叹路穷。"

435　最后的金莲

刘宝兰：双兔傍地不知名

拍摄时间：2009年11月25日，2011年6月4日。

刘宝兰，甘肃省榆中县连打乡石头沟村人，1919年出生，属羊，时年90岁，8岁裹脚，19岁出嫁，育有2子1女，7个孙子，3个重孙，丈夫1960年去世，寡居49年。

刘宝兰出嫁前问母亲，她的男人叫什么名字，母亲听后十分生气，训斥她都要结婚了，还这么不懂规矩，乱打听男人的事情。刘宝兰尽管生气委屈，但在那个年代，女人出嫁前都不知道自己男人是谁，一切全由父母做主，她也就不问这事了。

婚后，按照当地的风俗，要把两口子的姓名用红纸写好，放在新房的炕上，以求神灵保佑。但新婚夜，刘宝兰拿着写了名字的红纸却干着急不认识，又不敢问丈夫，这件事就这么过去了。

有了第二个孩子后，刘宝兰以为和丈夫在一起过了这么长的日子了，问一问他叫什么总没事吧，结果鼓足勇气才一开口，丈夫当即就冷下了脸，呵斥她"不懂规矩"。从此之后，刘宝兰就彻底打消了想知道丈夫姓名的念头。小儿子3岁那年，丈夫因病撒手人寰。有一天，生产队长来家里换工分本时，她才知道丈夫叫"曾君禄"。这一次，她完全没有了好奇，有的只是一腔哀怨。

"双兔傍地走，安能辨我是雄雌。"木兰的战友不知木兰是女郎，而刘宝兰却不知丈夫名字。一个是刻意隐瞒，一个是无从得知；一个是千古佳话，一个是现代"绝唱"。"执子之手，与子偕老"曾是多少夫妻梦寐以求的人生，刘宝兰在规矩面前失去了基本的尊重，极端的夫权让她半世不知夫名，寡居半个世纪，莫非丈夫曾君禄，对老人而言只是个过客？

最后的金莲　438

439　最后的金莲

441　最后的金莲

朱秀英：一生不知药滋味

拍摄时间：2008年12月22日。
朱秀英，甘肃省武威市凉州区清水乡人，1921年出生，属鸡，时年87岁，7岁裹脚，19岁出嫁，育有2子1女，6个孙子，丈夫1991年去世，寡居17年。

1921年，朱秀英老人出生在一个农民家里。贫穷、疾病和饥饿不时地折磨着她，但也锻炼了她顽强的意志和生存能力。

7岁那年，因为裹脚导致脚部感染，在无钱医治的情况下，她就把脚掌贴在水缸上降温，最后双脚竟然痊愈。1945年夏，当地遭遇瘟疫，许多人上吐下泻，不治身亡。有钱人喝药预防，朱秀英家穷买不起药，就把石灰铺在院里权作预防，瘟疫过后，全家竟然好好地没被传染。历经瘟疫之后，村里人传说朱秀英有药王保佑，不会生病，但朱秀英知道是自己命大运气好，加之多少有预防措施，才免遭瘟疫之祸。此后，她越发注意，尽量不遭风吹雨淋，避免暴饮暴食，竟然从未生过大病，至于头疼脑热，也仅仅喝些姜汤，或吃点大蒜，也都能扛得过去。

"人常说不吃冷剩饭，不得心口疼，不脱肚兜子，肚子不怕冷。我一辈子从不胡吃，冷了穿厚点，热了穿薄点，咋就能得大病吗？"说起一辈子没吃过药的故事，老人朗声大笑，侃侃而谈。

人生几十年，难免不病，有人身病，有人心病；有人生病可医，有人得病无救。做什么、说什么、想什么、爱什么把持不好都是一种病，但只要自我提防，病患自然可治。人生一世，如都能防患未然，何愁不健康平安。

443　最后的金莲

邸秀兰：苦乐年华千金女

拍摄时间：2011年6月5日。

邸秀兰，甘肃省榆中县小康营乡浪街村人，1923年出生，属猪，时年88岁，8岁裹脚，19岁出嫁，育有2子1女，5个孙子，丈夫2007年去世，寡居4年。

1923年，邸秀兰出生在一个富足的地主家庭，家人的呵护、父母的疼爱让她享受到了从来没有过的幸福的童年。8岁那年，在父亲打、母亲哭、自己闹中裹了脚，三寸金莲便奠定了她人生悲剧的基础。

19岁，受父母之命、经媒妁之言，她嫁给了榆中县小康营乡浪街村一家地主的儿子关国栋为妻。由于自小娇生惯养，婚后什么也不会干，刚结婚那些年，着实吃了不少苦，什么都得从头学。有时候干累了偶尔说一句牢骚话，公婆就劈头盖脸一顿骂，丈夫也不给好脸子看。

后来家务慢慢顺手了，公婆丈夫对她也好了起来，一家人其乐融融，和睦相处，日子过得十分舒心。但好景不长，土改之后，划定了"阶级成分"，将"地主分子"、"富农分子"、"反革命分子"和"坏分子"列为"革命的敌人、打击对象"。老人因为是地主家的闺女、儿媳，也受到牵连，被戴着纸糊的高帽子押着游街批斗，脖子上还挂上"地主小姐"的牌子，受尽屈辱。

农业合作社时期，一家人由于成分不好，在生产队里没有地位，没有人格尊严，常常被人蔑视和欺凌。

改革开放后，两个儿子都成家立业，女儿出嫁，家庭情况逐渐好转，吃穿不愁。由于经历了太多的苦难，无论丈夫还是她都对生活没有太多的要求。如今儿子孝顺，女儿也时常问寒问暖，更让她高兴的是两个孙子考上大学，毕业后顺利分配工作，这让她心里乐开了花，她觉得自己现在才真正活出了人样。

古希腊哲学家德谟克利特曾说："自愿的辛苦，使人们能比较容易地忍受不自愿的辛苦。"邸秀兰幼时娇生惯养，致使她生活能力低下，在白眼中她终能熟练掌握家居技能，赢得丈夫和公婆青睐；后又在运动中养成了坚韧的性格；大集体的艰苦劳作使她的意志品质更加顽强，让她对苦难有了更强的抗挫能力。老人虽然饱经忧患，最终却迎来了晚年的幸福，正应了培根"一切幸福并非没有烦恼，一切逆境决非没有希望"那句话。

徐秀兰：小脚"自出机杼间"

拍摄时间：2009年11月17日。

徐秀兰，甘肃省武威市凉州区双城镇达桶村人，1922年出生，属狗，时年87岁，7岁裹脚，16岁出嫁，育有2男3女，13个孙子，6个重孙，丈夫2000年去世，寡居9年。

徐秀兰小时候，当地流行一种特殊的裹脚方法，就是给女童的脚上先裹一层棉布，再用细细的羊毛绳一匝一匝地勒紧，至少勒上六七层羊毛绳后，把绳子打成死结，不管天凉天热，再穿上厚厚的羊毛袜，裹脚才算结束。当地文化馆一位朋友讲，用羊毛绳子裹脚，是因为绳子比裹脚布缠裹得更紧密更结实，这样，双脚血脉无法流通，十分容易坏死，小脚就很容易形成。再加上羊毛十分保暖，这样缠裹的双脚容易溃烂，正应了《妈妈经》里"不烂不小，越烂越好"。

徐秀兰的母亲用羊毛绳子为她裹脚，虽然造一双"金莲"。但从此后，双脚就一直有一股混合着羊膻的臭味，而且动辄就脓血交流，以至于一辈子都好不了。因此只要提及自己裹脚的故事，老人就会斥责羊毛绳子裹脚是"歪门邪道"，比不上裹脚布裹脚，好看又干净。

羊毛绳子裹小脚确实是歪门邪道，然而以裹脚布裹脚也绝不是人间正道，徐秀兰老人以一种错误来反对另一种错误，恰似五十步笑百步，不亦痴乎？

447　最后的金莲

刘玉花：举债度难难更难

拍摄时间：2011年6月4日。

刘玉花，甘肃省榆中县连打乡石头沟村人，1925年出生，属牛，时年86岁，8岁裹脚，14岁出嫁，育有2子2女，9个孙子，1个重孙，丈夫1966年去世，寡居45年。

刘玉花老人这辈子最怕借债。其实借债，人人都会有精神压力，但老人对这种事情似乎感触更深一些。

年幼时，刘玉花的父亲租种了村里一大户人家的十多亩地，在靠天吃饭的陇上，如果风调雨顺，一家人尚能填饱肚子，也能交得起租子，如果遇到灾年，就得拖欠人家的租子，为此东家常常拉着脸来家里催债。年幼的刘玉花就是这样在父亲的叹息声和母亲的哭泣声长大的。婚后，公婆年迈体衰，经常生病，家里又十分贫穷，无奈之下，她只好在药铺赊账，为公婆医治，但时间长了，她依然无力还账，以至于自己生病后都不敢去找人医治。

1966年丈夫去世，刘玉花带着三个年幼的孩子过日子。那时候，大家都在农业合作社里集体干活，所有人的口粮都要根据自己干农活所得的工分来分配。重体力的活，工分就高一些，喂牛、放羊等活，工分自然就少一些。刘玉花因为家里只有她一个劳力，又做不得重体力活，每年得的工分自然很少，所得粮食也就很少。但孩子们要活命，所以每年她都要向生产队借粮食，折算成人民币大约就是二三十元。年年借，年年还，年年寅吃卯粮，生产队的会计时不时催她还账，老人被催出了心病，只要家里来人，有脚步声响起她就心慌。

直至包干到户，老人才不再东挪西借。老人时常对子女说，如若不是万般无奈，千万不要求人，借债时也借了人情，不光债务重，人情更重。

几千年来老祖宗都是这样教导我们，人贫穷到极处，也不能去借债过日子；经济学家说，如果不借债，你这一生绝对遇不到金融风暴。受过传统教诲的刘玉花老人一生举债甚多，以至于最后听到脚步声都能心惊肉跳，是做人的尊严被生存的底线穿透？还是环境的艰难让老人无从选择？是什么终结了她的东挪西借，答案应该是：良好制度下的生存权的保障。

449　最后的金莲

刘生梅：聪明睿智夫祸少

拍摄时间：2011年6月5日。

刘生梅，甘肃省榆中县南关村人，1923年出生，属猪，时年88岁，5岁裹脚，18岁出嫁，育有6子2女，21个孙子，丈夫2007年去世，寡居4年。

刘生梅母亲给她裹脚时，先缠上厚厚的裹脚布，再用羊毛绳子密密匝匝地缠上一层，又把家里的剪刀、菜刀、镰刀等东西全部藏起来，以防止她偷偷把裹脚布割开。被裹了脚的刘生梅只能扶着墙一边走，一边疼得哭。大半年过去了，双脚也基本定型，不疼了，也不哭了，但再也走不快了，再也无法跳着玩耍了。

刘生梅生性乖巧，出嫁前经常跟母亲学习针线活，她心灵手巧，母亲对她稍加指点便能做得有模有样。父亲是一位私塾先生，闲暇时常常给她讲做人的大道理，她都能牢记在心。有时也跟父亲描红，父亲见她十分聪颖，十分疼爱，待到十多岁时，她知书达礼，温文尔雅，娴静善良，再加上美丽温柔，上门提亲者络绎不绝。1941年，她嫁给了在政府做事的丈夫，夫唱妇随，恩爱无比。

解放前的县政府鱼龙混杂，贪污成风。刘生梅丈夫主管经济，当时民生凋敝，而县政府人人俱损公肥私。丈夫有一次也分了一杯羹，刘生梅发现，劝他及时归还。不久，东窗事发，受牵连之人都被枪决，丈夫则安然无恙。1949年兰州解放，县政府人人逃窜，刘生梅则劝丈夫向共产党投诚，结果被委以重任。1958年，"大跃进"时期，各地虚报粮食产量，百姓食不果腹，刘生梅劝丈夫要积德行善，于是丈夫便如实上报粮食产量，因为留存了粮食，好多人赖以保全性命。"文革"期间，丈夫遭到迫害，老人总是宽慰丈夫"留得青山在，不愁没柴烧"。丈夫得以挺过难关，后来党内纠正错误，为他平反昭雪，并恢复了工作。丈夫退休后回村安度晚年，年过九旬而逝。

妻贤夫祸少。刘生梅一生，常常在最关键的关头挽救了自己的丈夫，实质上是挽救了自己的婚姻、家庭和幸福。她和丈夫相濡以沫走过了半个多世纪，在风头浪尖每一次都能平顺逾越，不能不说是缘于她的淡泊善良、聪明睿智。

451　最后的金莲

魏月香：独望青山话深幽

拍摄时间：2012年3月18日。

魏月香，宁夏回族自治区隆德县陈靳乡辽洼村人，1926年出生，属虎，时年86岁，8岁裹脚，20岁出嫁，育有3子，6个孙子，2个重孙。

魏月香老人的爷爷是位屡试不第的前清秀才，常常感叹自己时运不济没能做官，致使家道衰落。为实现其未竟之志，便时常给子孙后代灌输"学而优则仕"的观念。在爷爷的影响下，魏月香老人也信奉"万般皆下品，惟有读书高"。有了孩子后，她就不厌其烦地给孩子灌输读书的重要性，在她的影响下，三个儿子个个刻苦用功，冬日寒风呼啸，人饥衣单，也要背读颂记；夏日酷暑难当，汗流浃背，也要写写算算。孩子们后来都学有所成，各自有了一份不错的职业。

子女都在外地，老人也渐渐年衰力微，和老伴依旧住在以前的老屋。儿子不是工作太忙，就是有没完没了的应酬，难得回来看他们。老人和老伴整日在小院里守望着六盘山，看日升日落，听春雨秋风，日复一日，年复一年。

魏月香老人的故事，其实是中国农村大部分家庭的故事。为人父母者含辛茹苦，抚养子女长大成人，然而社会的变迁，致使农村大部分家庭只有老人独守空巢，一个寂寥的村落，一座寂寥的院子，两个寂寥的老人，他们和子女相互牵挂守望，却无力相聚。这一人世间的亲情怪圈，是人为所致，还是发展必然，我们无法厘清，只有在痛楚中相互承受！

李金秀：私塾走出"李文书"

拍摄时间：2008年12月2日。

李金秀，甘肃省临泽县蓼泉乡寨子村，1919年出生，属羊，时年89岁，6岁裹脚，16岁出嫁，育有2子1女，3个孙子，1个重孙，丈夫2006年去世，寡居2年。

李金秀3岁时，父亲就把她领进了自己办的私塾，和村里的男孩子一起读书习字。13岁时，当地兴办新式学堂，父亲的私塾没了生源，也只好关门大吉，李金秀又跟着母亲学了三年的针线活。

16岁的那年，李金秀嫁给了一个和她一样读过几年私塾的农民，两个乡村里的"文化人"婚后的日子平淡无奇，日出而作、日入而息，一直到了46岁，李金秀才迎来了她的"辉煌"。1965年，人民公社出于对妇女的尊重，大量选拔妇女做基层干部，读过书的李金秀很轻松地当上了生产大队的文书。小脚女人在乡村的办公机构里写写画画，挣的工分还比下地的男劳力高得多，村里人自然十分羡慕，不管谁碰到她，都要尊敬地和她打个招呼，称一声"李文书"。1980年包产到户后，村委会工作少了，李金秀年纪也大了，才回到了家里带孙子。

对于做村官一事，老人并不认为是自己"能耐大"，始终认为这只是运气。"我在村上干事，我爸和我都没料到，人眼前的路是黑的，你不知道自己下一脚踩上的是牛屎坨坨还是金子疙瘩。"采访结束时，老人笑着这样说。

十年私塾这一看似无意的人生经历，使李金秀老人有了"村官"这个体面的人生镜头，老人也因此多了一份尊严而丰富的回忆。其实再熙熙攘攘的街头，当我们感叹劳碌无用的时候，可曾想到，今日的无意，也许将是明日的尊严？

457　最后的金莲

靳生瑞："名脚"出嫁过闹市

拍摄时间：2008 年 12 月 2 日。

靳生瑞，甘肃省临泽县蓼泉镇蓼泉村人，1922 年出生，属马，时年 86 岁，6 岁裹脚，17 岁出嫁，育有 3 子，7 个孙子，丈夫 2007 年去世，寡居 1 年。

乡政府一个干部讲，靳生瑞是临泽县的"名脚"，像她一样小的小脚，整个甘肃省怕也少有。

靳生瑞裹脚的方法十分奇特。在她 3 岁时，母亲就专门给她做了"后边开了叉的高腰小鞋"。等她穿上这双小鞋后，母亲就用针线密密地把后跟开叉的地方缝上，此后，这双鞋整整穿了 3 年没下过脚。直至她 6 岁的一天，双脚顶破了鞋后，家里开始给她裹脚。这时候，她的双脚因为受小脚鞋的约束，3 年来几乎没有长大过，6 岁的她双脚和三岁孩子的脚一样大。裹脚时，靳生瑞因为前期用特制的鞋子上过三年的脚，所以没有感觉到太多疼痛。等到小脚定型之后，她的脚比其他裹脚的女孩小得多，一时间，村里很多裹脚婆都来家里取经，13 岁就有人慕名提亲。父亲千挑万选，选了一家忠厚可靠的人家，在她 17 岁时嫁了出去。

出嫁的时候，婆家没有像其他人家一样抬着轿子来娶亲，而是牵着披了红被的骡子来娶她。娶亲当日，前面两杆唢呐震天响，四面八方的人都来看热闹，她坐在骡背上，双脚露在外边。娶亲队伍专门挑人多的地方行走，以向人们炫耀新媳妇的小脚。沿途只听见无数赞叹声，甚至有人高声喝彩。新郎骑在后面的马背上得意扬扬。

几十年过去了，靳生瑞老人回忆起那个热闹的场面依然是开心不已，裹脚比别人受的罪少，却最体面、最骄傲。往后无论因为脚小受多大苦都值了。

缠足时代，许多人挖空心思，精益求精，希望能胜人一筹，靳生瑞老人的母亲显然极具智慧，她用"温水煮青蛙"的方式，避免了女儿瞬间无法容忍的疼痛，最终女儿的双脚成了名脚，一时赢得声名无数。今天，不知有多少同样的方式，让我们在不知不觉中寸步难行？

459　最后的金莲

魏兰花：百年老厨千年心

拍摄时间：2011年4月30日。

魏兰花，甘肃省榆中县青城古镇城河村人，1919年出生，属羊，时年92岁，7岁裹脚，18岁出嫁，育有4子，11个孙子，1个重孙，丈夫2007年去世，寡居4年。

青城古镇是兰州进入河西走廊的一个古老渡口，因为地处要冲，这里自古商贾云集，十分热闹繁华。古镇因此聚集了诸多百年老店，享誉丝绸之路，驴肉就是古镇的品牌之一。千百年来，凡是路过古镇的商客，均以能吃到古镇驴肉为幸事。

魏兰花的祖父曾经是古镇上烹饪驴肉出名的厨师。因为家有秘传技艺，因而店里生意十分兴隆，有时候实在忙不过来，祖父就会让孙子孙女去后厨帮忙。时间久了，魏兰花也学会了配料、煮肉等。魏兰花出嫁后，与丈夫开了爿驴肉店，小店才开张时，因为不善经营，生意冷清，于是她一边向别人请教营销经验，一边在技术上精益求精。功夫不负有心人，几年后，她烹煮驴肉的技艺大进，同时又拥有了一大批回头客，生意日渐兴隆，她也成了镇上的名厨。

解放后，为加强生产，当地禁止杀驴，驴肉店纷纷关门，做驴肉的大厨都返乡种地。

改革开放后，一度销声匿迹的驴肉店又重现古镇，遗憾的是古镇的名厨除了魏兰花，其余已相继谢世，百年技艺面临失传的危险。

年过花甲的魏兰花内心十分焦急，除了给自己的儿子们传授绝招之外，对那些上门讨教的人也不吝指导，有时还会到镇上的驴肉店里去亲自操作示范，刀工、时间、火候、配料、禁忌等耐心示范、讲授，从不藏私。魏兰花除了厨艺相授，就连经营的理念也都一并传授：做生意要有诚信，千万不能用廉价的劣质调料，否则到头来搬起石头砸自己的脚；过期变质的肉一定要扔掉，不能"一个老鼠害一锅汤"；进门都是客，笑迎八方人；一镢头挖不出一口井等。每次古镇的厨师们听老人讲这些，都心悦诚服，频频点头。

魏兰花老人出身百年老店，传承炎黄子孙诚信待人之法则，晚年宽厚无私，不分亲疏远近，授以绝技。在经济大潮汹涌而至的今天，一夜暴富、瞬间成功被无限夸张和放大，诸如"积累、谦恭、诚信"等美德，急功近利者视为过时、守旧。"一镢头想挖一口井"的浮躁的人们是否知道，面对诱惑安之若泰，做人处事循序渐进，其实是最基本的生存法则？

最后的金莲 462

田翠娥：黄四娘家花满蹊

拍摄时间：2008 年 6 月 27 日。

田翠娥，甘肃省兰州市城关区人，1920 年出生，属猴，时年 88 岁，6 岁裹脚，19 岁出嫁，育有 2 子，6 个孙子，丈夫 2000 年去世，寡居 8 年。

田翠娥老人出生在兰州市永登县苦水镇，父母是都是种植玫瑰的花农，因为从小生长于花丛之中，年年祭拜花神，因而她十分珍爱鲜花。父母每次往兰州送花，她都要从地里掬一抔泥土，置于花车之上，为鲜花送行。8 岁那年，社会动荡加剧，需要鲜花的人少了，父母不再种植鲜花，随举家搬往兰州，做了一官宦家里的花工。慢慢地，她跟着父母也学得了一手种花养花的好手艺。

19 岁那年，老人嫁给一个裱糊匠，丈夫每天上门帮人裱糊墙面门窗，她就在家里精心伺弄花草。艳阳天，她一盆一盆地把鲜花搬到太阳下，让享受阳光；刮风时，又把鲜花全部搬进屋子，还要仔细擦拭掉叶子上的尘土。在老人看来，鲜花其骨如道，高贵清癯，种植时不可使用蛮力，矫正姿态；其容如仙，婀娜娇艳，观赏时不可轻贱品评，妄加定论。因为老人爱花知花，她种植的鲜花都十分娇艳，常常能卖出好价钱。然而每卖出一盆花，老人总以为是嫁出了一个姑娘，还常常去买走鲜花的人家，帮助诊病护养，时间久了，有人便戏称老人是"花奴仆"，她听了不但不生气，还十分开心。

解放后，国家百废待兴，人人奔忙于生产一线，买花人少了，老人便养几盆鲜花供自己观赏。迟至 1983 年，兰州花市重新开放，老人又开始养花卖花，到 88 岁的时候，实在干不动了，这才回家颐养天年。

旧中国农民祭龙王、渔民祭妈祖、花农祭花神，在千年的祭祀活动中，他们悄然把生命融入大自然之中，形成了人与自然的最大和谐，得到了大自然的丰厚回报。田翠娥老人一生种花惜花，她的院落，恰似杜甫诗句"黄四娘家花满蹊，千朵万朵压枝低"，她的故事，正是中国传统农人与大自然和谐相处的典范，其实世间万物相处相融，与老人伺花同理，只要付出，必有收获。

最后的金莲　464

周王氏：渡人渡己船家女

拍摄时间：2008年4月30日。

周王氏，甘肃省榆中青城古镇城河村人，1917年出生，属蛇，时年91岁，6岁裹脚，17岁出嫁，育有4子1女，12个孙子，5个重孙。丈夫1998年去世，寡居10年。

周王氏小时候，做船工的父亲常常说"渡人就是渡己"，并教育她和哥哥姐姐们，凡是有人请求帮忙，务必尽心尽力，以求福报。在父亲的影响下，周王氏恪守"渡人就是渡己"的信条，无论谁有难处，只要找到她，她一定热情帮助。为此镇上的人都说她是个善良人，将来一定福报不浅。

周王氏的第二个孩子才满月的一天，有人跑到她家，求周王氏送他到河对岸。周王氏看此人焦急，不顾下雨天黄河涨水，扛上羊皮筏子，冒险把他送到了河对岸。这事过后，老人也就忘了。直到20世纪50年代末，镇上来了运动，要搞"清算"，周王氏家里因为解放前死过一个短工，为此要被批斗，她不服气跑到县上喊冤，却不料遇到了儿子满月时摆渡的客人。客人此时主政全县，一见到周王氏，十分激动，不但特赦了她，还给她送了一麻袋当地人很少吃过的大米。周王氏因为吃不惯大米，就一直放着，迟至1960年遭遇大饥荒时，家家没了余粮，好多人都饿死了，但这袋已经生了虫的大米却帮她全家度过了饥荒。

佛教常常以"渡人就是渡己"来勉励众生多种善因、多结善果。周王氏老人当年划船渡人，种下善因，终得善果，在有些人看来，纯属偶然。其实尽管无常世事纷繁芜杂，但只要心怀善念，何处无舟，何处无岸？

戴云玉：修善积福度苍生

拍摄时间：2009年11月27日。

戴云玉，甘肃省永登县苦水镇人，1922年出生，属狗，时年87岁，7岁裹脚，15岁出嫁，育有3子9女，26个孙子，9个重孙，丈夫2005年去世，寡居4年。

戴云玉老人出生时，正值"五四"运动晚期，天足派和缠足派各有一批拥护者。而在穷乡避壤，新鲜的空气尚未吹来，人们往往依靠习惯去生活，7岁的戴云玉在没有被破除的习惯面前，继续了千年中国妇女的噩梦，被父母强行缠了足。

永登县苦水镇，是典型的西部贫困地区，荒凉的青石山上寸草不生，戴云玉从15岁开始就在这里生活，时至今日。因为自然条件差，生活在这里的人们都很贫穷，就把希望寄托给神灵，所以镇上有好几座小庙，小庙都不大，三四平方米的地方，盖一座两米左右高的小屋，里边供上神位，就算是庙宇了。在老人屋子朝西大约300米的地方，就有一座小庙，小庙背靠着青石山，面前是一条四季都泛着黄尘的乡间小道。自从戴云玉嫁过去，这个小庙就在那里，曾几何时，老人变成了这座小庙事实上的庙祝。在老人看来，这么枯焦的地方，不能没有庙，有了庙，就不能断了香火，请神仙不容易，应该把香给烧好。

为此，她常常要买些香火，放在庙里，供烧香的人使用，有时候感觉烧香的人少了，就自己到庙里去点一炷香。

对于她所做的这一切，村里没有人赞扬，也没有谁去劝阻，久而久之，一切成了习惯。

《文昌帝君阴骘文》有云："救人之难，济人之急，悯人之孤，容人之过，广行阴骘，上格苍穹。"又云："欲广心田，须凭心地。"戴云玉老人一生笃信佛教，青衣素食，高寿八旬，家人平顺，骀有神助？

469　最后的金莲

最后的金莲 470

被历史遗漏了的小脚群落

所有记载"三寸金莲"的野史或者文学资料均显示，中国的裹脚妇女仅限于大陆地区，像福建、广东、广西、台湾等沿海地区的渔村不裹脚。清末民初人徐珂所著《清稗类钞》服饰类记载，"闽中妇女，惟居城镇者皆小脚妇……其居村野者，呼为乡下妹，则完全天足。"清初刘銮所著《五石瓠》中也曾经记载"闽妇女多不袜"；民国史料笔记《采菲录》也记载，"疍民女子，匪惟不缠，且喜赤露"。因为历史资料的影响，一些学者均认为，福建、广东、海南等沿海的渔村不缠裹小脚。

但我访遍全国，拍摄了尚健在的近400位小脚老人之后发现，在福建连江县苔菉镇所在的黄岐半岛上的渔村里，妇女不仅曾经裹脚，而且她们的小脚，是我寻访过所有的小脚老人中最小的。我对采访的5位老人的小脚大概做了一个测量，她们的脚，都在9厘米左右，堪称"绝世金莲"。

那些搜罗了全国"三寸金莲"分布状况的历史资料，为什么不记载黄岐半岛的小脚？这个半岛上的小脚到底源自哪里？对此，笔者在查阅资料，实地走访之后，大概有了这样的结论。

黄岐半岛的小脚从哪里传入的？黄岐半岛孤悬海滨，背靠大山，在20世纪70年代之前，这里还因为没有通往内陆的公路，渔民很少与内地往来。《福州晚报》有文章称，过去岛上外出求学的人，需要走上半个月，才能到达山背后的连江县。岛上的老人讲，黄岐半岛的人自古很少和内地往来，与外界沟通最多的是海路。既然不能与裹足风气炽盛的内陆沟通，那么这里缠裹小脚风俗的来源，只有一种可能，就是从海路传来的。

在确定了黄岐半岛的小脚是来自沿海地区之后，笔者对该地区裹小脚的来源做了详细推测。从最北端开始逐一梳理，笔者发现，东北的沿海地区对裹脚并不十分重视，她们所缠小脚，被莲迷们斥责为"粗陋丑恶，状如猪蹄"。而江苏一带，虽然裹脚，但风气不盛，即使以缠裹小脚出名的扬州，也仅仅是粗略缠裹，并不是十分摧残肢体。剩下的沿海路过来的地方，就只有山东了。山东妇女裹脚的风气如何？《采菲录》记载，"吾鲁妇女裹脚之风最盛"。在裹脚风气大盛的山东，又有"以胶东为最"的记载，至于台湾、广东等沿海的渔村，确实是不裹脚的。故此笔者以为，这里缠裹小脚的风俗最有可能是从胶东半岛传来的。

黄岐半岛裹足的先决条件是什么？渔民女子不裹足的根本原因，是因为她们要出海劳作，大脚板踩在船上才能站稳，因为生存是第一要务，所以才有了"疍民女子，非惟不缠，且喜赤露"的说法，那么黄岐半岛的渔村为什么裹脚？笔者以为，这和这个半岛特殊的地理条件有关。黄岐半岛地处台湾海峡，是天然的海上驿站，途径海峡的大船在这里都要停靠，上岸寻求补给，所以这里的"疍民"不需要出海劳作，就可以丰衣足食。笔者在采访时看到，至今，在茭南、北茭，都是上百年甚至几百年依山势而建的麻石房子，由这些费时耗力的建筑，足见当时此地经济的发达繁盛。正是因为繁盛富庶，这里的男人们就有了"金屋藏娇"的资本，这个被大山阻隔于海滨的小岛上的妇女们，也因此迎来了裹脚的厄运。

黄岐半岛的妇女裹脚源于什么时候？关于这个地区妇女裹脚的时间，笔者以为，应该是在当地经济最发达的时期。而"海上驿站"的发达时期，是在明代，所以这里裹脚的时间也应该是在明代。因为明代是中国航海最为鼎盛的时期，明代也正是裹脚风气最盛的时代，朱元璋的妻子马皇后曾经因为没有裹脚，被世人耻笑，朱元璋为此曾屠戮一条街的数百人口，足见当时裹脚观念早就深入人心。

黄岐半岛的小脚为什么最小？笔者以为，这和最早登陆黄岐半岛的小脚女子有关。在古代航海中，商船上的人们寂寞孤独，除此之外，巨大的海浪、多变的天气都可能造成大船的沉没。换言之，商船出海，生死也是须臾之间的事情，所以出海的人大都有极尽奢靡的生活态度，他们带上商船的女子，一定都是重金购买的名妓。而在缠足时代，色艺双绝的名妓，最主要的就是必须有一双十分小巧的小脚。正是因为船上的女子都是小脚，所以黄岐半岛的人们见到的小脚都是当时最小的，这就导致了岛上的女子裹脚时，没有随便缠裹的，以至于这里的小脚，成了整个中国最小的小脚。

高占梅：几度风雨几度秋

拍摄时间：2011 年 5 月 12 日。

高占梅，甘肃省古浪县裴家营镇裴家营村人，1926年出生，属虎，时年85岁，6岁裹脚，18岁出嫁，育有5子2女，12个孙子，2个重孙，丈夫1971年去世，寡居40年。

高占梅老人一生有许多奇迹。出生时体弱多病，奄奄一息，她母亲用米汤硬是把她养活了；6岁裹脚时被感染，高烧不退持续数月，后来她父亲用草药神奇地把她救了回来；嫁人后，独自在野外干活，遭遇孤狼，对峙数小时，村人才将其从狼口解救。

但对老人来说，最难的还要数40年前丈夫朱国武去世后，留下她和5个儿子、2个女儿的艰难岁月。每每提起那情那景，老人就禁不住涕泪连连。

那时候家家户户缺衣少食，孩子们常常饿得睡不着，年长的形销骨立、目光呆滞，年幼的饥虫挠心、彻夜哭号。饥饿折磨心头肉，成了她多年泣血锥心的梦魇。7个年幼孩子的母亲，为了能让孩子们活命，经常要在生产队劳作一天后，爬上附近一座山顶上采摘一些可以下咽的野菜。山上几乎没有路，松散的碎石布满了陡峭的山坡，一踩上去，稍不注意人就会滑倒，尖利的碎石把人划得满手满脸都是伤。小脚高占梅只能手膝并用，每日往返于山顶和家中，常常上山时日薄西山，形单影只，下山时一筐野菜，风高月黑。

老人至今还清楚地记得，一年深秋，当爬到半山腰时她已精疲力竭，膝盖也被磨得皮开肉绽了，那一刻，回想半世艰难心酸，真想跳下山崖、一死了之。月光照耀下，她回头望了望村庄，一想起孩子们，又擦了把眼泪，解下绑腿把膝盖包扎好，继续朝山上爬去。闻听她家的遭遇，1974年政府专门拨付了救济粮，她才结束了"爬山"的日子。

岁月峥嵘，不堪回首。老人做梦也没有想过，及至暮年，竟然过上今天衣食无忧的生活。如今，那一条条被手掌和膝盖爬过的山路，应犹记月下斑斑血迹；山顶的野菜，应该长得更茂盛了吧……

最后的金莲　474

贾登梅：佛国世间两家园

拍摄时间：2013 年 3 月 9 日。

贾登梅，甘肃省临夏县莲花镇鲁家村人，1926 年出生，属虎，时年 87 岁，7 岁裹脚，16 岁出嫁，育有 2 子 2 女，6 个孙子，5 个重孙，2008 年丈夫去世，寡居 5 年。

贾登梅生于莲花镇的贾家村，父母除了种地，有时也会打渔经商，日子过得太平安康。幼时的她每日除了帮助父母干些农活，剩余的时光，就和同龄的女孩子们玩乐于阡陌之间，有时还会下河游泳、上山抓鸟。7 岁时的缠足终结了她无忧无虑的快乐童年，从此一生，再也没有下过河，上过山。

出嫁后，贾登梅和村里其他女子的生活别无二致，相夫教子，侍奉公婆，操持家务。一损俱损，一荣俱荣，在漫长岁月里，生活起起伏伏，酸甜苦辣，一应俱全。

在她家门前不到 200 米处，有一座喇嘛寺，寺名"唵歌清净寺"，系 20 世纪 80 年代善男信女集资所造，规模雄伟，气派宏大，其院外正门有一联"四海升平至至诚诚礼如来，三门洞开端端正正行中道"，偏门墙壁上有弥勒佛的画像，画像之侧即是家喻户晓的"笑口常开笑世间可笑之人，大肚能容容天下难容之事"的对联。

寺庙建成，贾登梅每日都要去寺里烧香磕头，祈求全家平安，20 余年风雨无阻。有时还会带上年幼的孙子、重孙一同前往。遇到寺里重大的佛事活动，她总要自告奋勇，甘做义工。看到经桶上有了尘土，就要拿着抹布擦拭干净，看见地上有了落叶，就要捡拾起来，看到香烛少了，就会让儿孙去集市上购买。在她眼里，寺庙就和她的家一样没有区别。

在她礼拜的时候，我认真端详了这位慈祥的老人，她面容庄重，表情圣洁，双手合十，眯目祈祷，神态虔诚，仿佛四围无人，完全进入空灵的境界。再给我们讲述那些壁画时，佛教故事娓娓道来，前世今生通达透彻，很难想象这是一个不识字的老人。

贾登梅老人幼时顽乐，缠足缚其天性，及长又腾挪于灶台与田亩之间，忍饥挨饿，任劳任怨，所幸天性通达，万事不纠结于心。晚年弄曾孙之乐，四世同堂，红带绑腿，且有寺庙在畔，晨钟暮鼓，心安体健。每日穿梭于世俗与精神的家园之间，老人的内心当是丰盈的。这一代老人的一生，大多布满连心的疤痕，但眼前的这位老人面对苦难时，却勇敢地去抗击，不认命，不服输，披斩一路的荆棘，咀嚼历劫的痛苦，彻悟纷杂的人世。穿过充满压抑和设满陷阱的艰苦岁月，几十年来静守于孤独的一隅，用勤劳的双手和蹒跚的小脚支撑了一个家，铸成了一尊人生的丰碑，让人敬仰。

477　最后的金莲

479　最后的金莲

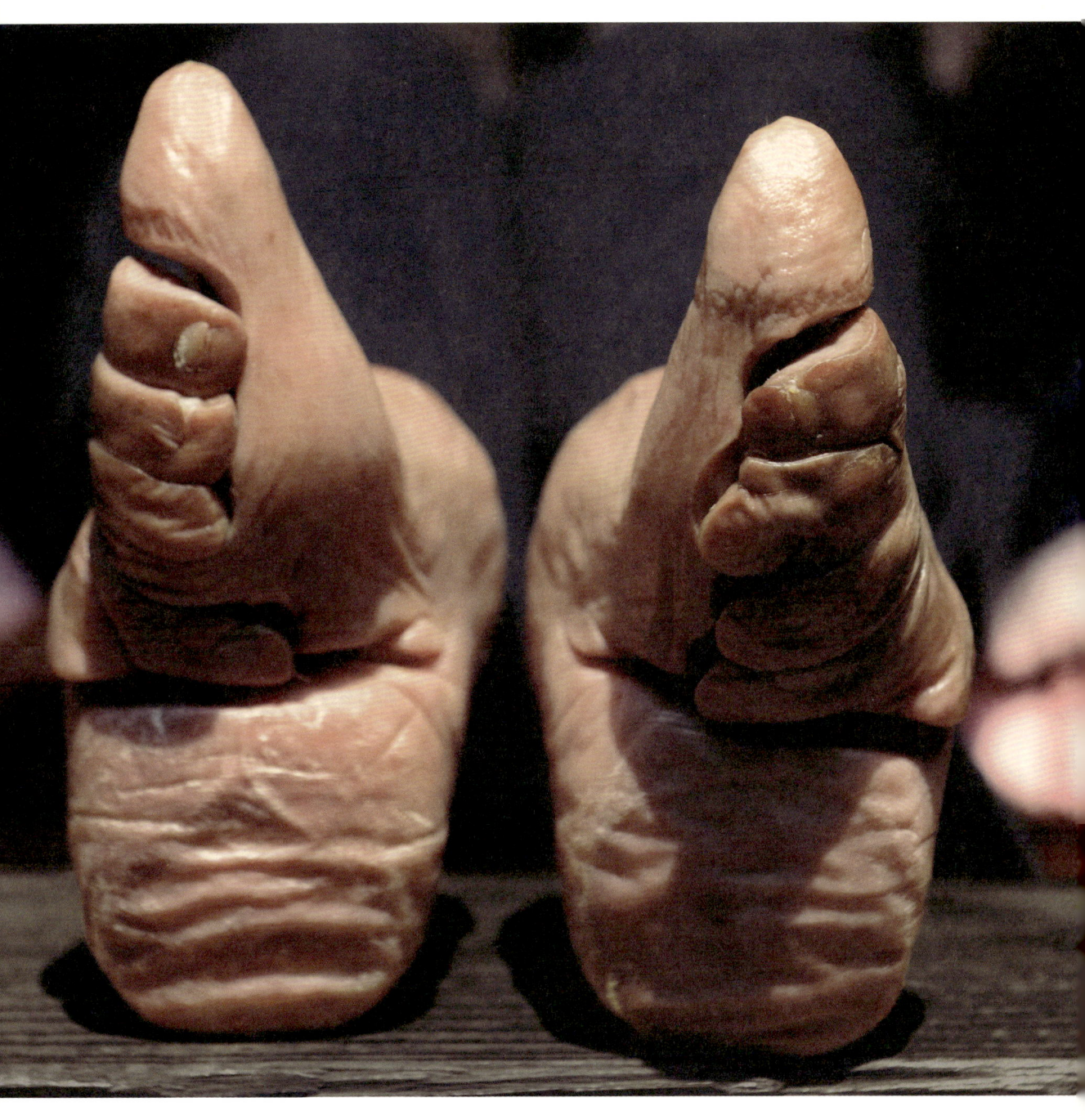

杨香莲：南山种玉选青黄

拍摄时间：2008年12月28日。

杨香莲，甘肃省榆中县人，1921年出生，属鸡，时年87岁，7岁裹脚，20岁出嫁，育有2子，4个孙子，2个重孙，丈夫2000年去世，寡居8年。

杨香莲7岁裹脚时，剧烈的疼痛使得她嘴唇发紫，昏死了过去。即便这样，母亲还是给她缠了足。

小时候，杨香莲因为喜吃豆腐，父母说要把她嫁给卖豆腐的，谁知一语成谶，20岁时真的嫁了个卖豆腐的。丈夫有一个做豆腐的小作坊，做出来的豆腐色香味美，在当地颇有名气。婚后，她帮助丈夫扩大了豆腐作坊，小两口和气生财，日子过得有滋有味。可是好景不长，解放后，因为豆腐作坊曾经雇人作工，杨香莲与丈夫属于"剥削阶级"而被揪出批斗，以至于后来，他们只能专心务农，再也不敢有卖豆腐的念头。

改革开放后，老两口再次开起了豆腐作坊，这次重操旧业以儿子儿媳为主角，老两口负责技术监督，外加经营理念灌输，此外在原材料方面把把关，由于诚信待人，经营有方，生意越做越红火，不几年就成为当地赫赫有名的"万元户"。

杨香莲老人一生，自幼喜食豆腐，终嫁豆腐郎，后因豆腐被批斗，又因豆腐而致富，豆腐几乎贯穿了其一生。元代诗人谢应芳《咏豆腐》中盛赞豆腐："谁授淮南玉食方，南山种玉选青黄。工夫磨得天机熟，粗滓襀倾雪汁香。"老人的一生也正如豆腐朴实无华，粗滓襀倾，留下雪汁芳香。

483　最后的金莲

白茹花：春风南岸留晖远

拍摄时间：2009年9月22日。

白茹花，甘肃省榆中县连打乡人，1927年出生，属兔，时年82岁，9岁裹脚，19岁出嫁，育有3子，4个孙子，丈夫1993年去世，寡居16年。

遇到白茹花老人的时候，她正坐在小儿子拉的平板车上，从医院看病回来。据老人的小儿子讲，母亲一辈子只坐过一次车，仅仅十多里路，就晕车晕得住了一趟医院，后来不管赶集或者走亲戚，只要是老人外出，都是他用平板车铺上被褥拉着去。平板车就是老人的"专车"，小儿子就是老人的专职"司机"，由此小儿子也落下了"孝子"的美名。

老人有三个儿子，长子是一位退役军官，次子在新疆边远地区工作，平时都很少回家，只有当村长的小儿子在身边照顾老人。村里人讲，每次只要有人问及老人的子女，她都会讲，自古忠孝不能两全，两个儿子都在各自的工作岗位上为国尽忠，小儿在家门口尽孝，满足得很。

白茹花老人如同许多农村妇女，勤劳，朴实，温柔，宽厚。1993年，和老人共同走过了半个多世纪的老伴不幸离世，小儿子为了分散母亲的注意力，尽快让她从丧偶的悲伤里走出来，常常陪她说话解闷，开导劝慰。慢慢老人也就习惯了一个人的生活，又逐渐恢复了以前的乐观和开朗，每天看看电视，了解日新月异的社会，和年轻人谈天说地，给孩子们讲述过去的故事。

拍摄时遇到村里的年轻人，他们都说，老人虽然没怎么出过门，但是很有见识，甚至说起一些国家大事来，他们都自愧弗如。老人还很有爱心，无事可做时，就转悠到儿子工作的村委会，不是给院子里拔拔草，就是绕着院子走一周，检查哪处墙塌了一个豁，哪棵树被山羊啃了皮，总有操不完的心。问及远在万里之外的两个儿子，老人的眼眶顿时就红了，都是娘的心头肉，如何不想？！

《诗经》云："尸鸠在桑，七子一分。"老人不正是那公平公正、一心一意对待诸多儿子的尸鸠吗？孟郊诗曰："谁言寸草心、报得三春晖。"村长因其孝，在当地口碑极好，老人因其贤，亦为慈祥贤惠之典范。和谐社会，安睦家园，岂非因此风骨流传。

485、最后的金莲

张继秀：勤劳门第春常在

拍摄时间：2009 年 9 月 4 日。

张继秀，甘肃省榆中县连打乡石头沟村人，1927 年出生，属兔，时年 82 岁，9 岁裹脚，17 岁出嫁，生有 3 子，养成 2 人，5 个孙子，1 个重孙，丈夫 1976 年去世，寡居 33 年。

张继秀老人的父母都是十分勤劳的农民，在父母的影响下，她从小就是个过日子的"好手"。拾柴火、挖野菜、寻猪草样样积极，干农活、种蔬菜、针线活通通在行。

生产队的时候，大家都说"集体活，慢慢磨，干得多了划不着"，但她照样像给自己家里干活一样踏实。包干到户后，她一睁开眼睛，就到地里忙活个不停。1981 年，在这个土地极其贫瘠的地方，她家的粮食产量每亩达到了 300 多斤，这是当地自古以来产粮最多的一次。为此，乡政府奖励了张继秀一副仿绸的被面子。

改革开放后，日子越来越好了，白米细面，已是家常便饭。按说啥都有了，可她还是闲不住，天天在地边上转来转去，不是捡一堆柴火，就是给兔子割些青草，家里儿孙不让她干都不行。老人常常教育子女说，懒汉睡觉，眉开眼笑，勤汉睡觉，肚子就叫，要过好日子，就要多动弹。受她的影响，后辈子孙个个都是过日子的好手。

勤劳，永远是人类赞美传颂的一个主题。张继秀老人无论乱世风云，还是太平岁月，始终都没有放弃以勤劳换取幸福的人生追求。一滴水可以折射出太阳的光芒，一朵花可以妆扮出美丽的春天，每个人如果都能像张继秀老人，在人生之路，唱一支热烈而充实的歌，我们的周围岂非到处春光明媚，花香扑鼻？

487　最后的金莲

王富兰：何事能妨笑口开

拍摄时间：2013 年 12 月 13 日。
王富兰，甘肃榆中县夏官营乡红柳沟村人，1926 年出生，属虎，时年 88 岁，
6 岁裹脚，18 岁出嫁，育有 2 子 3 女，11 个孙子，丈夫 1998 年去世，寡居 15 年。

上世纪 20 年代，王富兰老人出生在夏官营古城裴家沟一个地主家里。从记事起，广有家资的父亲就常常对种地经商的叔叔哥哥们讲，对人多给笑脸，就能和气生财；对地多给笑脸，就能宝地生金；对事多给笑脸，就能吉星高照。受父亲影响，王富兰老人自小就形成了积极乐观的好性格。

5 岁那年，母亲染疾病逝，当年，父亲就娶回了一个没有裹脚的后娘。后娘和父亲都反对缠足，王富兰就央告婶子帮其裹脚。婶子可怜她年幼丧母，就十分用心地帮她裹了小脚。初次裹脚，疼痛锥心，王富兰常常疼得睡不着，后娘责怪她自找苦吃，王富兰却忍着疼说："一村子女娃娃都是小脚，我不裹脚就成怪物了。"

18 岁那年，王富兰嫁给了邻村姓金的大户人家。过门后，老人因为性格开朗，与人为善，对谁都是一张笑脸，公婆觉得她有团结人的能力，就让她管理全家 70 余口人的柴米油盐衣物布料。家大人多，难事也多，刚挑起管家的担子，常常因为东家吃的盐少了，西家裁的布多了，家里整日是非不断。但王富兰从不嫌琐事厌烦，整日笑呵呵地给这家讲道理，那家看账册，时间一长，大家都觉得她是个没有私心的好管家，风言风语不驱自散。1950 年，土改开始，家里被划成了地主，土地房子全被分给了村里的穷人。家人为此气愤难消，老人却笑着说："房是招牌地是累，挣下银钱是催命鬼，满天下都在土改，这是运势，谁也变不了，还不如把心放宽。"因为老人劝告，家人积极配合政府搞土改，后来来了政治运动，全家都幸免于难。1958 年大饥荒，老人饿得奄奄一息时，依然微笑着对丈夫说："阎王不收愁死鬼，咱饿死也不愁眉苦脸。"

改革开放后，农民有了自己的土地，又能种地经商各显其能了，老人家里的日子也过得一天比一天好。为此，她常常和村里人开玩笑说："好运气是笑来的，我当过地主家里的管家，也吃过河床里的观音土，我都没有哭过恼过，今天不是把好政策等来了吗？"

陆游《杂感》一诗云：天际晴云舒复卷，庭中风絮去还来。人生自在常如此，何事能妨笑口开？然而世间俗人，为了志得意满时的开怀大笑而勾心斗角，为了坐拥富贵时的会心一笑而毫厘必争，以至于忘记：笑，其实是人天生的一种能力。既然如此，何不像王富兰老人一样做个简单人：大道至简，笑口常开。

最后的金莲

石秀兰：花落鸟啼人不在

拍摄时间：2011年5月1日，2011年8月9日。

石秀兰，甘肃省榆中县连搭乡薛家营村人，1921年出生，属鸡，2011年辞世，享年90岁，7岁裹脚，19岁出嫁，育有4子4女，12个孙子，4个重孙。

石秀兰老人和中国共产党同龄，历经战乱、饥饿、生离死别，可谓九死一生。7岁裹脚，展开了其行动迟缓而内容丰富的一生。19岁嫁给了忠厚善良的丈夫，开创了她们村里最大的宗族。但是也正因为子女众多，作为一个母亲，她所付出的辛劳和艰辛也是常人不可企及。多少年来，都是忙半夜、起五更；艰难时日，血泪肚里咽，咬牙往前冲。老伴去世后，老人继续发挥着光和热，帮着儿子带孙子，帮着孙子带重孙。即便在生命的最后时光，依然忙个不停。

我与老人只见过一面，那是2011年5月1日，在老人院子门前的玉米地里，老人正拿着铲子跪在地里除草，阳光弥漫，在高原大地，老人的瘦弱身躯迟缓而充满力量。听说我是来拍小脚的，老人坚持要把小脚鞋上的泥巴擦拭干净、把头发整理整齐、把衣服的褶皱抚平才开始。我还发现，老人脚上的小脚鞋，竟然是牛皮的，儿媳范淑红当时告诉我，这双鞋是老人的大儿子从兰州买回来的，已经穿了整整10年了。在田间地头，老人和我聊天很久，看待我的眼神慈爱而善良，我真切地感受到了亲人般的温暖和关爱。临别后，我走出很远，她还在对我挥手致意，谁料想，这一别就是永远。

2011年8月6日，在我给石秀兰老人拍照后的第3个月，老人与世长辞。听到她去世的消息后，8月9日我特意赶了过去，给老人吊丧，并用镜头记录了这个慈祥老人的殡葬全过程，以示悼念。

她的儿子告诉我，母亲在3天前的中午开始昏迷，当时家里人感觉不对劲，就赶紧给她穿上了老衣，下午的时候，昏迷中的老人睁开眼睛，看了一眼身边的儿女们说了一句"我困得很"，就闭上了眼睛，再也没有睁开。

8月12日，是下葬的日子，正午时分，孝子们穿着孝服，抬棺徐徐移动，在哀恸的唢呐声中，长长的送葬队伍缓缓走向已经准备好的墓地，一个老人，就这样在如大雪飘落的纸钱中，走向了她生的终点。

石秀兰老人一生勤馑辛劳，德高望重，虽已去世，乡邻莫不怀念。年少时，战火不息，忍饥挨饿；建国后，生活稍定，灾难再次降临，天灾人祸使得缶无储粟、箪瓢屡空，短褐穿结，不蔽严冬。改革开放后，家里逐渐过上了好日子，老人依然不辍劳作，外亲四邻、内养幼弱。今天老人已经永远的离开了我们，她的历史也终结了，她的小脚故事也画上了句号，祈愿老人的灵魂在天堂安息！

491　最后的金莲

493　最后的金莲

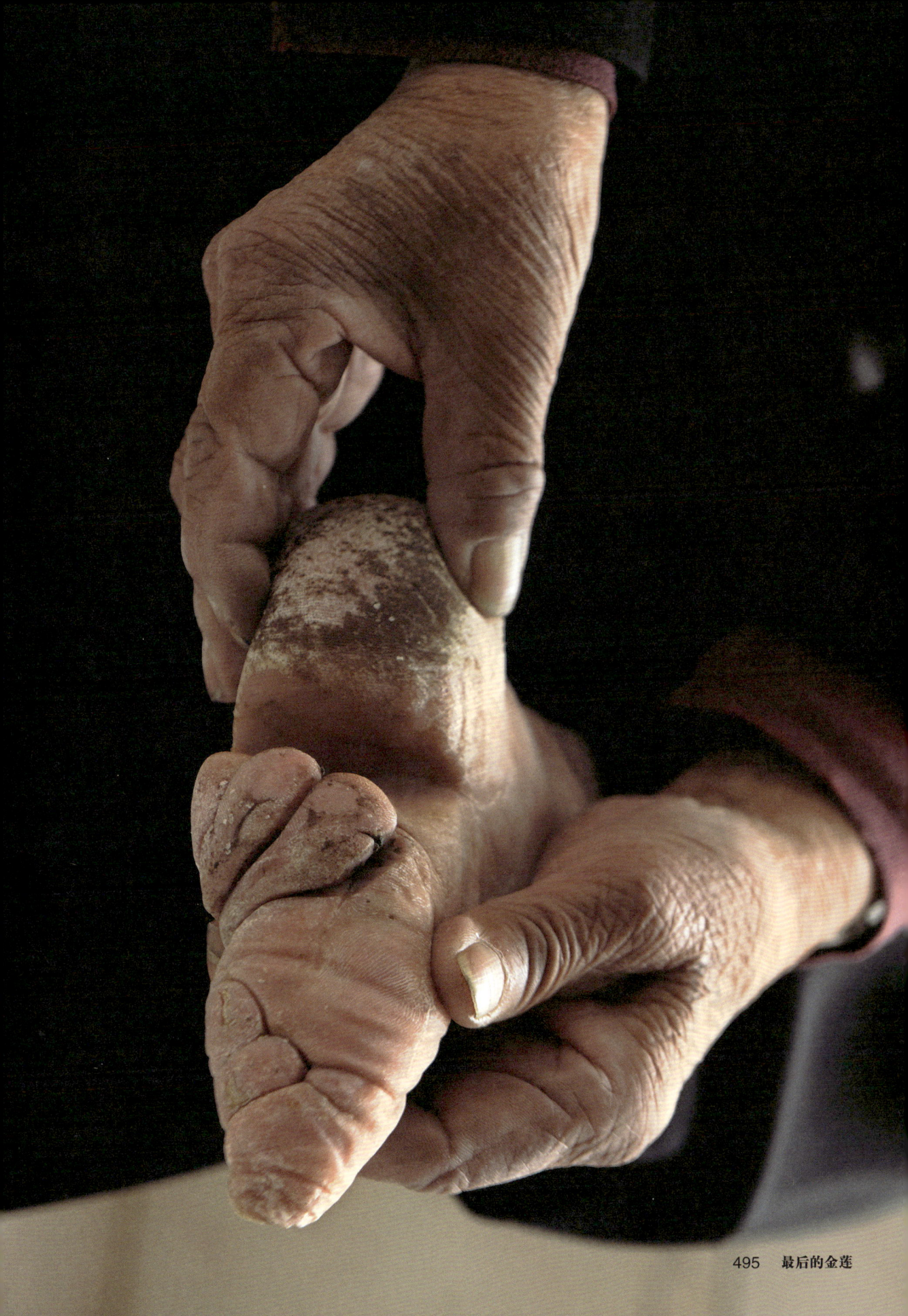

495　最后的金莲

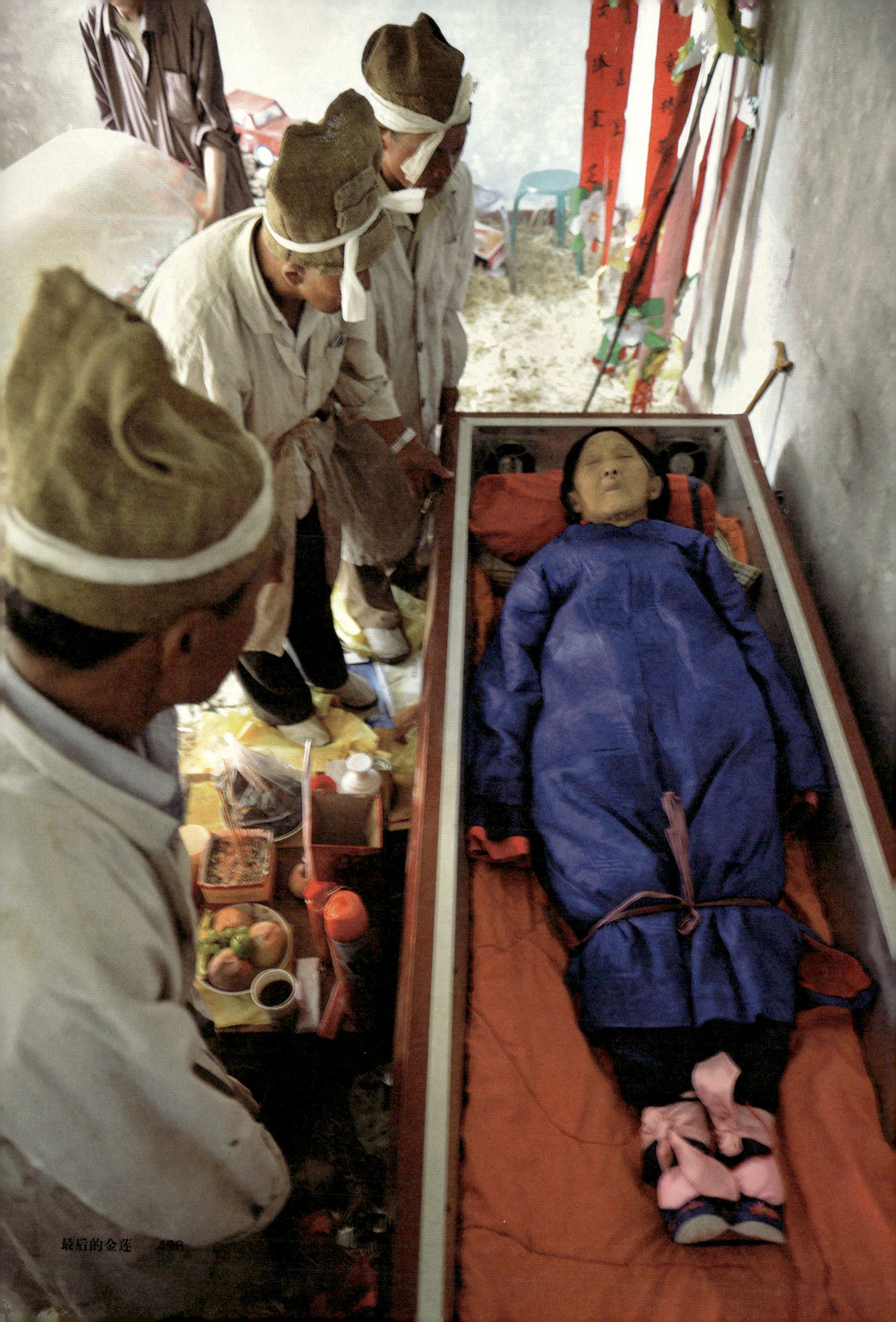

499　最后的企盼

501　最后的金莲

505 最后的金莲

后记

影像和文字的诉说

2002年春节前夕，我陪岳父回乡探亲，在甘肃秦安县的一个小山村里，看到两位年迈的小脚老人在屋前笨拙而喜悦地悬挂大红灯笼。尖尖的小脚、墙皮剥落的老屋、鲜红的灯笼……构成了一幅特别的迎春图！我迅速按动快门，留住了这美好的一瞬。这张取名《春到老屋》的照片后来发表在报刊杂志上。此后长达六年的时间里，常常有人询问我关于小脚老人的问题：她们的脚怎么那么小，这能走路吗？过去妇女到底为何要缠足？缠足对妇女的影响到底有多大？这些"到底"的问题我无法回答，我也同样渴望知道答案"到底"是什么。我越来越感觉到，我正站在一个庞大的历史命题的身畔，似乎已经看到了它高大而模糊的身影了。

在一众亲朋的鼓励声中，从2008年夏天起，我牺牲了几乎所有的业余时间，行走在拍摄、采访之路上。从陇东厚土到关中沃野，从天府之国到云贵高原，从齐鲁大地到东南沿海，四年时间，数万里路，几百个人物，几百个故事……我距离一个庞大的文化现象渐行渐近。

数年的拍摄里，留存了无数的感动、唏嘘、无奈、震惊、迷茫和崇敬。这些小脚老人最年轻的已经年近九旬，年长者已过百岁，她们有着许多相似的命运：在理应健康快乐的童年，就过早地经历了缠足带来的肢体之痛；未及成年就嫁为人妇，终生拖着残疾的小脚生儿育女、相夫教子、担负起了家庭的重担；几乎都生活在社会的最底层，几乎都是文盲，有些甚至一辈子没有姓名；没有看见过高楼大厦，没有乘坐过高铁、飞机，没有听说过网络；她们一生活动半径很小，围绕着自己的家园终了一生，不知道海有多远、天有多高；她们关心亲人，不知天下，熙熙攘攘的世间巨变对她们都是遥远的……但是，她们都有宽厚善良的品格和无私伟大的母性，有一颗百折不挠的强大的内心；无论岁月何等艰难，都能坚强面对，从容度过，信奉忠孝节义，一生勤劳简朴。这样的最后的小脚部落，这些千年缠足史的最后的见证者和亲历者，她们的生命宛如风中的残烛，随时都可能在一阵风中熄灭。为此，我竭力用相机和文字记录下她们的每一句话语、每一个表情、每一个故事，让读者见微知著，去感悟她们从容、坚强的精神，体会她们逆境求存的生命力量。饶是如此，在我一路拍摄的过程中，还是不断地听到她们相继离世的消息。因此，用相机留存下来的影像，成了吟唱她们最后的挽歌。

挽歌只唱给已逝的长者，决不挽留这没落的陋俗。

2013年夏天，完成了《最后的金莲》最后的一次拍摄和采访，面对整理出来的图书样稿和几千张留存下来的照片，我忽然发现：原本以为自己已经窥见了1,000多年间决定20多亿中国妇女命运的那双黑手，以为自己可以勾勒出那些残酷与荒诞之间的历史线索。但是，一路拍摄，一路思索，一路书写，最终又一路茫然。直到本书定稿，我才明白这种探究还是无法"到底"——历经1,000多年，对这个曾经影响了中国文化、经济、军事甚至政治的"三寸金莲"，正史野史都没有留下系统描述，本书也无法查究这一文化的源头，只能对这一现象的终结做个见证，这可能是这本书的遗憾所在。但只要作一点见证，也算是做了一件有意义的事。

最初的创作想法只是用相机记录下这些小脚老人最后的生存状态，但很快我发现这样做是远远不够的，远不能记录缠足所包含的所有况味。因此，拍摄照片的同时，我对"三寸金莲"现象做了一些力所能及的整理和研究，撰写了数万字的采访实录和评论文字。最后的小脚老人是生活在21世纪的鲜活的生命，同时又是印证千年文化的活化石，我试图在特殊中找出普遍，去反映这个日渐缩小的群落与工业化、信息化世界的沟通与衔接，我希望在评论中能穿越这种历史与现实的隧道。准确地讲，这不是一本学术论著，也不是一本摄影画册，而是用影像和文字完成的一次诉说。聊以自慰的是，这本书可以用图文相互印证的方式让读者了解"金莲"的历史概貌，也希望可以引起读者的思索，能够从中读出我也不解的更隐秘的信息。

虽然我百般努力，但限于学识、认识粗浅，苦于时间有限，采访不能充分、深入，因此这本图文集也留下了很多遗憾甚至错误，敬请读者批评指正。

最后，我要向所有在我的创作中提供线索、关心帮助我的首长、战友、朋友们表示最诚挚的感谢！是你们给了我创作的力量！尤其让我无法忘怀的是，兰州军区刘粤军司令员多次给我亲切的关怀，并鼓励我"是在做一件有意义的事情"，还在百忙之中为我作序；冯骥才先生认为我的创作是"为一段呻吟的历史留影"，并欣然作序；著名作家高建群认为我的创作完成了对农耕文化的一次巡礼，并为我题词留念；著名作家张正隆给我来信说，这是一部关注人性的长卷；曾经采写"三寸金莲"的作家杨杨老师说，"三寸金莲"头在哪里，谁也无法找到，但你的创作，却完整地留住了它的背影，为"金莲"的历史画上了一个带血的句号。

我还要感谢我的爱人，女儿，她们帮助我完成了部分人物的拍摄和采访，完成了后期图片和文字的整理工作。是她们的鼓励和帮助，给了我完成这个重大题材拍摄的动力！

可以说，《最后的金莲》的创作，缘于我对民族文化的复杂感情和探究欲望，始于《春到老屋》等照片发表之后引起的社会反响，成于领导、同事和朋友们的不遗余力的支持。学界专家和前辈的首肯、社会各界的反响、一众亲友的付出和牺牲，是本书付梓印刷的最大动力。

是为后记。

孙杰

2013年12月